Bestsellers saggi

ANITA PENSOTTI

RACHELE E BENITO

Biografia di
Rachele Mussolini

ARNOLDO MONDADORI EDITORE

I edizione Bestsellers saggi Oscar settembre 1993

ISBN 88-04-37600-7

Questo volume è stato stampato
presso Arnoldo Mondadori Editore S.p.A.
Stabilimento Nuova Stampa - Cles (TN)
Stampato in Italia - Printed in Italy

Redazione: Maria Agrati

INDICE

Parte seconda

PREFAZIONE

Questa biografia è il risultato della più lunga intervista della mia vita: nove mesi distribuiti nell'arco di nove anni, fra il 1957 e il 1966. Un'esperienza irripetibile.

La prima volta che incontrai donna Rachele sapevo così poco di lei che andai a cercarla fra le rovine della Rocca delle Caminate, l'antico castello dove, durante il fascismo, si riunivano i membri del Gran Consiglio. La trovai poco lontano: a Carpena, in mezzo alla campagna romagnola. Abitava in un garage perché la sua villa, occupata dagli sfollati dopo la guerra, era in pessime condizioni, e da principio rifiutò di ricevermi. Ma quando uscì finalmente e mi venne incontro con passo garibaldino sotto il pergolato di glicini, ne fui conquistata. Era così diversa da come l'avevo immaginata, da come l'immaginavano probabilmente la maggior parte degli italiani. La credevo voluminosa ed era piccola, fragile. Una minuscola donna dagli occhi azzurri. Avevano scritto che era maestra (confondendola con la madre di Mussolini) e lei confessava tranquillamente: «Non ho finito neanche la seconda elementare». Per vent'anni ce l'avevano presentata con il cliché della brava massaia ed era, è vero, anche questo. Ma solo in superfice: sotto, lo avvertii immediatamente, si nascondeva un temperamento femminile solido come una roccia, pieno di dignità, di carattere.

Non faticammo a intenderci. Fin dal principio ci scoprimmo unite nel detestare ogni forma di violenza, qualunque fanatismo: lei per un'esperienza tragicamente vissuta, io per invincibile ripugnanza, per un rifiuto istintivo. «La politica» diceva Rachele a Benito «è una malafemmina che presto o tardi finirà per rovinarti.» Non cambiò mai idea in proposito e nessuno sa con certezza per chi votasse quando entrava in cabina. Un giorno, a qualcuno che le proponeva scherzosamente di fondare un partito, rispose con ironia: «Sì, sono pronta. Gli americani me l'hanno già offerto. Si chiamerà "Piripicchio" e non avrà molti seguaci perché imporrò agli iscritti tre regole fondamentali: alzarsi presto, lavorare e pagare subito!...»

A volte Mussolini si divertiva a stuzzicare sua moglie. «Rachele, mi vuoi spiegare di che partito sei?» le chiedeva. E Rachele: «Socialista, ma di quelli puri: come tuo padre, non come te...» «Non ti ribellare, Rachele...» diceva Benito. «Sì, mi ribello. Non sono iscritta al partito, dunque posso protestare...» Fingendo di prenderla sul serio, Mussolini insisteva: «Non sei iscritta, però hai la tessera *ad honorem*, Rachele...» «Onore o no,» tagliava corto lei bruscamente «non sono iscritta e protesto...»

La vedova del duce aveva una memoria straordinaria. Nomi, frasi, episodi erano davvero scolpiti nella sua mente in modo inalterabile. Ma era tutt'altro che facile far scaturire i ricordi: fluivano di punto in bianco, quando meno me l'aspettavo, magari dopo giorni di attesa. Per raccogliere le sue memorie, me ne resi conto ben presto, era indispensabile viverle accanto, e così feci. Divenimmo inseparabili: tranne le ore trascorse in albergo per scrivere o per dormire, ero sempre con lei e la seguivo dovunque nei suoi spostamenti: a Roma, in Romagna o nell'isola d'Ischia dove trascorreva le sue vacanze. Spesso il mio taccuino la sgomentava perché quei fogli bianchi le ricordavano a un tratto che non stava parlando a me sola. Allora, con il pretesto delle faccende domestiche, interrompeva il racconto e io nascondevo il quaderno, ma restavo al suo fianco. E a un certo momento, mentre eravamo a tavola, in salotto o nell'orto, fiorivano di nuovo i ricordi: sereni o dolorosi, terribili o divertenti ma, tranne nei casi in cui prevaleva il suo orgoglio di donna, autentici, rivissuti con tale intensità che io, ascoltandola, m'identificavo con lei.

Da queste confidenze di una donna a un'altra donna è nato

Benito il mio uomo. Prima di essere riunite in volume, le memorie apparvero in sedici puntate sul settimanale «Oggi» con enorme successo e furono poi rivendute all'estero. Come risulta da un bollettino aziendale del 1958, il servizio su Rachele venne acquistato nella sola Europa da undici quotidiani di sei nazioni diverse, i più importanti e diffusi, che lo pubblicarono con una tiratura complessiva di 89.772.500 copie che, aggiunte alla cifra di 14.654.000 copie italiane, dà un totale di 104 milioni e 427.000. Con questo bagaglio *Benito il mio uomo* iniziò il suo viaggio nel resto del mondo diventando un classico della materia, un patrimonio comune, e continua a essere una fonte inesauribile per tutti coloro, storici, giornalisti, registi, che si occupano di quel periodo. Perciò molte pagine di questa biografia, per esempio lo scontro fra Claretta e Rachele, risulteranno familiari ai lettori.

A chi esercita la mia professione può capitare di essere coinvolti, senza volerlo e senza poterlo evitare, in qualche importante avvenimento storico. Fu ciò che accadde a me durante la stesura di *Benito il mio uomo*. Per il clamore suscitato dalle memorie il governo, nella persona del presidente del Consiglio di allora, il romagnolo Adone Zoli, aveva deciso di restituire alla famiglia, dopo averla occultata per dodici anni, la salma di Mussolini. E io fui l'unica persona a cui Rachele confidò quello che doveva essere un segreto per tutti, perfino per i suoi figli. Le rimasi fraternamente vicina in quella drammatica circostanza e il corpo di Mussolini scese nel sarcofago, il 30 agosto 1957, con i gladioli che avevo comperato per lui, come avrei fatto per chiunque, a Forlì, in un chiosco di fiori sull'angolo di piazza Aurelio Saffi.

Le ero accanto anche due anni dopo, quando le fu consegnato il grosso pacco in cui si trovavano rinchiusi gli indumenti indossati da Mussolini nelle sue ultime ore. Quel giorno, 16 marzo del 1959, mi ero recata in Romagna con il corrispondente da Roma di «France-soir». Dovevamo intervistare donna Rachele per «Cinq colomnes à la une» che, in quell'epoca, era il programma di punta della TV parigina, ma, benché fossimo d'accordo, Rachele si faceva pregare. Solo più tardi capii il motivo. La sera prima aveva ricevuto da Milano il macabro involto, ancora intatto con i suoi larghi timbri di ceralacca, e voleva aprirlo davanti alle telecamere per affidarlo alla storia. Ma non alla presenza dei figli. Con la scusa della partita di calcio aveva mandato Vittorio, appena tornato dall'Argentina, Romano e Anna Maria a Bologna e non appena furono partiti ci pregò di accompagnarla a Predappio, al cimitero. Scendemmo nella cripta e in un silenzio che il ronzio della macchina da presa rendeva quasi tangibile, Rachele tagliò lo spago del pacco con una forbice. Nessuno fiatava. Sul volto degli operatori scorgevo il mio stesso pallore. Tolse il primo stivale dalla suola spaccata (qualcuno aveva sperato di trovarvi un tesoro), il secondo, i calzoni insanguinati, la giacca con quattro visibili fori. Li fissava impassibile. Poi, con un cenno del capo, li consegnava al becchino. «Sì» mormorava con voce ferma. «Sì, sono suoi.»

Tornai da donna Rachele nel gennaio del 1966 e riprendemmo i nostri colloqui al punto in cui li avevamo interrotti. C'erano tante pagine da completare, tanti capitoli da aggiungere, soprattutto quelli che riguardavano la restituzione dei resti di Mussolini. Un giallo paradossale che solo Rachele, dopo averlo vissuto minuto per minuto durante dodici anni, poteva ricostruire. Così riprendemmo a chiacchierare per ore e ore nel grande soggiorno di villa Carpena. Questa volta avevo portato con me un registratore e riempii quindici nastri.

Rimasi con Rachele fino all'inizio della primavera e, mentre le colline romagnole erano insolitamente coperte di neve, la stampa tornò a occuparsi di lei con frastuono per un pezzo di cervello del duce che era stato rintracciato in America. Si rinchiuse in sé, come sempre, di fronte all'ennesima prova che l'attendeva. Non aveva mai chiesto quei frammenti prima di allora per difendersi da altre ferite. Ma il 22 febbraio di quello stesso anno aveva firmato davanti a me e al fotografo di «Oggi» una lettera ufficiale per l'ambasciatore degli Stati Uniti. Poi, il 25 marzo, qualcuno venne a cercarla. «Le ho portato quella roba» le disse. «Ecco, firmi qua.» E le buttò sul tavolo, dentro una bustina di cellophane, quel pezzo di cervello: il cervello di suo marito...

Quando *Benito il mio uomo* uscì in volume, nel 1958 (editore Rizzoli), io ero ancora agli inizi della mia carriera, ma avevo già avuto occasione d'intervistare re e regine, attrici, cantanti, maghi, musicisti, pittori. «Ora,» scrissi nell'introduzione «andando alla ricerca di un Mussolini domestico, ho avuto la grande fortuna di trovare un altro pezzo raro per la mia collezione: donna Rachele.» Sono passati tanti anni. Ho continuato a intervistare re e regine, dive e cantanti, geishe e cardinali. Ma anche se mi ha dato molte amarezze e poche gioie, Rachele Mussolini rimane per me un personaggio eccezionale: quello che ho tenuto nel grembo per nove mesi e che, forse per questo, ho amato di più.

Anita Pensotti

Rachele e Benito

PARTE PRIMA

1

«SE RACHELE NON MI VUOLE, QUI CI SONO SEI COLPI»

Quando Rachele raccontava ad Anna Maria, l'ultima dei suoi cinque figli, la storia del suo incontro con Benito e le descriveva come aveva avuto inizio la loro vita in comune, Anna Maria l'ascoltava in silenzio; poi, scuotendo la testa con aria di tenero compatimento, diceva: «Ma lo sai, mamma, che tu e papà eravate proprio romantici?». Ogni volta sua madre si arrabbiava. «Macché romantici!» rispondeva alzando le spalle. «Eravamo poveri in canna, ecco tutto!»

Benito Mussolini andò a prendere Rachele in un pomeriggio d'inverno del 1909. Rachele non ricordava la data ma le sembrava che fosse dicembre perché la campagna era brulla, tristissima, e il freddo la costringeva a non uscire di casa. Stava a San Martino, ospite di una delle sue quattro sorelle, la Pina. Viveva con lei, con suo marito e i suoi suoceri in una casa di contadini che in seguito, prima ancora della marcia su Roma, acquistò con i suoi risparmi per dodicimila lire, comprese le mucche e il podere, e ingrandì un po' per volta fino a farne un'abitazione senza pretese ma comoda e accogliente: villa Carpena.

«Qui» raccontava Rachele «venne Benito in quel pomeriggio d'inverno. Io ero di sopra a cucirmi un grembiule. Benito chiamò la Pina e le disse: "Di' a Rachele di scendere: ho trovato casa e voglio che venga con me. Ma si sbrighi: ho molta premura". Entrò in cucina e si mise a discutere di politica con il suocero di mia sorella, il Cincìn, un vecchio contadino dalla mente sveglia al quale Benito leggeva spesso, per averne un giudizio, i suoi articoli di fondo. Un'abitudine che mantenne anche più tardi, al tempo in cui dirigeva l'"Avanti!". La Pina corse da me tutta in lacrime ad avvertirmi che era arrivato Benito e che voleva portarmi via subito. Era spaventatissima: "Dio mio," gemeva coprendosi il viso con le mani "come andrai a finire? cosa ti succederà?" Le sue previsioni erano catastrofiche: una peggio dell'altra. Lei non aveva una natura ribelle come la mia, era umile e rassegnata e Mussolini, con la sua fama di rivoluzionario e i suoi clamorosi comizi, doveva sembrarle un esaltato: un *matt,* come lo chiamavano molti in Romagna.»

Mussolini faticò a convincere la sua futura cognata che non aveva nessuna intenzione di fare del male a Rachele. «Voglio che diventi la madre dei miei figli: senza figli non posso vivere» le spiegò con una pazienza che non era nel suo carattere. E a Rachele: «Su, andiamo, sei pronta?». «Va bene,» rispose Rachele «vado a prendere la mia roba.» Tornò di sopra, mise in un fagotto l'unico paio di scarpe che aveva, una camicia, due fazzoletti e un paio di zoccoli. Poi ruppe il salvadanaio: c'erano, se lo rammentava benissimo, sette soldi. Scese da basso senza neppure pettinarsi, con le trecce arrotolate in qualche modo intorno alla testa e il grosso fagotto sul braccio. Sua sorella la raggiunse mentre stava avviandosi con Mussolini verso la porta: «Rachele, aspetta un minuto, vado a prenderti almeno lo scialle: non vedi che sta diluviando?». Diluviava, infatti, ed era già buio. Si avviarono a piedi lungo la strada di campagna che da San Martino conduce a Forlì: cinque chilometri sotto quell'acqua fitta. «E da principio,» diceva Rachele «né io né Benito osavamo parlare». Nell'oscurità i cani abbaiavano mentre passavano davanti ai cascinali. «Siamo proprio due poveracci,» dissi a Benito «perfino i cani ci abbaiano dietro.»

A Forlì, Mussolini condusse Rachele in un hotel del centro e chiese due stanze comunicanti. Rachele non aveva mai messo piede in un albergo, era piena di freddo e di sgomento. «Prepari un bagno per la signora» ordinò Benito al portiere. Il portiere lo guardò divertito. «Mi pare che il bagno la signora l'abbia già fatto: è inzuppata come un pulcino...» A questo punto del racconto Anna Maria interrompeva sua madre per dirle ridendo: «Non potevate prendere almeno l'ombrello?». E lei, irritata:

«Ma quale ombrello? Chi ce l'aveva allora l'ombrello? Ma tu non puoi capire, tu sei di un'altra generazione».

In questa maniera «romantica» Rachele legò per sempre il suo destino a Benito. L'aveva deciso in un attimo, seguendo l'istinto, e fu un destino crudele. Ma non se ne pentì mai. Credo che nemmeno a tu per tu con se stessa abbia rimpianto il momento in cui disse a Benito: «Sì, vengo con te». Anche se la parola amore era bandita dal suo dizionario di contadina romagnola, nemica di ogni sentimentalismo, il suo fu senza dubbio l'amore indistruttibile di tutta una vita. Trentasei anni al suo fianco, nel bene e nel male; ventuno dedicati alla lotta pietosa per ricomporre il suo corpo, e il resto, fino all'ultimo giorno, per onorare la sua sepoltura.

Aveva conosciuto Benito sui banchi di scuola quando era alle elementari, ma aveva sempre sentito parlare di lui. Prima di sposare Rosa Maltoni, il padre di Mussolini era stato fidanzato con sua madre, Anna Lombardi, che poi si unì in matrimonio con Agostino Guidi e andò a vivere a Salto, a sei chilometri da Predappio: poche case in mezzo al verde e al grano, in cima a una collina. Quando Rachele nacque, l'11 aprile del 1890, suo padre, Agostino Guidi, era fattore di una vasta tenuta in cui, secondo la leggenda, di notte si aggirava un fantasma che amava la musica e suonava, a ore fisse, il violino. «Benito» raccontava Rachele «era per me il figlio di Musslèn, un personaggio famoso in tutta la zona. Nella mia immaginazione infantile, quando portavo al pascolo i tacchini e i maiali, mi raffiguravo Alessandro Mussolini, il fabbro di Predappio, alto e generoso, con gli occhi scintillanti e la voce potente: una specie di eroe fortissimo e invincibile che ne combinava di tutti i colori per difendere la povera gente.»

In quell'epoca non esisteva l'obbligo di frequentare la scuola e nessuna delle quattro sorelle di Rachele Guidi aveva imparato a leggere e a scrivere. Ma lei si era impuntata, aveva pianto e supplicato finché era riuscita a strappare ai genitori il permesso di seguire regolari lezioni. Da marzo a settembre scendeva a piedi scalzi fino a Predappio alta, che in quel tempo aveva, come unica illuminazione, un lampione a petrolio in mezzo alla piazza. Poi il padre di Rachele fu licenziato e la famiglia si trasferì a Dovia, nel fondovalle. Qui viveva Benito con la madre Rosa Maltoni e con il padre Alessandro. Rosa Maltoni insegnava alle elementari e qualche volta, quando era ammalata, la sostituiva Benito, che in quegli anni frequentava le magistrali a Forlimpopoli per diventare maestro.

«Era maggiore di me sette anni,» raccontava Rachele «e prendeva molto sul serio il suo incarico. Una volta mi picchiò le mani con la bacchetta per convincermi a stare seduta nel banco in maniera composta. Ero, in realtà, molto irrequieta: un vero diavolo, nonostante gli occhi azzurri e i capelli biondissimi. Quando qualcuno mi faceva uno sgarbo, lo prendevo a sassate. Sapevo arrampicarmi sugli alberi come uno scoiattolo. Se qualcuno al mondo poteva domarmi, era "il figlio della maestra". I suoi occhi mi persuadevano a obbedirgli in qualunque momento. Erano acuti, penetranti, con le pupille che parevano mandare lampi. Io dicevo che erano "fosforescenti". Certo, e lui lo sapeva, esercitavano su tutti un potere incredibile che non sono mai riuscita a spiegarmi. Più tardi, alla Rocca delle Caminate (il castello che i romagnoli avevano regalato a mio marito e dove avvenivano le riunioni del Gran Consiglio), mi capitò spesso di essere presente agli innumerevoli incontri di Benito con le più alte personalità di ogni paese. Entravano nel salone fingendo una disinvoltura che non avevano; poi il Duce li fissava a lungo aggrottando la fronte e io li vedevo confondersi, incespicare dentro il tappeto. Ho sempre pensato che chi ha ucciso Benito non può averlo guardato in faccia. Se l'avesse fatto, ne sono sicura, avrebbe lasciato cadere il mitra per terra.»

Dopo la seconda elementare Rachele Guidi non poté più tornare a scuola. Quell'anno era morto suo padre e lei e le sue sorelle erano rimaste prive del loro unico sostegno. Si trasferirono a Forlì e cominciarono a guardarsi intorno per cercare lavoro. A quei tempi, per le ragazze povere, c'era una sola maniera per guadagnarsi onestamente da vivere: andare a servizio. Così fece anche Rachele e, benché fosse quasi una bambina, trovò da sistemarsi, per tre lire al mese, da un ortolano. «Ho imparato presto» diceva «ad alzarmi alle cinque del mattino, a restare in piedi tutto il santo giorno facendo la spola fra la cucina e il negozio, fra le stanze da letto e il pollaio. Da allora non sono mai riuscita a stare ferma in una poltrona per più di dieci minuti, e anche quando abitavamo a Roma nella villa dei principi Torlonia, nonostante le insistenze di mio marito, non potevo fare a meno di aiutare le cameriere.»

Dopo l'ortolano, Rachele ebbe come padrone un maresciallo, poi un contadino tirannico e avaro. Infine trovò un posto di cameriera presso la famiglia Chiedini, bravissima gente che le voleva un gran bene. Qui ebbe di nuovo notizie del «figlio di Musslèn». Seppe che aveva insegnato per un po' a Gualtieri Emilia, che aveva tentato con scarso successo di far fortuna in Svizzera e che, ritornato in Romagna, era finito quasi immediatamente in prigione perché aveva capeggiato un gruppo di dimostranti. Il signor Chiedini detestava i socialisti perché era un agiato proprietario terriero, e le descriveva con soddisfazione la scena dell'arresto: Benito a piedi, con le manette, e intorno i carabinieri a cavallo. Ma Rachele gli teneva testa vivacemente difendendo Mussolini e le sue idee, che erano, spiegava, anche le sue.

Intanto era morta a Predappio Rosa Maltoni, e il padre di Mussolini, rimasto vedovo, aveva chiuso la sua bottega di fabbro ed era andato ad abitare a Forlì dove aveva aperto una trattoria fuori porta. Anche la madre di Rachele era sola e stentava a vivere con ciò che riusciva a raggranellare andando a servizio. Perciò, quando Alessandro Mussolini le propose di andare a stare con lui per aiutarlo ad avviare la trattoria, accettò volentieri. Rachele aveva allora diciassette anni. La chiamavano «la Chiletta» e la conoscevano tutti perché era instancabile nel lavoro, adorava il ballo e sapeva tenere a bada i giovanotti troppo galanti.

Non aveva più rivisto Benito, ma una domenica mattina, all'uscita dalla messa, si sentì chiamare per nome. Era lui. Aveva i baffi e la barbetta a pizzo, come usava allora, le tasche gonfie di giornali e un vestito logoro in molti punti. «Ci scambiammo poche parole,» raccontava Rachele «e mi rimproverò perché non ero ancora andata a trovare mia madre. Gli dissi che il signor Chiedini non mi permetteva di frequentare la casa di un sovversivo ma che avrei provato a chiedere il permesso a sua moglie. Così, la domenica seguente, potei trascorrere il pomeriggio con mia madre e con Alessandro Mussolini. C'era anche Benito e, quando mi congedai, si mise al mio fianco per accompagnarmi. Giunti in piazza del Duomo, m'invitò a prendere il caffè nel bar sull'angolo. "È proprio matto" pensai. In quell'epoca una ragazza che si fosse fatta vedere in compagnia di un uomo in un locale pubblico poteva considerare rovinata per sempre la sua reputazione. Capì il mio rifiuto e per fortuna non insistette. Ma prima di lasciarmi mi disse che il mio posto era accanto a suo padre e a mia madre e che dovevo abbandonare la famiglia Chiedini. "Io" aggiunse "parto fra otto giorni. Vado a Trento a lavorare nel giornale di Cesare Battisti."»

Rachele gli rispose che ci avrebbe pensato. Ma non aveva bisogno di riflettere molto. Pochi giorni dopo era già davanti ai fornelli della trattoria Mussolini. Si sentiva felice come non lo era mai stata e la sua allegria contagiava i clienti, che la reclamavano ai loro tavoli perché volevano essere serviti dalla «biondina». Alla vigilia della partenza di Benito, suo padre stappò qualche bottiglia e organizzò quattro salti per festeggiarlo. Mussolini suonò il violino e ballò a lungo. Alla fine, quando gli altri se ne furono andati, disse a Rachele: «Quando torno diventerete mia moglie.» Non attese la risposta né s'interessò di sapere se anche «Chiletta» fosse della stessa opinione.

Appena a letto, Rachele dimenticò quelle parole. Credeva che Benito avesse scherzato. Invece, dopo due mesi, arrivò al signor Alessandro una cartolina del figlio. Sotto la firma c'era un poscritto: «Tanti saluti alla Rachele e ditele che si ricordi di ciò che le ho detto». «Me ne guardai bene» raccontava Rachele.

«Nel frattempo avevo ricevuto una domanda di matrimonio da un giovane geometra di Ravenna. Si chiamava Olivieri e possedeva molti ettari di terra. Fino all'ultimo, pensando a quanto avevo dovuto soffrire accanto a lui, mio marito si rimproverò di non avermelo lasciato sposare.»

Un anno e mezzo dopo, Mussolini tornò da Trento. Non aveva più il pizzo, era come al solito senza una lira e stringeva sotto il braccio il suo inseparabile violino. Seppe, appena tornato, che Rachele aveva un corteggiatore e la obbligò a stracciare sotto i suoi occhi le poche lettere che aveva ricevuto da lui. Poi le ripeté che intendeva sposarla. Ma Rachele non era d'accordo perché non voleva avere lo stesso destino di Rosa Maltoni. «Quante volte» mi diceva «l'avevo vista piangere a scuola per i continui dispiaceri che le davano suo marito e suo figlio!» Benito Mussolini ricorse alle minacce. Disse che si sarebbe buttato sotto un tram e che anche lei avrebbe fatto la stessa fine. Raccogliendo tutto il suo coraggio la madre di «Chiletta» gli fece timidamente osservare che sua figlia era minorenne e che, se lui insisteva, avrebbe potuto farlo arrestare. «Allora,» continuava Rachele «Benito tirò fuori la rivoltella davanti a suo padre e disse gravemente, in mia presenza: "Se Rachele non mi vuole, qui ci sono sei colpi: uno per lei e gli altri per me".» Erano argomenti convincenti...

Incominciò così il loro idillio. Un idillio per modo di dire. Gelosissimo come tutti i romagnoli, Mussolini, ogni volta che usciva, chiudeva a chiave Rachele nella sua stanza e quando era in casa, per evitarle di scendere da basso, lavava lui stesso piatti e bicchieri e serviva in tavola. «Era bravissimo come cameriere,» assicurava Rachele «svelto, vestito di nero, con un tovagliolo sempre pulito sul braccio. Suo padre, guardandolo, si abbandonava a crisi di disperazione. "Un professore," diceva "un giovanotto così istruito, ridotto a fare il servo!"» Ma Benito sosteneva che nessun mestiere avvilisce una persona intelligente. Lo chiamavano «il professore» perché dava lezioni di francese e avevano per lui un rispetto così radicato che si scostavano ogni volta che spuntava in fondo alla via.

Oltre a proibire a Rachele di mostrarsi ai clienti, Benito non le permetteva di assistere ai suoi comizi perché era convinto che la sua presenza avesse il potere di renderlo meno eloquente. Ma un giorno Alessandro Mussolini chiamò «Chiletta» e le disse: «Questa sera Benito parla al circolo dei socialisti. Andiamo di nascosto a sentirlo; però ce ne andremo presto e ti porterò a ballare». Così fecero. Uscirono prima degli altri e raggiunsero di corsa la *balèra* del circolo dove proprio in quel momento stavano suonando *Bandiera rossa*, l'inno che immancabilmente precedeva le danze. Entrarono e, non appena l'orchestra attaccò un valzer, uno dei socialisti presenti invitò «Chiletta» a ballare.

«Non ho mai saputo chi fosse,» mi spiegava Rachele «ma so che a un certo momento mi trovai di fronte Benito che, fissandomi con occhi infuriati, mi strappò dalle braccia del mio cavaliere. Mi fece ballare senza rivolgermi mai la parola. Poi chiamò una carrozza di piazza e per tutta la strada mi pizzicò rabbiosamente le braccia. Io, zitta zitta, non osavo fiatare. Dopo quella scappatella, mi confinò in campagna. Veniva a trovarmi tutte le sere a piedi, ma un giorno (il cattivo tempo aveva riempito la strada di fango) si stancò e venne a prendermi a San Martino per condurmi con sé a Forlì. Ebbe inizio così la mia vita con lui. Avevo diciannove anni.»

2
«NON HO DIMENTICATO CHE ALCUNE CONTESSE QUI PRESENTI...»

A Forlì (dove Mussolini diventò segretario della federazione provinciale del Partito socialista) Rachele e Benito restarono per circa tre anni, dalla fine del 1909 all'estate del 1912. Il loro primo appartamento si trovava nell'antico palazzo Merenda, in una strada che porta ancora lo stesso nome. Erano due stanzette piene di pulci che guardavano in un cortile buio, in cima a una scala talmente stretta che quando Rachele aspettava la nascita di Edda non riusciva nemmeno a passare. Mussolini aveva arredato la casa per sé e per la sua compagna alla meglio: un letto, un tavolo sgangherato, due sedie, un fornelletto a carbone. Ma si era dimenticato delle posate e delle lenzuola. Rachele le chiese in prestito a sua madre e un po' per volta si procurò l'indispensabile. «Furono» mi raccontava, «gli anni più belli. Benito dirigeva un settimanale socialista, "La lotta di classe", e in poco tempo arrivò a guadagnare centoventi lire al mese. Venti erano destinate alla cassa del partito, quindici all'affitto; il resto lo amministravo io facendo economia su tutto per mettere da parte un po' di soldi. Fino all'ultimo giorno della sua vita mio marito mi ha sempre consegnato la busta-paga intatta, senza nemmeno aprirla. Non aveva il senso del denaro e a volte confondeva le diverse monete fra loro. Quando morì, aveva in tasca soltanto il fazzoletto e gli occhiali: non ha mai portato addosso una lira...»

Per Rachele, che rimase sempre fedele alla terra («la terra» diceva con amarezza «non tradisce») e ai suoi ideali di socialista, non esisteva la parola stipendio. Definì sempre la somma che Mussolini guadagnava, anche quando era capo del governo, con il termine che usano gli operai: «la paga». Allo stesso modo, ogni volta che doveva parlare di palazzo Venezia, lo smitizzava chiamandolo semplicemente «il suo ufficio». Però di Benito aveva molta soggezione. In Romagna, allora, si usava il «voi» con gli amici e con i familiari, ma ai superiori si dava del «lei» per rispetto. E Rachele continuò a lungo a dare del «lei» a Mussolini, anche quando vivevano insieme. «Benito» raccontava «mi rimproverava spesso. "Insomma, non imparerai mai a darmi del tu?" Ma io, nonostante i miei sforzi, ogni tanto mi confondevo.»

Erano felici in quell'epoca. Ogni mattina Mussolini usciva presto di casa e, prima di recarsi nella redazione della «Lotta di classe», si fermava in piazza, all'edicola, e leggeva in fretta i giornali stando in piedi in quel bugigattolo. Non poteva certo comprarseli tutti, ma glieli lasciavano sfogliare gratis. La sera andava al caffè di «Macaròn» e discuteva di politica fino a notte inoltrata. Spesso lo raggiungevano alcuni studenti delle tecniche per farsi aiutare nei compiti di matematica. Benito sgombrava uno dei tavolini di marmo e cominciava a riempirlo di segni. Poi quando il tavolo era tutto scarabocchiato, andava a sedersi a quello vicino e così via, seguito dal codazzo dei suoi allievi.

«Fin da allora» mi diceva Rachele «rimanevo nell'ombra senza immischiarmi nel suo lavoro. I nostri vicini erano povera gente che si guadagnava il pane intrecciando ceste di vimini. Un giorno la contessa Merenda, proprietaria del palazzo, salì la nostra scala con il suo amministratore. La sentii dire con accento sprezzante: "Ma è possibile che io debba tenermi in casa tanti pezzenti?" Ricordai quelle parole la mattina seguente mentre facevo la barba a Benito. E qui debbo aprire una parentesi. Siccome da solo, impaziente com'era, si tagliuzzava sempre le guance, gli avevo proposto di assumermi io questo incarico. Ma avevo preteso una ricompensa: cinquanta lire al mese, e dopo qualche tempo mio marito giunse alla conclusione che la barba, fatta da me, gli veniva a costare cara. Così imparò a radersi da solo senza ferirsi e in seguito, quando abitavamo a Milano, accettò finalmente di affidarsi a un barbiere. Riferii, dunque, a Benito il giudizio espresso dalla contessa Merenda. Non mi lasciò neanche finire: con la faccia insaponata corse a prendere un foglio di carta, la penna, e tracciò in fretta poche parole. Seppi poi che aveva spedito quel biglietto alla signora. C'era scritto: "Ricordatevi, egregia contessa, che mia moglie è più nobile di voi!"»

Molti anni dopo, Benito Mussolini tornò a Forlì in visita ufficiale. Gli abitanti di Predappio avevano deciso di regalargli la casa in cui era nato, il 29 luglio 1883, e ci furono solenni manifestazioni. Venne anche inaugurata una lapide per ricordare quel luogo, ma non appena l'ebbe letta, Mussolini ordinò che fosse tolta d'urgenza. «Per ordine» aggiunse «del lapidato.» C'era anche Rachele in quell'occasione e la prima persona che vide durante il ricevimento in prefettura fu proprio la contessa Merenda. Qualcuno volle a tutti i costi che pronunciasse qualche parola e lei, senza farsi pregare, attaccò: «Quando si diventa importanti, tutti ci vogliono, tutti ci festeggiano. Ma quando si è poveri... Non ho dimenticato che alcune contesse qui presenti...». Non poté terminare perché Mussolini, preoccupatissimo, la chiamò presso di sé e in seguito le proibì sempre di prendere parte alla vita pubblica.

Edda, la primogenita di Benito e Rachele, nacque a Forlì il primo settembre del 1910. Mussolini voleva assolutamente una femmina e scelse quel nome, che aveva trovato in un libro, tre mesi prima del lieto evento, sicuro com'era che il suo desiderio si sarebbe senz'altro avverato. Era andato lui stesso a comperare una culla di legno: costava quindici lire e l'aveva portata sulle spalle fino a casa. Volle assolutamente assistere al parto e restò talmente impressionato dalle sofferenze di Rachele che svenne e per sei anni si guardò bene dal mettere al mondo altri figli. Siccome lui e la sua compagna non erano regolarmente sposati, in ossequio alla dottrina del «libero amore», Edda fu denunciata all'anagrafe come figlia di Benito Mussolini e di N.N. Per questo motivo ancora oggi, quando si parla di Edda Ciano, c'è sempre qualcuno pronto a commentare: «La figlia della Balabanoff...».

Nel novembre del 1912 Angelica Balabanoff era stata incaricata dalla direzione del Partito socialista di affiancare Mussolini all'«Avanti!» e non mancò di esercitare in quegli anni una certa influenza su di lui. Mussolini aveva anzi subordinato la propria accettazione della direzione del giornale al fatto di avere come collaboratrice la Balabanoff, che aveva conosciuto in Svizzera nel 1903. Ma Rachele, benché fosse possessiva come tutte le romagnole, non fu mai gelosa di lei. La giudicava troppo brutta e credeva a Benito quando le giurava che gli sarebbe stato impossibile dedicare anche un solo pensiero galante alla Balabanoff. «Se mi trovassi in un deserto,» aggiungeva «e Angelica fosse l'unica donna, preferirei corteggiare una scimmia.» Rachele rideva e quando lui si seccava per le chiacchiere sul conto di Edda, lo prendeva in giro. «Ma perché ti preoccupi tanto?» diceva. «Lo so io quanto ho sofferto durante il parto, non Angelica Balabanoff!»

Ventiquattro ore dopo la nascita di Edda, Rachele era già in piedi e lavava il bucato sulla ringhiera di palazzo Merenda. Aveva pregato una vicina di avvertirla se veniva la levatrice e quando, a un suo cenno, capiva che stava per arrivare, correva a mettersi a letto. «La nostra vita» mi raccontava «era serena. Sempre a causa dei nostri princìpi, non avevamo battezzato Edda. Ma un impiegato del municipio, per danneggiare Benito, aveva diffuso la voce che nostra figlia era stata battezzata. In pochi minuti Benito sistemò la faccenda: andò in municipio, fece chiamare il colpevole e lo persuase con due ceffoni a riconoscere la sua menzogna. Edda era tutto per lui: da quando era nata, gli sembrava di essere il padrone del mondo. La prendeva in braccio, le faceva lunghi discorsi, le suonava il violino sopra la culla. Quando dormiva, per un po' attendeva il suo risveglio, guardandola di tanto in tanto; ma poi si stancava e, nonostante le mie proteste, curvandosi sopra di lei, le sollevava con due dita le palpebre per contemplare i suoi occhi.» Da allora Edda soffrì sempre di insonnia.

Intanto in Romagna infuriava la lotta fra il Partito socialista e quello repubblicano e Mussolini trascorreva tutte le sere al caffè di «Macaròn». Una notte Rachele l'attese inutilmente. Vennero le due, le tre. Lei singhiozzava con la testa sul tavolo, sicura che fosse finito in prigione. Finalmente, alle cinque del mattino, la porta si aprì e lo vide. Era stravolto, pallidissimo. La fissava senza riconoscerla. Due sconosciuti lo sostenevano per le spalle e le braccia come un sacco di cenci. «Non è successo niente di grave» le spiegarono. «Si è accalorato troppo parlando e, senza accorgersene, ha bevuto, come se fosse acqua, una quantità incredibile di caffè e di cognac.» Quando se ne andarono, Mussolini cominciò a fracassare tutto ciò che gli capitava sott'occhio.

Disperata, Rachele svegliò la sua vicina pregandola di chiamare subito un medico. Venne e, per prudenza, le consigliò di legarlo sul letto. Quando si svegliò, alle due del pomeriggio, Mussolini si guardò intorno sbalordito. Non riusciva a capire che cosa fosse accaduto. Allora Rachele gli mostrò un gran mucchio di cocci: «Vedi?» gli disse. «Hai fatto a pezzi il catino, i piatti, le scodelle, lo specchio. Dovremo spendere un sacco di soldi per comperarli di nuovo.» Lui stava zitto. «Ascoltami bene,» proseguì con energia «viviamo insieme solo da un anno, ma ormai ti conosco» (il «tu» in quel momento, le riuscì facilissimo). «So che sei buono e sono disposta a perdonarti qualunque cosa, ma non voglio che il mio uomo diventi un ubriacone. Se un'altra volta torni a casa ubriaco, ti ammazzo...» Mussolini giurò sulla testa di Edda che non avrebbe più toccato l'alcool e mantenne la promessa: beveva soltanto due dita di vino dolce ai ricevimenti, e tutte le sere, prima di addormentarsi, una tazza di camomilla.

Quando Edda aveva tre mesi morì Alessandro Mussolini, e Rachele, che per tutta la vita ebbe un'ammirazione sconfinata per lui, tanto che lo sognava spesso, soffrì molto per la sua scomparsa. Il fabbro di Predappio aveva lasciato ai tre figli, Edvige, Arnaldo e Benito, un podere e un po' di mobilio, ma Rachele raccontava di avere fatto intestare a suo nome i mobili toccati a Benito. «Così» gli diceva «sarò io la padrona di casa. Se non andiamo d'accordo, potrai andartene quando ti pare.»

Intanto si erano trasferiti da via Merenda a via XX Settembre. Era l'epoca della guerra di Libia e nel settembre del 1911 migliaia di romagnoli improvvisarono violente dimostrazioni contro il governo. Alla stazione c'era un treno carico di militari che stava partendo per l'Africa e la folla si rovesciò lungo i binari, assalì le carrozze, fece scendere i soldati. In mezzo a quella folla c'erano anche Mussolini e Pietro Nenni, allora segretario della Camera del lavoro repubblicana e molto amico di

Mussolini. «Abbiamo fatto di tutto per ristabilire la calma,» raccontò poi Benito a Rachele «ma vedrai che io e Nenni finiremo in prigione.»

Non si era sbagliato: fu arrestato il 14 ottobre, mentre era al caffè di «Macaròn» e rimase in prigione per cinque mesi: prima a Forlì, poi a Bologna. Rachele imparò presto le astuzie indispensabili alla moglie di un carcerato. Riusciva a fargli avere libri, giornali, matite, candele. I suoi amici socialisti gli portavano pranzi squisiti e, secondo Rachele, non aveva mai mangiato bene come in quel periodo. Quando Edda imparò a camminare, sua madre la portava con sé, dopo averla istruita per ore. Si avvicinava a suo padre fingendo di abbracciarlo e Benito le metteva nelle tasche del grembiulino gli articoli per «La lotta di classe»: li scriveva in cella e li faceva uscire dal carcere con quel sistema. Durante quei mesi scrisse a Rachele settanta lettere, con una calligrafia fitta e minuta, ben diversa da quella che tutti conoscono. «Adesso» diceva «devi soffrire per me, ma un giorno ti regalerò una casa tutta d'oro, Rachele.» E riferendosi a Edda, che chiamava «la figlia della miseria»: «Quando diventerà grande, voglio che abbia le soddisfazioni più belle che può desiderare una donna».

Finalmente, la mattina del 24 febbraio 1912, Rachele sentì sulle scale un festoso baccano e la sua voce. Restarono a Forlì ancora per poco. Nel congresso socialista tenutosi a Reggio Emilia dal 7 al 10 luglio Mussolini fu nominato membro della direzione del Partito e nel novembre direttore dell'«Avanti!» al posto di Giovanni Bacci, che dopo il congresso aveva sostituito malvolentieri Claudio Treves, dimissionario. Rachele non era mai stata a Milano ed era un po' impaurita all'idea di abitare in una grande città. Ma pensava che finalmente avrebbe potuto vivere tranquilla, convinta com'era che la passione politica fosse una caratteristica dei romagnoli. Invece si rese conto fin dai primi giorni che anche lì sarebbe dovuta stare con il batticuore dalla mattina alla sera. A Forlì, di tanto in tanto, si sentivano le schioppettate. Ma a Milano era peggio perché buttavano le bombe a mano. Rachele era riuscita a procurarsene una e l'aveva nascosta in solaio. «Non aver paura,» diceva a sua madre che, dopo la morte di Alessandro

Mussolini, era andata a vivere con loro, «se qualcuno vuol farci del male, c'è pronta la bomba...»

Per mettere insieme i soldi necessari al trasloco, Rachele era stata costretta a vendere quasi tutto il mobilio. Dapprima andarono ad abitare in una pensione vicina a San Damiano, dov'era la sede dell'«Avanti!», e poi in via Castel Morrone. «Qui i vicini» raccontava Rachele «dicevano: "È arrivato Mussolini con le due figlie; una grande e una piccola". Io infatti portavo i capelli cortissimi, alla bebè. Una volta, andando a trovare Benito in prigione, mi ero lamentata con lui di un eczema noioso, provocato dall'allattamento, che m'impediva di pettinarmi. "Ràsati" mi aveva risposto Benito. Trovava in un batter d'occhio la soluzione di ogni problema. Quando, per esempio, mi lamentavo che le scarpe costavano care e che i nostri ragazzi ne consumavano troppe, lui, serio, mi suggeriva: "Mandali scalzi".

«Mi ero, dunque, rapata a zero con il rasoio appena di ritorno dal carcere. Benito, pensavo, ha scoperto il sistema per evitare che gli uomini mi vengano dietro, e in fondo mi sentivo lusingata per la sua gelosia. Ma stavo malissimo. Mia madre, per rimediare a quel disastro, mi aveva comprato una parrucca che non potevo soffrire e mi guardavo bene dal mettere. In quell'epoca il vanto di una donna elegante era prima di tutto un grosso *chignon* sulla nuca. Io, con la mia zazzera, avevo l'aria di una monella. Impiegai moltissimo tempo a far crescere di nuovo i capelli. Poi, quando c'ero finalmente riuscita, Benito cominciò a tormentarmi perché li tagliassi alla *garçonne*. "È la nuova moda" diceva. Ma io non volevo neanche sentirne parlare. (Credo che fosse il 1923: mio marito abitava già a Roma e veniva di tanto in tanto a trovarci.) Un giorno, mentre passavo davanti al negozio del parrucchiere dove Benito era solito farsi la barba, mi sentii chiamare da lui. Entrai senza sospetto. Era seduto davanti allo specchio e fui costretta a chinarmi per ascoltare ciò che voleva. Allora, prima che potessi impedirlo, afferrò un grosso paio di forbici e me le infilò nelle trecce tagliando a caso.»

Durante il periodo in cui Mussolini rimase alla direzione dell'«Avanti!» la tiratura aumentò da 12.000 a 100.000 copie. I suoi articoli di fondo, che scriveva di getto, piacevano per il loro calore e l'aggressivo tono polemico. Ma nell'ottobre del 1914

Mussolini dovette dare le dimissioni. «Purtroppo,» disse a Rachele «bisognerà ricominciare tutto da capo.» Era stato costretto a licenziarsi perché, in contrasto con il Partito socialista, sosteneva la necessità che l'Italia entrasse in guerra contro l'Austria, al fianco degli alleati. Come al solito, si era disinteressato delle faccende economiche; anzi, aveva rifiutato la liquidazione che gli spettava e che il giornale era disposto a offrirgli.

«Eravamo di nuovo senza una lira,» continuava Rachele «e le privazioni di quel periodo furono le più dolorose per me, perché erano accresciute dalla pena di vedere il mio uomo, sempre così battagliero, stanco e avvilito. Non poteva sopportare il pensiero di essere privo di un quotidiano sul quale proseguire le sue battaglie. "Sento la necessità di avere un giornale mio, di mia proprietà," ripeteva "ma è un progetto che non potrà mai essere realizzato. Dove riuscirei a trovare il denaro?" "Per il momento," sospirava Rachele "ci mancavano i soldi perfino per la colazione e la cena."»

3
«PUÒ DARSI CHE PROPRIO ALL'ULTIMO MINUTO TI DICA DI NO»

Un giorno, mentre Mussolini era a Genova per chiedere un prestito a uno dei suoi amici, Rachele ricevette la visita di una signora molto più anziana di lei, dalla figura allampanata e dalle maniere stravaganti. Non disse il suo nome, ma in compenso volle sapere com'era disposto l'appartamento, quante stanze aveva, che cosa diceva Benito, se andavano d'accordo. Arrivò fino al punto di chiedere alla piccola Edda se il papà voleva bene alla mamma. La sera, quando Mussolini tornò da Genova, Rachele gli descrisse minuziosamente la donna e lui capì subito: «È l'austriaca» disse allarmato.

Si trattava di Ida Dalser, una «morosa» che – secondo Rachele – suo marito aveva avuto in Trentino. In realtà Mussolini aveva invece conosciuto l'austriaca a Milano nel 1913 e la sua relazione con lei si era prolungata almeno fino ai primi mesi del 1915, visto che l'11 novembre di quell'anno sarebbe nato Albino Benito, che Mussolini riconobbe davanti a un notaio l'11 gennaio dell'anno seguente.

Quando si parlava della Dalser, Rachele ammetteva che fra l'austriaca e suo marito c'era stata una «breve relazione» e che la Dalser, sostenendo di aver avuto un figlio da lui, lo perseguitava perché la sposasse. Mi diceva anche che all'«Avanti!» la conoscevano tutti perché di tanto in tanto compariva a fare scenate violente. Ma non mi confessò mai di essere stata lasciata sola a Forlì con sua figlia quando Benito si trasferì all'«Avanti!» Nel suo *Mussolini piccolo borghese* Paolo Monelli racconta che in quel periodo Mussolini andava raramente a Forlì e rispondeva alle lettere di Rachele solo con qualche cartolina spiegando che aveva molto da fare. Così Rachele si mise in treno e si recò all'«Avanti!» con Edda. Benito l'abbracciò ma le disse di tornare subito a Forlì e di restarci finché non avessero trovato casa. Lei gli rispose che non doveva preoccuparsi. Per il momento, con la bambina, sarebbe andata ad abitare con la signora Agosti. «La signora Agosti, forlivese di buon sangue,» proseguiva Paolo Monelli «aveva ammazzato l'uomo che amava e che l'aveva abbandonata. Poi i giurati l'avevano assolta ed era venuta a vivere a Milano. Mussolini disse che era d'accordo e Rachele si mise a cercar casa con l'Agosti. Infine trovarono un quartierino in via Castel Morrone, al numero 19. Benito fece ancora qualche obiezione, ma le due energiche donne gli dettero talmente sulla voce che si indusse a riprendere la vita di famiglia...»

Naturalmente, come fanno tutte le donne che sono state tradite dal loro uomo, Rachele tendeva, nei suoi ricordi, a ridimensionare le sue rivali e a ridicolizzarle non appena le era possibile. Specialmente quando era riuscita a sconfiggerle, com'era il caso della Dalser. «Dopo la sua visita,» mi spiegava infatti Rachele «non ebbi più notizie di lei. Ma in seguito seppi che si presentava dovunque come la moglie di Mussolini e debbo in parte a quella maniaca se, a un certo punto, io e Benito decidemmo di trasformare la nostra libera unione in un regolare matrimonio.»

Erano giorni decisivi per il futuro di Mussolini. Il 15 novembre 1914 uscì in edicola il primo numero del suo nuovo quotidiano, «Il popolo d'Italia», cui seguì il 24 dello stesso mese l'espulsione dal Partito socialista per indegnità. Poi ci fu la dichiarazione di guerra e pochi mesi dopo, nel settembre del 1915, Mussolini partì per il fronte. Una mattina, mentre Rachele era al mercato, due poliziotti bussarono alla sua porta. «Mia madre» raccontava Rachele «era sola e quando gli agenti le dissero che avevano l'ordine di mettere i sigilli sui mobili, lasciò fare senza aprire bocca. Aveva smesso da tempo, povera donna, di stupirsi per qualche cosa. Restai sbalordita al mio ritorno. Ma le sorprese non erano finite. Fui arrestata e condotta in questura e lì mi sentii accusare di aver dato fuoco a un albergo. Risposi che in tutta la mia vita non avevo mai incendiato neanche un pagliaio e che c'era senz'altro un equivoco. Ma quelli insistevano: "Siete o no la signora Mussolini?". "Sicuro." "Allora non vi possono essere dubbi." Finalmente il commissario si decise a chiedermi nome, cognome, paternità e luogo di nascita. Rimase perplesso nel sentirli e solo quando, alle sei del pomeriggio, ebbe da Predappio la risposta che una certa Rachele Guidi, fu Agostino, era nata effettivamente in quel comune, acconsentì a chiarirmi il mistero. La signora Mussolini che aveva dato fuoco all'albergo era Ida Dalser, l'austriaca.»

Mussolini, in quel periodo, si era ammalato di paratifo ed era stato ricoverato in un ospedale del Friuli. Quando Rachele, viaggiando su un carro bestiame carico di muli, lo raggiunse e gli raccontò ciò che era successo durante la sua assenza, Mussolini le disse: «Rachele, c'è un solo sistema per mettere fine a questa storia: sposiamoci». «Ci penserò,» rispose Rachele «ma può darsi che proprio all'ultimo minuto ti dica di no.» E lui, convinto: «Ne saresti capace».

Si unirono civilmente in matrimonio il 17 dicembre 1915 in una squallida stanza d'ospedale, a Treviglio, dov'era stato trasferito il promesso sposo. Le nozze furono celebrate per procura alla presenza di quattro testimoni. «Benito» raccontava Rachele «era a letto con l'itterizia. Aveva gli occhi gialli e un berrettone di lana che gli scendeva sulla fronte e sul collo. Quando gli rivolsero la formula di rito, disse: "Sì, sì", tutto contento. Ma io mi feci pregare. Non risposi alla prima domanda fingendo di essere un po' distratta; non risposi nemmeno alla seconda, e intanto guardavo con la coda dell'occhio Benito, che si tormentava nervosamente le mani. Infine, alla terza domanda, dissi di sì a voce bassa.»

La cerimonia era stata brevissima. Subito dopo una suora portò un panettone e fu festeggiato l'avvenimento. Appena guarito, Mussolini tornò in trincea. Rachele trascorse un Capodanno tristissimo a rileggere la sua ultima lettera che portava la data del 25 dicembre. «Il rancio oggi è stato di cinque castagne secche,» diceva «ma gli scarponi tengono duro.» Gli scriveva ogni giorno, e presto poté annunciargli che attendeva un altro bambino. Le rispose che l'avrebbe chiamato Vittorio perché era sicuro che la guerra si sarebbe conclusa nel migliore dei modi. Naturalmente non dubitava che si sarebbe trattato di un maschio.

Vittorio nacque il 27 settembre del 1916 e suo padre poté abbracciarlo per la prima volta solo nel gennaio dell'anno seguente, dopo aver combattuto sei mesi sul Carso. «Arrivò come al solito all'improvviso,» mi raccontava Rachele «e quasi stentai a riconoscerlo, tanto era lacero e macilento. La sua divisa era a brandelli, aveva sostituito alla meglio i bottoni con pezzi di filo di ferro, e per prima cosa gli feci levare la giacca e corsi in cerca di ago e cotone. Il permesso durò pochi giorni. Benito li trascorse in gran parte al giornale, ma la sera non usciva di casa e io mi godevo quella parentesi di tranquillità. Giocavamo a briscola o a scopa: aveva imparato in trincea e si divertiva moltissimo. Anche in seguito, mentre era capo del governo, queste partite erano diventate una consuetudine della domenica sera e a turno vi partecipavano tutti: i nostri figli, le nuore, i nipotini, Edda e Galeazzo Ciano. Anche a villa Carpena, quando io ero occupata, Benito trovava degli improvvisati compagni. Chiamava a raccolta i bambini del nostro fattore e distribuiva le carte, seduto sui gradini d'ingresso. Ma quei ragazzetti si stancavano presto. "Non c'è gusto," dicevano "a giocare con lui: vuole vincere sempre!"»

Quando Mussolini ripartì per il fronte disse a sua moglie, nel salutarla: «Questa volta temo di non riportare a casa la pelle». La serietà con cui aveva pronunciato quelle parole turbò profondamente Rachele, che trascorse settimane angosciose durante le quali non riusciva ad allontanare il presentimento di una sventura. Un giorno un telegramma le annunciò che Benito aveva dovuto essere trasportato d'urgenza all'ospedale militare di Ronchi. Il 23 febbraio 1917 era stato gravemente ferito dallo scoppio di un cannoncino lanciabombe e i medici disperavano di poterlo salvare. La ferita più grave era quella alla gamba sinistra (una scheggia aveva frantumato la tibia) e solo un intervento chirurgico tentato all'ultimo momento evitò il pericolo di un'amputazione. Ma la gamba non tornò mai normale e da allora fu impossibile a Mussolini infilare lo stivale sinistro senza che l'attrito del cuoio provocasse il formarsi di un po' di suppurazione. Per questo fu sempre costretto a portare stivali chiusi da una cerniera lampo.

Non appena fu in grado di sopportare il disagio di un viaggio, Mussolini fu trasferito all'ospedale di Udine e di lì, dopo qualche tempo, a Milano. Rachele poteva finalmente curarlo, stargli vicina. Il medico le aveva permesso di travestirsi da crocerossina per assistere il suo Benito sotto falso cognome. Ma nessuno ignorava, nella corsia, che era la moglie di Mussolini. Una mattina, mentre stava scendendo dal tram alla fermata dell'ospedale, vide accanto alla portiera una donna bruna e rinsecchita. "Com'è antipatica!" pensò con improvviso fastidio. Dieci minuti più tardi la rivide all'ospedale. Le veniva incontro insultandola. «Sono io la moglie di Mussolini,» gridava «solo io ho il diritto di rimanere accanto al suo letto.» Era l'austriaca. I soldati ridevano e schiamazzavano, eccitati dall'improvviso spettacolo. «Allora,» continuava Rachele «non ci vidi più per la rabbia. Mi buttai addosso alla donna, cominciai a picchiarla con i pugni chiusi e a un certo momento le misi le mani intorno al collo. Benito era a letto fasciato come una mummia. Riusciva con grande sforzo a muovere solo la destra e io l'aiutavo ogni giorno a stringere fra le dita la penna e a scrivere adagio i suoi articoli (erano i giorni di Caporetto). Quando capì che le cose si mettevano male e che, se qualcuno non mi fermava, sarebbe successo il finimondo, di scatto, senza pensarci, tentò di buttarsi dal letto. Accorsero i medici, le infermiere. Io piangevo, snervata. Intanto la pazza era fuggita.»

Nel 1926, durante una visita del ministro Fedele, Ida Dalser venne arrestata a Trento perché aveva dato in escandescenze nell'atrio dell'hotel Bristol. Poi fu internata nel manicomio di Pergine e benché le condizioni della sua mente fossero state giudicate normali, vi rimase fino a quando morì, nel luglio del 1935.

In quel periodo Rachele pesava trentotto chili e per rimettersi un po' in salute decise di riposare alcuni giorni a Luino, sul lago Maggiore. Quando Mussolini fu in grado di alzarsi e di camminare appoggiandosi alle stampelle, la raggiunse. Spesso Rachele affittava una barca e lo portava al largo. Durante queste gite parlavano a lungo dei loro progetti per il futuro. «Prima di tutto,» diceva Benito «dobbiamo fare un bel viaggio di nozze. Che città preferisci?» Lei scuoteva la testa. «Vedremo se ti ricordi...»

Passarono almeno vent'anni. Un giorno – era già stato proclamato l'impero – Mussolini chiamò Rachele e le disse: «Rachele, non ho dimenticato il nostro viaggio di nozze. Finora non ho potuto, avevo troppe cose da fare. Ma adesso è giunto il momento: preparati, partiamo domani». Proprio in quella settimana era stata inaugurata la littorina che congiungeva Roma a Riccione dove la famiglia del duce trascorreva sempre le vacanze. «Il giorno seguente,» raccontava Rachele «Benito mi fece salire sulla littorina. Ordinò che scendessero tutti, e pregò il manovratore di starsene tranquillo in un angolo. Poi si mise al posto di guida. Io gli ero vicina e ce ne andammo, come due sposini, da Roma fino a Riccione...»

Nell'aprile del 1918 nacque Bruno. Mussolini, che non aveva potuto assistere alla nascita di Vittorio perché era al fronte, aveva già cominciato un mese prima a chiedere con ansia a sua moglie: «Stai bene, sei proprio sicura, posso andare al giornale tranquillo?». Temeva che suo figlio si permettesse di venire al mondo in sua assenza. «Io» si lamentava «debbo sempre sapere dagli altri le belle notizie della nostra famiglia.» Un giorno avvertì sua moglie che doveva prendere il treno per Genova. «Ma non vorrei» aggiunse con un'occhiata severa «che tu ti decidessi proprio oggi a far nascere il nostro bambino.» Rachele era curva per terra, puliva il pavimento con uno straccio sporco di cera. «Non ti preoccupare,» gli disse «ci sarai anche tu, sta' tranquillo, quando verrà il grande momento.» Invece, quella stessa sera, un amico di Mussolini, andando a prenderlo alla stazione, poté rallegrarsi con lui. «È nato un bel maschio, Rachele sta bene.» Mussolini corse a casa in tassì, salì le scale e, prima ancora di guardare suo figlio, si mise a brontolare: «Perché non mi hai aspettato?».

«Nei giorni seguenti,» ricordava Rachele «volle a ogni costo sostituire mia madre davanti ai fornelli e cucinare per me la colazione e la cena. Io di tanto in tanto gli davo dei suggerimenti (la stanza da letto comunicava con la cucina) ma ben presto mi accorsi che stavo perdendo il mio tempo. Benito, infatti, aveva bruciato tutti i tegami e non era più in grado di friggere neanche un uovo. Inoltre aveva speso in due giorni la somma che mi serviva di solito per arrivare alla fine del mese. Così, ventisei ore dopo la nascita di Bruno, fui costretta ad alzarmi dal letto per evitare peggiori disastri.»

Nel 1919 Rachele e Benito si trasferirono con i tre figli in Foro Bonaparte 18, vicino al Castello Sforzesco. Il 19 marzo Mussolini aveva fondato i fasci di combattimento e la casa era diventata il ritrovo abituale dei suoi più attivi collaboratori. Rachele non prendeva mai parte alle loro discussioni e si faceva viva soltanto per offrire il caffè. Ma qualche volta, quando riusciva a rimanere sola con suo marito, gli diceva: «Sta' attento: la politica è una malafemmina e potrebbe darti grosse delusioni». Lui non l'ascoltava nemmeno. «L'1 settembre» continuava Rachele «mi trovavo a teatro con Benito e per tutta la durata dello spettacolo l'avevo visto insolitamente quieto e assorto. All'uscita, fummo avvicinati da un inserviente che consegnò a Benito un biglietto di D'Annunzio: il famoso messaggio che incominciava: "Il dado è tratto. Parto ora. Domattina prenderò Fiume con le armi. Il Dio d'Italia ci assista!"

«Da quel momento Benito, che fra i poeti moderni aveva sempre amato il Carducci, diventò non solo grande amico, ma anche fervente ammiratore di Gabriele d'Annunzio. Io non ero d'accordo con lui. M'infastidiva il suo strano sistema di vita e soprattutto mi offendeva la leggerezza con cui si copriva di debiti, per di più senza provare vergogna. "Come puoi aver stima di lui," chiedevo a Benito "tu che hai sempre pagato fino al centesimo i tuoi creditori?" Benito scuoteva la testa. "Non farti sentire, Rachele," diceva con un sorriso "il talento non si misura dai debiti....".

Passò qualche tempo. Una mattina – era il primo marzo del 1921 – Rachele si svegliò molto turbata. Nel sonno aveva visto Benito precipitare mentre le fiamme avvolgevano la carlinga dell'aeroplano. Gli raccontò il sogno con tutti i particolari. «Non andare a Bresso,» gli disse «non farmi stare in pensiero.» Infatti Mussolini prendeva due o tre volte la settimana lezioni di pilotaggio. Il duce fingeva di ridere dei suoi presentimenti, ma ci credeva. «Anche Giulio Cesare» le disse una volta «non sarebbe finito in quel modo se avesse dato retta a sua moglie.»

Quel giorno, per accontentare la moglie, lasciò a casa il giubbotto di pelle che gli serviva per i voli, ma Rachele non era tranquilla e quando alcune ore più tardi sentì squillare il telefono, pensò: "Ecco, ci siamo, Benito non ha voluto accontentarmi". L'apparecchio, per un guasto al motore, era precipitato al suolo sfracellandosi da un'altezza di sessanta metri. Benito si era salvato, ma tornò a casa sostenuto dal medico. Mentre gli correva incontro, vide che aveva la testa fasciata e che zoppicava. Non volle nemmeno abbracciarlo. «Ti sta bene, sono contenta» gridava. E subito dopo scoppiò in un pianto dirotto.

In seguito a quell'incidente Mussolini dovette restare a letto per una ventina di giorni e soffrì molto per le fratture riportate al ginocchio della gamba sinistra, la stessa che durante la guerra era rimasta ferita. In quell'occasione andò a trovare Benito Margherita Sarfatti. Rachele non ignorava nulla di lei: era una scrittrice che collaborava al «Popolo d'Italia» dopo essere stata collaboratrice dell'«Avanti!», e tutti conoscevano la sua relazione con Mussolini. Rachele fece finta di non sapere chi fosse. Ma di tanto in tanto, mentre si avvicinava a Benito per rimboccargli il lenzuolo o per sistemargli dietro il capo il cuscino, diceva con aria distratta, come se parlasse da sola: «È proprio vero: certe persone non hanno vergogna di niente. Bisognerebbe buttarle giù dalla finestra».

«Ho tanto sofferto,» mi confessava Rachele «per quella donna. Non che avessi paura di lei. Fino all'ultimo Benito mi ripeté che se avesse avuto una moglie troppo istruita, magari una professoressa, non sarebbe potuto salire in alto come con me al suo fianco. Ma molti venivano a dirmi: "Mussolini si lascia influenzare dalla Sarfatti" e questo, proprio, non lo sopportavo. Margherita Sarfatti litigò con mio marito nel 1926 dopo aver scritto un volume dal titolo *Dux* che le procurò molti quattrini. A Benito il libro non piacque. Lo lasciava sempre in un angolo e finalmente si convinse che avevo ragione quando sostenevo che il suo bene per lui era troppo interessato... Credevo di essermene liberata per sempre, anche perché era stata licenziata dal "Popolo d'Italia". Ma un giorno (era passato del tempo: eravamo, credo, nel 1931) aprendo il "Popolo" come ogni mattina, vidi il suo nome in fondo a una pagina. Mi trovavo a Merano per curarmi da un esaurimento nervoso assieme alla mamma di Galeazzo: Carolina Ciano. Le dissi che avevo bisogno di andare un momento alla posta e donna Carolina (mi conosceva troppo bene) s'insospettì e volle accompagnarmi.

«Arrivata nell'ufficio del telegrafo, presi un modulo e lo riempii fitto fitto, senza badare all'economia. Lo portai allo sportello e Carolina, che mi aveva seguita, lo lesse in fretta curvandosi sulla mia spalla. "Rachele," esclamò spaventata "non vorrai spedirlo davvero!" "Ma certo," le dissi, e consegnai il modulo. Quando vide l'indirizzo, la signorina delle poste mi fissò sbalordita. "Io mi rifiuto di trasmettere al Duce un telegramma di questo genere" protestava indignata. Allora l'informai brevemente che ero la moglie di Mussolini e lei, stupefatta, dovette obbedirmi. Poi, non contenta, corsi a prendere un altro modulo; lo riempii fitto fitto nella stessa maniera e lo inviai al fratello di Benito, Arnaldo, che dirigeva il "Popolo d'Italia".»

La sera stessa Mussolini le fece una lunga telefonata da Roma. Era in collera e molto allarmato. «Io non so niente» le disse «di quell'articolo della Sarfatti. L'ho liquidata da tempo e non voglio sentirne parlare mai più.» «Sentimi bene,» gli rispose Rachele «e fallo sapere anche ad Arnaldo. Se mi capita sott'occhio un'altra volta un pezzo della Sarfatti, vado a Milano, prendo una bomba e faccio saltare per aria il "Popolo d'Italia". Tanto ormai non piace più a nessuno: è diventato un mattone!»

4
«VAI A FARE IL GARZONE DEGLI ITALIANI»

La prima volta che Mussolini si batté in duello, Rachele gli comperò una camicia nuova e si prese un grosso spavento. Quei padrini vestiti di nero come se andassero a un funerale, quell'aria di opprimente congiura che circondava l'incontro e quei misteriosi preparativi la tenevano sveglia per tutta la notte. Anche perché suo marito non sapeva usare la spada e aveva dovuto prendere, in fretta e furia, qualche lezione. In seguito però divenne bravissimo. Diceva che era un riposo per lui, un piacevole svago, e Rachele ribatteva preoccupata che avrebbe potuto scegliere uno sport un po' meno pericoloso e un po' più a buon mercato. «Non si deve credere, infatti,» mi raccontava «che i duelli costassero poco. Bisognava pagare il medico, il "piantone" di guardia e ricompensare i padrini con un regalo per il loro disturbo. Inoltre si poteva finire in prigione perché anche allora la legge italiana non ammetteva il duello.»

Mussolini ebbe una quantità di processi per questa sua mania di risolvere a sciabolate ogni litigio con i suoi nemici. Nel 1921 era stato eletto deputato e i suoi discorsi, aggressivi come i suoi articoli, suscitavano continue polemiche che si concludevano spesso con una sfida. Di solito, per non farsi scoprire dai poliziotti, Benito e i suoi avversari s'incontravano all'alba nei posti più impensati: sotto un ponte, vicino a un torrente, perfino dentro una stalla.

Un giorno, dopo un «regolamento di conti» con Claudio Treves, Mussolini tornò a casa con un pezzetto d'orecchio in meno e la camicia inzuppata di sangue. Rachele tentò inutilmente di lavare le macchie, ma la stoffa restò piena di chiazze. «Allora pensai» mi raccontava «che con il nostro bilancio non potevamo permetterci il lusso di consumare troppe camicie e che quella, essendo ormai rovinata, poteva servire benissimo per i duelli futuri. Perciò quando Benito mi diceva uscendo di casa: "Rachele, oggi spaghetti", correvo a preparargliela. La frase "Oggi spaghetti" era la nostra parola d'ordine per indicare le sciabolate e anche alla sera, per avvertirmi che tutto era andato bene, mio marito mi ripeteva al telefono la frase: "Butta giù gli spaghetti...".»

In seguito Rachele conservò la «camicia di Treves», così la chiamava, in mezzo a molti altri ricordi. Per esempio custodiva in una bottiglia le piccole schegge che di tanto in tanto affioravano da qualche parte nel corpo di suo marito e che erano state provocate dallo scoppio del cannoncino lanciabombe durante la Prima guerra mondiale. Uscivano per lo più dalla gamba sinistra, ma spesso dalla spalla o da un braccio, una volta perfino dalle tempie. Rachele ne aveva raccolte trentacinque o trentasei. Inoltre aveva rinchiuso in una scatola legata con un nastro l'orologio in metallo bianco che Mussolini portava al polso nel momento in cui era rimasto ferito e che gli aveva salvato la mano. E in un'altra scatola le fotografie bruciacchiate, quella di Rachele e quella di Rosa Maltoni, la madre di Benito, che Mussolini teneva sempre nel portafoglio e che in diverse occasioni avevano fermato le pallottole dirette contro il suo cuore. Conservava innumerevoli oggetti: «Un giorno» diceva Mussolini «saranno esposti in un museo» e aveva insegnato a Rachele il modo più facile per catalogarli. Era ordinatissimo. Addirittura pignolo. Tutte le sere, prima di coricarsi, sistemava con cura i libri, le carte e le penne che coprivano la sua scrivania e quando gli capitava di lasciare gli occhiali un po' di traverso sul tavolo, anche se era nella sua camera, già sul punto d'infilarsi fra le lenzuola, tornava indietro a raddrizzarli. Consumava le matite fino al mozzicone. Era preciso e parsimonioso perfino con i fogli di carta sui quali scriveva i suoi articoli: non ne buttava via uno. «A me» commentava Rachele «sembrava un po' esagerato: "Credi forse" gli dissi una volta "che nel tuo ufficio badino tanto all'economia?".»

Nel riordinare i suoi ricordi Rachele Mussolini non seguiva uno schema prestabilito. «Vedete,» mi spiegava «quando siete arrivata voi, non avevo pronto niente. Soltanto la testa.» Era vero: detestava i giornalisti e una volta ne cacciò via uno, più insistente degli altri, a secchiate d'acqua. E siccome lui brontolava minacce fra i denti, gli gridò in romagnolo: «Scriva pure quello che vuole. Anche che sono una puttana. Tanto, caso mai, do del mio...».

Tornare indietro nel tempo era per lei faticoso e spesso si lamentava, con il timore di una scolara: «Le cose, le rammento meglio di notte». Perciò diligentemente, ogni mattina, mi portava ciò che era affiorato nel sonno, poi mi chiedeva come se dovesse superare un esame: «Va bene?». In certi casi quelle frasi, quegli aneddoti non erano certo favorevoli a Mussolini, ma lei me li offriva senza malizia.

Uno dei capitoli più difficili fu la marcia su Roma. Edda aveva voluto assistere al nostro colloquio e la sua presenza rendeva inquieta donna Rachele, che ne temeva il giudizio. Perciò, mentre la esortavo a frugare nella memoria, lei, sotto lo sguardo divertito della figlia, rimaneva assorta con la testa fra le mani, senza dire una parola. Alle mie sollecitazioni scuoteva la testa e a un certo punto mi supplicò, abbassando le palpebre: «Non possiamo saltarla via, la marcia su Roma?».

Poi, un po' per volta, quando restammo sole, cominciò a parlare: «Benito» diceva «organizzò con grande entusiasmo l'impresa, che fu condotta a termine con pochi quattrini: certo non con i miliardi e neppure con i milioni. C'erano, fra gli squadristi, anche adolescenti di quindici o sedici anni, appena un po' più grandi di Edda, e venivano da ogni parte d'Italia portandosi dietro il fagotto con le patate, il formaggio, il salame, perfino la pentola e la legna per accendere il fuoco. Quei ragazzi dovevano dormire in aperta campagna perché erano sorvegliati dalla polizia, ma alcuni di essi passavano a turno la notte sul tetto della nostra casa, in Foro Bonaparte, per fare la guardia a Mussolini e permettergli di riposare almeno qualche ora. Altri avevano affittato una soffitta nel palazzo di fronte e, quando c'era pericolo, ci avvertivano cantando a squarciagola attraverso il finestrino:

"L'ardito è bello, l'ardito è forte – piace alle donne, piace ai bambini..."».

A Rachele era stato concesso il porto d'armi perché Ida Dalser aveva spesso minacciato di ucciderla. Si era comperata una pistola e la teneva di giorno nella borsetta e di notte sotto il divano dove dormiva Vittorio, nella camera matrimoniale. Inoltre si era procurata un certo numero di bombe a mano che aveva sistemato in cima all'armadio dopo averle avvolte nella bambagia. Nell'imminenza della marcia su Roma, per evitare che la polizia le scoprisse durante qualche perlustrazione, decise di liberarsene e ricorse a un trucco. «In quel periodo,» mi raccontava Rachele «era nostra ospite a Milano mia sorella Pina, a cui Benito voleva un gran bene (spesso, a mia insaputa, le mandava dei soldi). Era gravemente malata di tisi, magrissima, pallida e si reggeva in piedi a fatica. Eppure, per aiutarmi, acconsentì, poveretta, a infilarsi le bombe nel busto all'altezza del seno e a trasportarle, due alla volta, nel parco del Castello Sforzesco. Lì, quando non la vedeva nessuno, le gettava in un fosso guardandosi intorno continuamente e tremando per la paura.»

In quei giorni a Rachele era toccato l'incarico di ricevere e di riferire esattamente tutte le telefonate. Mi diceva che la sera del 27 ottobre Mussolini le aveva chiesto di accompagnarla al Manzoni per vedere *La vedova allegra.* Lei si era meravigliata. «Come puoi interessarti alla *Vedova allegra,*» aveva protestato vivacemente «con tutti i pensieri che hai per la testa?» Nessuna risposta. Benito aveva continuato ad allacciarsi il colletto e a un tratto si era messo persino a fischiettare, cosa che detestava e che aumentò i suoi sospetti. Poi, mentre raggiungevano il teatro, le aveva spiegato che tutto era pronto per la marcia su Roma e che la sua presenza al Manzoni era soltanto uno stratagemma per ingannare la polizia.

Quella sera Mussolini era davvero al Manzoni ma, secondo un giovane redattore del «Popolo d'Italia», Luigi Freddi, non con Rachele. Freddi, intervistato da Paolo Monelli, dichiarò di aver ricevuto al giornale un messaggio di Farinacci: mandava a dire che non poteva più trattenere le squadre d'azione e che Cremona era in subbuglio perché i fascisti avevano assalito la prefettura. Per comunicare a Mussolini questo messaggio, Freddi l'aveva cercato un po' dappertutto e finalmente era riuscito a trovarlo al Manzoni con Margherita Sarfatti e con la figlia di lei. Ricordava di aver aperto la porta del palco e di aver fatto cenni vistosi a Mussolini che però, con un gesto, lo invitò al silenzio, lo mise a sedere accanto a sé e aspettò tranquillamente la fine dell'atto. Poi, uscito nel corridoio, diede un'occhiata al messaggio e glielo restituì dicendo: «Conservatelo: forse è un documento». Difficilmente Luigi Freddi avrebbe potuto confondere Margherita Sarfatti con Rachele, anche perché la Sarfatti era allora collaboratrice del «Popolo». Una deformazione nei ricordi dell'uno o dell'altra? Forse Rachele non perdonava alla Sarfatti di essere stata al fianco di Mussolini in un momento decisivo per la sua vita e voleva prenderne il posto riplasmando a suo modo il passato.

«Il 28 ottobre» continuava a raccontarmi Rachele «fu un susseguirsi ininterrotto di telefonate. I fascisti dicevano che bisognava dare fuoco al "Corriere", il direttore del "Corriere" scongiurava di risparmiare il palazzo e io avevo un gran da fare a ripetere a tutti che Mussolini aveva proibito nella maniera più assoluta d'incendiare il giornale. Infine fui proprio io a ricevere, la mattina del 29, la telefonata che decise il destino di mio marito. "Quella persona sta per partire," diceva all'altro capo del filo una sconosciuta voce maschile "abbiamo bisogno di metterci in comunicazione direttamente con Mussolini." Ma Benito non era in casa e nemmeno al "Popolo d'Italia" e io dovetti aspettare la telefonata seguente, che arrivò dopo una mezz'ora, per sapere chi fosse il misterioso individuo che era sul punto di andarsene. La persona che doveva "partire", cioè abdicare, era il re. Ma Vittorio Emanuele III preferì, per mezzo del suo aiutante di campo (avevo parlato con lui al telefono), far andare a Roma Benito perché formasse il nuovo governo salvando, come dicono dalle mie parti, baracca e burattini.»

Mussolini partì per Roma la sera del 29 ottobre. Andò a casa, ritirò la valigia di fibra che Rachele gli aveva preparato, si mise in testa una specie di fez con un grosso fiocco da un lato e salutò sua moglie e i suoi figli, come faceva sempre, con poche parole. Approfittando dell'occasione Edda e Vittorio riuscirono a marinare la scuola e Cirillo, l'autista, ripeteva a tutti: «Abbiamo fatto la marcia su Roma», come se il merito fosse suo. «Tutti erano felici» mi diceva Rachele «per il trionfo di Mussolini. Ma io no. Io sentivo che gli era stato affidato un incarico molto difficile perché l'Italia, in quel momento, era una barca che faceva acqua da qualsiasi parte. Inoltre non potevo sopportare l'idea che Benito dovesse rinunciare alla sua libertà per mettersi al servizio degli altri. Prima non aveva padroni: il giornale era suo, poteva scrivere, fare e disfare come meglio credeva e tutt'al più finiva in prigione. "Vai a fare il garzone degli italiani," gli dissi quando partì per Roma "con la differenza che gli altri prendono la paga e tu non prendi nemmeno quella." (Avevo saputo da mio marito che la carica di presidente era soltanto onoraria.) In seguito Benito dovette ammettere che non mi ero ingannata. Gli sarebbe piaciuto fare dei lunghi viaggi e non poteva perché era troppo occupato. Amava la sua famiglia e gli agi della sua casa ed era costretto a starne spesso lontano. Gli riuscì difficile, a un certo momento, perfino trovare il tempo per scrivere i suoi articoli, il lavoro che preferiva. Sapete quale fu, per vent'anni, il suo desiderio più grande? Salire su un tram della circonvallazione e fare il giro di Roma nascosto in mezzo alla gente. Ma come avrebbe potuto, con i poliziotti sempre alle calcagna? Mi confessava: "Rachele, non ho ancora capito se sono pagati per proteggermi o per spiarmi". "Per spiarti" ribattevo convinta, ed era vero, ne sono sicura, per lo meno negli ultimi tempi.»

Fra il 1923 e il 1925 ci furono molti lutti nella famiglia Mussolini. Dapprima si spense dolcemente, a trentacinque anni, la Pina. Poi morì un'altra delle sorelle di Rachele, Giovanna, mentre dava alla luce il suo quindicesimo figlio: una bambina che sopravvisse alla madre solo ventiquattro ore. «E l'anno seguente,» raccontava Rachele «ci lasciò per sempre mia madre. Mi aveva spesso ripetuto che desiderava morire nella ricorrenza dei morti e il cuore, provato da tanti dispiaceri e da tante emozioni, aveva ceduto all'alba del primo novembre. Fu un immenso dolore per me e per Benito, che l'aveva amata come una mamma e che il 4 novembre non poté assistere neppure ai suoi funerali. Ero appena tornata dal camposanto e mi aggiravo in quelle stanze ormai vuote, senza riuscire a frenare i singhiozzi, quando fui avvertita che il marchese Paulucci di Calboli mi voleva al telefono. Paulucci era il segretario di mio marito e io capii subito che mi attendevano cattive notizie, che non mi sarebbe stato concesso nemmeno di piangere in pace mia madre. Non mi ero ingannata: affannosamente, stentando a trovare le parole adatte, Paulucci mi annunciò l'attentato di Zaniboni, il primo di una serie. "Però Mussolini è salvo," aggiunse "la polizia ha scoperto in tempo ogni cosa." Non volli credergli, ma dopo pochi minuti fui chiamata di nuovo al telefono. Questa volta era Benito che desiderava farmi sentire la sua voce perché potessi tranquillizzarmi. Inutilmente tentai di strappargli qualche particolare su ciò che era accaduto. M'interrompeva di continuo: "Non ha importanza," diceva "non devi impressionarti. Parlami piuttosto della mamma. Come sta? è un po' migliorata?". "Sì, sì, sta bene" gli dissi. "Ha finito ormai di soffrire."»

In quel periodo Rachele aveva preferito tornare in Romagna perché due appartamenti (quello di Milano e l'altro a Roma dove viveva Mussolini) costavano troppo. Ma dopo la morte di sua madre si sentì troppo sola senza di lei nella casa di Carpena e tornò con i figli a Milano, dove prese in affitto un altro appartamento in via Mario Pagano. Qui, il 19 dicembre del 1925, Rachele Guidi e Benito Mussolini celebrarono il loro matrimonio religioso. Già alcuni anni prima avevano provveduto a fare battezzare i loro tre figli, tutti in una volta, nel salotto di Foro Bonaparte 18. Nell'estate del '24 Edda, Bruno e Vittorio avevano ricevuto la cresima e la comunione in un antico convento dei benedettini, a Camaldoli, sull'Appennino toscano.

«Poi» mi spiegava Rachele «toccò a me e a Benito di accostarci ai sacramenti. Fu una cerimonia ancora più breve di quella con cui ci eravamo sposati civilmente nel 1915, durante la Prima guerra mondiale. Io ero in cucina, a impastare le tagliatelle. "È arrivato il signor Presidente," venne a riferirmi la Cina, la nostra cameriera "con un prete e con il marchese Paulucci. Dice il signor Presidente che lei deve andare immediatamente di là." Io continuai a impastare le tagliatelle. Ma dopo pochi minuti vidi entrare Benito. "Andiamo Rachele, non farti pregare" mi disse; e siccome io facevo finta di non averlo sentito, mi slacciò lui stesso il grembiule e mi spinse davanti all'acquaio perché mi lavassi in fretta le mani.

«Celebrò il rito monsignor Magnaghi, rettore di San Pietro in Sala, in una stanza trasformata per l'occasione in cappella. Dopo avere ricevuto il nostro consenso e avere benedetto gli anelli, ci dichiarò marito e moglie. Al termine della cerimonia Benito mi baciò sulla guancia. "Abbiamo finito sì o no di sposarci?" gli dissi scherzando. "Adesso, spero, sarai finalmente tranquillo."»

5
«VOGLIO FARE UN ATTENTATO A PAPA'»

Nei primi anni della loro vita in comune Rachele aveva sempre sentito chiamare da tutti Mussolini «il professore». Poi a Milano, ai tempi dell'«Avanti!», egli diventò per chiunque «il signor direttore» e, proprio mentre sua moglie si stava abituando al termine di «onorevole», gli spettò il titolo di «presidente». Perciò, dopo la marcia su Roma, Rachele si rivolgeva a lui in questo modo e spesso, quando Mussolini (che faceva la spola fra la capitale e Milano) tornava a casa, gli raccomandava scherzando in romagnolo: «Presidente, sta' attento, t'imbrogliano...». Ma un po' per volta si diffuse con grande rapidità l'appellativo di «duce». Il primo a farne uso era stato il socialista Olindo Vernocchi, durante il pranzo per festeggiare la scarcerazione di Mussolini, nel febbraio del 1912: «Tu da oggi, o Benito,» disse in un brindisi «non sei soltanto il più rappresentativo dei socialisti romagnoli, ma il duce di tutti i socialisti rivoluzionari d'Italia!» Così, involontariamente, aveva dato vita al mussolinismo. In seguito l'appellativo di «duce» fu adottato dagli squadristi e infine divenne una consuetudine di tutto il clan Mussolini. Anche adesso i nipoti di Mussolini, ogni volta che parlano fra loro del nonno, dicono «il duce» e quelli che l'hanno conosciuto, cioè i figli di Vittorio e di Edda, spesso ricordano con un sorriso il campanellino del «nonno duce».

Da giovane, come risulta dalle sue fotografie, Mussolini aveva una quantità di capelli: lisci, lucidi e neri. Ma quando rimase ferito nella Prima guerra mondiale cominciò a perderli e presto diventò quasi calvo. Tanto che a un certo momento prese la decisione di rasarsi completamente, e fu allora che sua moglie si accorse per la prima volta del buffo campanellino che gli spuntava in mezzo alla testa. Era una «natta», una specie di piccolo porro, e i medici di tanto in tanto cercavano di convincere il duce a tagliarla. «Si tratta» gli dicevano «di un intervento chirurgico che durerà pochi minuti: dobbiamo eliminare quell'antiestetico campanellino.» «Sarà antiestetico,» rispondeva Mussolini «ma l'hanno suonato prima i miei figli e poi i miei nipoti. Voglio che resti dov'è per la gioia dei miei pronipoti.»

«Era vero» raccontava Rachele. «I nostri figli e, più tardi, i loro bambini si divertivano tanto con quel campanellino! Quando ci raggiungeva a villa Carpena oppure a Riccione, dove trascorrevamo le nostre vacanze, Benito, che era molto freddoloso, aveva l'abitudine di godersi un po' di sole in giardino nel pomeriggio. I miei ragazzi e i miei nipotini aspettavano con ansia quella siesta. Si nascondevano dietro le spalle di Benito e puntando l'indice contro il minuscolo porro cantilenavano con le fresche vocine: "Campanin drin drin...". "Drin!" rispondeva Benito, e aggrottava la fronte...»

Senza volerlo, con ricordi come questi, Rachele contribuiva a umanizzare l'immagine di suo marito, a sfrondarlo dalle sovrastrutture grottesche. Una notte aveva fatto un sogno profetico. Le capitava spesso perché, legata alla terra come un arbusto, aveva doti notevoli di sensitiva di cui non si rese mai conto. Nel sonno vedeva una gigantesca maschera di pietra con le sembianze del Duce e sentiva la voce di Benito che la supplicava: «Rachele, prendimi in braccio». «Non posso, Benito, sei troppo pesante» rispondeva. E lui: «Ma no, prova: vedrai.» «Gli obbedivo,» raccontava Rachele «e non mi accorgevo nemmeno della fatica, nel sollevare la maschera. Poi diventava incorporea come una nuvola e scorgevo stupita una gran folla che accorreva e mi applaudiva mentre passavo con quel lieve fardello.» Il sogno aveva un suo significato: con la forza dell'amore Rachele aveva tolto a Benito la maschera.

Nel 1924, dopo l'uccisione del deputato socialista Giacomo Matteotti, Mussolini si era ammalato di ulcera e Rachele era preoccupata, soprattutto perché suo marito in quell'epoca viveva lontano da lei e non le era concesso di assisterlo come avrebbe voluto, di obbligarlo a seguire una dieta speciale. Un giorno, mentre alla stazione di Milano aspettava il treno per Roma, fu fermata da un poliziotto che la pregò di seguirlo. Dovette recarsi con lui dal questore e ascoltare un discorso cerimonioso che aveva lo scopo di persuaderla a rinunciare al suo viaggio. Il tono era cortese ma fermo. Doveva capire, le disse, che la sua presenza al fianco di Mussolini avrebbe allarmato la popolazione e che le notizie del suo soggiorno romano, diffuse attraverso i giornali, avrebbero potuto far credere a un'infermità del capo del governo più grave di quanto non fosse.

Rachele se ne andò poco convinta ma fu costretta a restare a Milano, e ottenne il permesso di recarsi a Roma con la famiglia solo alla fine del 1926. In quell'occasione Mussolini le disse che voleva un altro bambino: un figlio dei giorni belli, non della miseria come Edda, Bruno e Vittorio. Aveva già stabilito che doveva essere un maschio e anche il nome: Romano. «Non mi fermai a lungo nella capitale» continuava Rachele. «Venti giorni o un mese. Il tempo sufficiente per imparare che essere importanti, in fondo, è una grande scocciatura. Non si può ridere, né passeggiare, né morire, né ammalarsi. Non si può chiacchierare quando uno ne ha voglia né vestire come ci piace...» Poi, con una delle sue improvvise divagazioni, prese a descrivere minutamente tutti gli accorgimenti a cui ricorreva il Duce per migliorare il suo aspetto. Era, mi spiegava con ammirazione, curatissimo nella persona. Faceva la doccia ogni mattina e ogni mattina si radeva perfettamente. Usava l'acqua di colonia ma detestava i profumi: «Come Napoleone» diceva. Gli piacevano i guanti, magari vecchi e malridotti ma di pelle e di ottima marca. Aveva piedi piccoli, unghie sempre in ordine. Ma tutte le sue civetterie, sosteneva Rachele, finivano qui. Indossava senza un'occhiata, in fretta e docilmente, gli abiti e le uniformi che Irma, la cameriera, gli stendeva sul letto. La stessa Irma rivoltava spesso al duce i colletti frusti delle camicie. Molti negozi di Milano e di Roma facevano a gara per inviargli in omaggio cravatte o vestaglie finissime, ma le une e le altre restavano inutilizzate nel guardaroba. Soprattutto le vestaglie, di cui si serviva soltanto per recarsi nella stanza da bagno appena alzato. Non sopportava le pantofole e le proibiva anche ai suoi figli. In compenso acquistava scarpe più lunghe di almeno due numeri perché voleva stare comodo e quando se le infilava non perdeva il tempo nemmeno per allacciare le stringhe. Se poi si sentiva a suo agio in un paio di scarpe, non si decideva mai a cambiarle. Una volta, nel '36 o nel '37, ne fece risuolare un paio per quattordici volte!

«Con tutto ciò,» si lamentava Rachele «per molti anni il duce fu costretto a recarsi da Vittorio Emanuele III ogni giovedì e ogni domenica con la bombetta, i pantaloni a righine e la giacca con la coda di rondine. All'epoca in cui era di moda il "cardanello" Benito se ne serviva per riparare la testa dal freddo e nello stesso tempo dalle eventuali manganellate dei suoi nemici. Ma a un certo momento la voga del cappello duro passò e a Benito quel copricapo dava enormemente fastidio. Mi diceva: "Siamo rimasti in tre in tutto il mondo, a portare la bombetta: io, Stanlio e Ollio". E sollevando con le due mani la "coda" si rigirava davanti allo specchio per far ridere me e i bambini. Molte altre cose gli davano fastidio quando si recava a villa Savoia. Per esempio il fatto che tutti, nella famiglia reale, parlassero in francese ("Non sono forse anche loro italiani?" mi diceva amareggiato), il modo di parlare del re che faceva sentire troppo la "esse", la sua incapacità di mantenere la calma e specialmente il rigido protocollo di corte. Una volta, durante un ricevimento al Quirinale, mio marito mise distrattamente il tovagliolo nel risvolto della giacca e una dama dell'aristocrazia fu pronta a fargli gli occhiacci fissandolo con insistenza. Benito capì e pose di nuovo il tovagliolo sulle ginocchia.»

Rachele non ebbe mai molta simpatia per i Savoia, soprattutto per Maria Josè che sospettava di aver fatto la corte a suo marito («Inutilmente» aggiungeva). Ma ricordava volentieri il suo primo incontro a Milano con la regina Margherita. Si era recata con Edda, Bruno e Vittorio al Palazzo dello Sport per assistere a un concerto e l'aveva vista da lontano. Mentre stava indicandola a voce bassa ai suoi figli, fu avvicinata dall'aiutante di campo della sovrana. «Sua maestà la regina madre» le disse «la prega di andare nel suo palco. Desidera conoscere lei e i bambini.» Da principio Rachele non ne voleva sapere. «Non sono abituata» spiegò «a trattare con le regine.» Ma l'altro rispose che non era possibile rifiutare l'invito. Allora entrò nel palco abbozzando una specie d'inchino e spingendo davanti a sé Edda, Bruno e Vittorio. La regina fu molto gentile. «Era davvero bella,» spiegava Rachele «non molto alta, con le gambe forse un po' corte (di solito la fotografavano fino alla cintura) ma con un viso dolce, dai lineamenti perfetti. Quando morì, dopo cinque o sei mesi, seppi che aveva nominato mio marito suo esecutore testamentario. Inoltre gli aveva lasciato una medaglia antica che Benito portò sempre al collo assieme a un'altra con l'immagine di Sant'Antonio: il giorno in cui fu ucciso le aveva entrambe sul petto. Ma non furono mai ritrovate.»

Nel 1926 Mussolini subì tre attentati. La prima volta si trattò di una vecchia esaltata irlandese, Violette Gibson, che sparò contro di lui da brevissima distanza cinque colpi di rivoltella. Quella mattina Mussolini aveva inaugurato un congresso di medici in Campidoglio ed era circondato da un gruppo di professori. Dei cinque proiettili uno solo lo colpì e in maniera curiosa, trapassandogli la parte inferiore del naso, tanto che per qualche tempo fu costretto a girare con le narici imprigionate da un largo cerotto. Ma lo spavento più grosso, diceva Rachele, Mussolini lo provò per colpa dei medici, che, credendolo gravemente ferito, gli saltarono addosso tutti in una volta e ognuno gareggiava a colpi di gomito con il proprio vicino per essere il primo ad assicurarsi l'onore di soccorrere il presidente. «E se non mi fossi difeso con energia a furia di calci e di pugni,» raccontava più tardi Mussolini «non so davvero come sarebbe finita.»

All'attentato della Gibson ne seguirono altri due e, come era accaduto per i duelli, Rachele e i suoi figli, un po' per volta, si abituarono. Una sera, a villa Torlonia, Romano fece i capricci perché suo padre, dato che erano le dieci passate, voleva mandarlo a letto. C'era un film di cow-boy e a Romano sarebbe piaciuto restare alzato fino alla fine. «Ma mio marito» raccontava Rachele «fu inesorabile: alle dieci, regolarmente, gli si chiudevano gli occhi dal sonno ed esigeva, prima di ritirarsi nella sua camera, che i nostri figli più piccoli fossero già coricati. Quella volta Romano si allontanò in punta di piedi e Bruno, che aveva l'incarico di sorvegliare il fratellino (lo chiamava per scherzo

"Pitagora" perché non riusciva in aritmetica), lo scoprì poco dopo nell'angolo più buio della balaustra che sovrastava il salone, dove proiettavamo privatamente qualche pellicola. Era inginocchiato in mezzo a due colonne e stringeva compunto un fucilino di legno che gli avevano regalato a Natale. "Che cosa stai combinando?" gli chiese Bruno incuriosito. E lui, tutto serio: "Voglio fare un attentato a papà".»

Romano Mussolini, ex cognato di Sofia Loren e jazzista famoso, è nato a villa Carpena il 26 settembre del 1927, e per la sua nascita non bastò la levatrice. Adesso che Mussolini era capo del governo a Rachele fu imposto un celebre ginecologo, che la fece quasi impazzire con i suoi «nuovissimi metodi». A sentire lui, il parto sarebbe stato difficile. Pretendeva tendaggi bianchi tesi sulle pareti e ossessionava Rachele ripetendole di continuo, come se lei non lo sapesse, che era la moglie del Duce. Evidentemente, aggiungeva, non si rendeva conto di quanto ciò fosse importante. Rachele si arrabbiava e una volta gli rispose: «Quando si mettono al mondo dei figli i dolori sono uguali per tutte: non c'è differenza fra una donna del popolo e una regina».

Comunque Romano venne al mondo felicemente. Mussolini arrivò da Roma alle cinque del pomeriggio dopo una corsa sfrenata al volante dell'automobile. Era convinto che nel frattempo il bambino fosse nato e restò molto male quando seppe che non era così. «E adesso come facciamo?» brontolava. «L'agenzia Stefani ha già diffuso la notizia nel mondo.»

«Nonostante le mie buone intenzioni,» proseguiva Rachele «non potevo certo sbrigarmi. Allora consigliai a mio marito di andare a dormire. "Ti sveglierò subito, non dubitare" gli dissi per tranquillizzarlo. Ma Cina, la nostra domestica, bussò alla sua porta solo a mezzanotte quando Romano, da circa mezz'ora, aveva già fatto il primo bagno. Benito, per l'emozione, indossò la camicia alla rovescia, sollevò fra le braccia suo figlio, poi mi baciò urlando (lui che parlava di solito con voce bassa e pacata): "Brava, brava, Rachele, mi hai proprio accontentato!". Subito dopo il lieto evento incominciarono intorno al mio letto i litigi: l'illustre ginecologo voleva che nei comunicati stampa si facesse solo il suo nome; la levatrice, poverina, sosteneva che il merito era anche un po' suo. Allora intervenni bruscamente: "Mi sembra" dissi con calma "di essere stata io, veramente, a mettere al mondo mio figlio".»

Dopo questa esperienza, al momento di dare alla luce un'altra creatura, la quinta, Rachele giurò a se stessa che avrebbe organizzato le cose secondo i vecchi sistemi. Il 3 settembre del 1929, quando nacque Anna Maria, chiamò suo marito al telefono e gli disse semplicemente: «È nata». «Chi?» chiese Mussolini sorpreso, perché per essere lasciata in pace gli aveva fatto credere che il parto era ancora lontano. E lei: «La bambina». «Quale bambina?» «La nostra. Adesso tu pensa a sceglierle il nome.» «Benito» mi raccontava Rachele «fu velocissimo. Così veloce che la mattina seguente, sfogliando i giornali, seppi che la mia quintogenita si sarebbe chiamata Anna Maria, in ricordo della mia povera mamma.»

Con l'arrivo di Anna Maria, l'appartamento milanese di via Mario Pagano era ormai troppo piccolo e fu necessario un altro trasloco. Mussolini era stanco di vivere solo, perciò decise di trasferire a Roma la sua famiglia. Naturalmente, non appena si diffuse la notizia che il Duce cercava casa, l'aristocrazia romana fece a gara per offrirgliene una. Vinse alla fine il principe Torlonia che aveva già avuto occasione, in diversi periodi, di ospitare Mussolini nella sua villa. Quando lo seppe, Rachele scoppiò a ridere. In Romagna, ai suoi tempi, se qualcuno si dava delle arie incompatibili con le sue condizioni sociali, gli dicevano per prenderlo in giro: «Ma chi credi di essere? Il principe Torlonia?», perché i Torlonia erano proprietari in Romagna di sterminate tenute. E ora lei, la contadinella di Salto, sarebbe andata a vivere nella villa di un principe Torlonia, in un palazzo molto più antico e molto più sfarzoso di quello dei suoi vecchi padroni: gli Zoli.

«Non potevo crederci» proseguiva Rachele. «Ma era vero. E in quanto ad antichità, non rimasi delusa. Quando veniva a farmi visita da Predappio il marito di una delle mie sorelle, Germano, che era piuttosto robusto, non riuscivo a salvare una seggiola. Quel poveretto si appoggiava a una spalliera e la spaccava, con sua grande vergogna. Non faceva in tempo a sedersi timidamente sull'orlo che subito precipitava per terra. Le cucine, buie e polverose, si trovavano nel sotterraneo. Però, al piano terreno, c'era un grande salone con le pareti e le porte rivestite di stucchi dorati, un lampadario scintillante come quello della Scala e numerose colonne di marmo. Avrò molto da fare qui dentro, pensai la prima volta che feci il giro di villa Torlonia, altrimenti mi sembrerà di vivere in un museo...»

6
«VA' A SPIGOLARE UN PO' DI COMMENTI, RACHELE»

Nel novembre del 1929 i Mussolini si stabilirono a villa Torlonia, e non appena ebbe preso possesso della sua nuova abitazione, Rachele incominciò immediatamente a sostituire i mobili che non le piacevano, a verniciare sedie, a costruire scaffali, ad appendere alle finestre tende chiare e leggere per rendere la casa più confortevole. E se qualcuno le faceva osservare che non poteva rovinare così lo stile dell'antica dimora, alzava le spalle. Anche lo studio del duce, al primo piano, era tutt'altro che gaio. Aveva mobili scuri, pesanti: Rachele tentò inutilmente di convincere suo marito a cambiarlo. «Non si può, Rachele,» le diceva Mussolini «siamo ospiti a villa Torlonia.» In realtà pagavano solo un affitto simbolico: una lira all'anno. Perciò Mussolini ripeteva a sua moglie che non si poteva spostare niente, neanche un ninnolo o un chiodo, e nel timore di essere disobbedito insegnava alle cameriere perfino a spolverare.

«Il principe Torlonia era molto simpatico,» raccontava Rachele «ben diverso dal superbo proprietario terriero che avevo immaginato al tempo in cui mi appassionavo alle lotte socialiste in Romagna. Quando il duce ci scopriva immersi in una fitta conversazione vicino al laghetto delle ninfee o sullo spiazzo davanti alla veranda, scrollava la testa. "Naturalmente," diceva "state sistemando il problema dell'agricoltura."

«L'agricoltura, infatti, era il nostro argomento preferito, ma parlavamo di tante altre cose. Per esempio dei fantasmi che si aggiravano di notte a villa Torlonia proprio come a Salto, nel palazzo della famiglia Zoli. O di quella volta che durante una seduta la madre del principe aveva assicurato: "Non appena scomparirò, Giovanni, fioriranno le viole". E subito il tavolino a tre gambe si era coperto di profumate violette.»

I primi anni trascorsi a villa Torlonia furono sereni. I figli del Duce frequentavano le scuole pubbliche e l'unica cosa in cui si differenziavano dagli altri era che i loro insegnanti li chiamavano con il nome di battesimo per non sentirsi imbarazzati quando dovevano rimproverarli dicendo: «Mussolini, non hai capito», oppure: «Mussolini, hai sbagliato». Per il resto non potevano permettersi il lusso di marinare nessuna lezione perché Benito, quasi ogni mattina, telefonava ai professori per chiedere notizie della loro condotta. Avrebbe voluto che riuscissero bene in matematica, la materia alla quale teneva di più perché, spiegava alla moglie, «forma la mente e il carattere»; ma nessuno di loro andava d'accordo coi numeri ed era sempre un triste momento quello in cui dovevano fargli firmare la pagella o il compito in classe. Tranne Edda, tutti avevano una grande soggezione di lui e una volta Romano, non osando sottoporgli il suo «quattro», arrivò fino al punto di falsificare la firma. Però non gli riusciva la caratteristica «emme» mussoliniana: provò e riprovò, infine fu costretto a cancellarla e a rifarla. Ma il professore non si lasciò ingannare. «Ti pare possibile» disse «che tuo padre sbagli la firma?»

In quell'epoca ogni apparizione pubblica di Mussolini provocava scene di delirante entusiasmo. A Riccione, Rachele era informata del momento preciso in cui suo marito faceva il bagno dal nugolo di persone che si concentravano in un determinato punto della spiaggia. Molte ammiratrici si tuffavano addirittura vestite per poterlo ammirare. Rachele di solito, per evitare la curiosità della gente, andava a prendere il sole il più lontano possibile. Ma qualche volta le capitava di assistere agli assalti delle bagnanti. Allora, facendosi largo in mezzo alla folla a furia di gomitate, le spingeva avanti per aiutarle a raggiungere il loro idolo (non la riconoscevano perché non si era mai lasciata fotografare per i giornali) e subito dopo si prendeva gioco di Mussolini. «Non vedi?» gli diceva ridendo. «Ti hanno sporcato il braccio con il rossetto...» Lui si fingeva infastidito, ma Rachele sapeva che invece era lusingato.

I primi a essere imbarazzati per queste continue dimostrazioni di affetto da parte di estranei erano Bruno, Vittorio e specialmente Romano, il più piccolo. Spesso con ostinazione chiedeva: «Perché tutti corrono e gridano quando arriva papà?». Un giorno la cuoca trovò una risposta efficace. «Tu sai» disse a Romano «che il re è l'uomo più importante d'Italia. Figurati che tuo padre viene subito dopo di lui!» Questa spiegazione divertì Mussolini e se ne ricordò spesso negli anni seguenti. «Io vengo per ultimo, dopo il re e dopo il papa,» diceva a Rachele «ed è difficile che le cose vadano bene quando si è in troppi a comandare.»

Nella primavera del 1930 Edda, che non aveva ancora vent'anni, lasciò villa Torlonia per formare una propria famiglia. Un giorno, di ritorno da un ricevimento, si precipitò nello studio dove Mussolini stava lavorando e gli disse tutto d'un fiato: «Papà, sto per sposarmi: mi sono fidanzata mezz'ora fa con Galeazzo». «Da molto tempo» raccontava Rachele «Costanzo Ciano era amico di mio marito, e sia lui sia sua moglie, donna Carolina, volevano un gran bene a Edda, che consideravano già come una figlia. Perciò furono ben lieti, come del resto lo fummo io e Benito, di dare il loro consenso. La sera del fidanzamento, quando i due giovani si scambiarono a villa Torlonia gli anelli (quello per Galeazzo era costato seimila lire), elencai al mio futuro genero le virtù e i difetti di Edda. Gli spiegai che aveva un carattere leale ma prepotente e vivace, che era molto intelligente ma non sapeva cucinare, né stirare, né rammendare. Tutti si misero a ridere. "Ridete pure" dissi seccata. Poi, rivolgendomi a Galeazzo: "In ogni modo, io vi ho avvertito...".»

Le nozze furono celebrate nella chiesa di San Giuseppe, in via Nomentana, e furono testimoni per Edda il principe Torlonia e Dino Grandi, che a quel tempo era sottosegretario. Dopo la cerimonia e il rinfresco gli sposi partirono in viaggio di nozze per Capri e Mussolini volle accompagnarli fino a Rocca di Papa per potere piangere in pace al momento di salutare sua figlia. Non riusciva a rassegnarsi al pensiero di dover vivere lontano da lei. «Litigavano spesso,» spiegava Rachele «per colpa del loro temperamento così simile e così battagliero. Tanto che una volta Benito mi disse scherzando: "Sono riuscito a piegare l'Italia, non riuscirò mai a piegare Edda!" Eppure aveva per lei una vera adorazione. Fu molto triste, il nostro ritorno. Seduti l'uno accanto all'altra nella vettura che ci riportava a villa Torlonia, pensavamo entrambi la stessa cosa: "Speriamo che Galeazzo possa farla felice".»

Il matrimonio di Edda attirò su donna Rachele l'attenzione degli stranieri. Era la prima volta che appariva ufficialmente in pubblico al fianco di Mussolini e un quotidiano di Londra scoprì con stupore che indossava un vestito elegante (gliel'aveva cucito una sarta romagnola), che i suoi capelli erano biondi e che non dimostrava cinquant'anni. «Hai fatto colpo sugli inglesi, Rachele» le disse Mussolini che ritagliava e raccoglieva con cura tutti i giornali in cui si parlava di lui. E Rachele, indispettita: «Ma cosa credevano? Che fossi decrepita e zoppa?».

Dopo le nozze di Edda, Rachele rientrò nell'ombra. Ma era pur sempre la moglie del Duce e le sue giornate erano ben diverse da quelle che sarebbero state se avesse sposato un contadino delle sue parti. «Spesso» mi raccontava «Benito telefonava all'improvviso dal suo ufficio: "Rachele, fra cinque minuti fatti trovare davanti al cancello". Ed erano cinque minuti, neanche uno di più. Non mi diceva dove si andava, ma in generale le nostre mete erano Carpena, la Rocca delle Caminate (che raggiungevamo in aereo fino a Forlì e di lì in macchina), oppure Riccione. Io, per fortuna, non ho mai usato ciprie e belletti. Ma in cinque minuti una donna riesce appena, se è molto svelta, a cambiarsi il vestito. Perciò, dopo alcune infelici esperienze, avevo adottato un sistema che funzionava perfettamente. Tenevo in anticamera una borsa da viaggio con il pettine, i fazzoletti, un grembiule, un portafogli con un po' di denaro e un paio di scarpe. Infatti, per non perdere tempo, non appena l'automobile di Benito si fermava in via Nomentana, all'ingresso di villa Torlonia, io correvo a raggiungerla con i sandali che portavo in casa. Poi, in macchina, mi mettevo le scarpe.»

Fino all'ultimo Rachele riuscì sempre a passare inosservata. Piccola, modestamente vestita, si mescolava facilmente alla folla. Non aveva bisogno di camuffarsi con occhiali da sole o con parrucche. Bastava un fazzoletto sui capelli e, quando era proprio indispensabile, un nome falso. D'altronde non si presentava mai come signora Mussolini ma come Rachele Guidi. A Riccione la sua amica Elena Di Salvo (un'amicizia che durò cinquant'anni) veniva ossequiata da molti con il titolo di eccellenza. Siccome era bionda come lei, la maggior parte dei villeggianti la scambiava per Rachele e Rachele la incitava a non chiarire l'equivoco. Anzi, si faceva chiamare Margherita. Così poteva circolare in incognito in mezzo alla gente per sentirla parlare del fascismo e del duce.

«Va' a spigolare un po' di commenti, Rachele» le diceva Mussolini, e lei non chiedeva di meglio. Con un biglietto di terza classe si mescolava ai passeggeri prendendo parte alle loro conversazioni. Oppure percorreva la Romagna in motocicletta, accompagnata da qualcuno dei suoi agenti privati. Le volevano bene perché si prendeva a cuore i loro problemi e, quando era indispensabile, chiedeva l'intervento di Mussolini. Così, per riconoscenza, rinunciavano a qualunque compenso. Mussolini si lamentava. «Io non capisco,» diceva «tu riesci a sapere le cose almeno tre mesi prima di me.» E lei, trionfante: «Questo è niente. I tuoi agenti pretendono la paga mentre i miei lavorano gratis!».

«Una volta,» continuava Rachele «aggrappata alla schiena di una di queste guardie del corpo (ero sul sellino della sua motocicletta), entrai in un convento di frati, a Predappio. Era un convento che avevo fatto ingrandire e arredare in parte io stessa, ma il padre priore non mi conosceva e si mise a strillare quando mi arrestai, con la motocicletta e l'agente, davanti alla porta del refettorio. "Le donne qui non possono entrare," gridava "uscite, uscite immediatamente." Tentai di spiegargli i motivi della mia visita. Proprio in quei giorni la sventura si era abbattuta sulla valle del Rabbi. La caduta di una frana aveva provocato lo straripamento del fiume e molte famiglie di contadini avevano subìto gravissimi danni. Alcune di esse avevano perduto tutto ciò che possedevano ed erano prive perfino di un tetto sotto cui rifugiarsi. "Io vi chiedo" dissi al padre priore dopo avergli spiegato ogni cosa "di ospitare questa povera gente per qualche tempo nel vostro convento."

«Ma lui non volle sentire ragioni e siccome insistevo, a un

certo momento, per liberarsi di me, mi suggerì: "Perché non provate a scrivere al papa?". "È un'ottima idea" risposi e, piantandolo in asso, ordinai al mio agente di portarmi d'urgenza a Forlì, alla posta centrale. Appena arrivata, chiesi e ottenni in pochi minuti la comunicazione con la segreteria di Benito. La segreteria si mise in contatto con il Vaticano e due ore più tardi, quando tornai a Predappio, l'intero convento era a disposizione dei miei alluvionati.»

Spesso, travestita da contadina, Rachele raccoglieva spassosi commenti sul duce. Quando Mussolini ordinò che chi maltrattava le donne fosse punito, udì un romagnolo osservare con disprezzo: «Quel matto che è al governo ci ha privati proprio di tutto. Adesso non siamo più liberi neanche di bastonare la moglie». E quando impose il senso unico nella circolazione, sentì protestare: «Ecco, ora pretende di farci marciare in fila come le oche». «Noi italiani» rifletteva Rachele mentre raccontava questi lontani episodi «siamo molto difficili da accontentare: ogni mattina, a seconda del tempo, cambiamo umore e desideri.» Poi aggiungeva perplessa: «Non posso certo simpatizzare con gli uomini che sono adesso al potere. Eppure, in certi momenti, provo un po' di pena per loro: è così faticoso mandare avanti la baracca in Italia!».

Queste missioni di fiducia divennero più frequenti dopo la scomparsa di Arnaldo, il fratello minore di Mussolini, di tre anni più giovane di lui. «Arnaldo» diceva Rachele «era stato per mio marito l'unico amico di cui potesse completamente fidarsi. Con la sua natura quieta e riflessiva agiva beneficamente da freno sulla sua impulsività. Inoltre, benché non fosse mai riuscito a liberarsi da una certa dose di soggezione verso il Duce, che considerava soprattutto il capo prima di qualsiasi cosa, anche dei vincoli familiari, era con lui di una sincerità assoluta e non si lasciò mai tentare dal desiderio, comprensibile ma pericoloso, di nascondergli le verità più sgradevoli. Benito aveva un po' esitato al momento di affidargli la direzione del "Popolo d'Italia". Non era del tutto convinto che Arnaldo fosse all'altezza di quell'incarico così difficile e delicato. Ma ben presto aveva dovuto ricredersi.»

Arnaldo Mussolini si spense il 21 dicembre del 1931, sedici

mesi dopo la morte del suo primogenito Sandro, di ventun anni. Da allora aveva incominciato a soffrire di mal di cuore e Rachele, per toglierlo dalla lugubre atmosfera della sua casa, ormai trasformata in una specie di sacrario dedicato alla memoria di Sandro, l'aveva convinto a trascorrere qualche tempo con loro. Ma le sue condizioni di salute avevano continuato a peggiorare. Un pomeriggio, mancavano quattro giorni a Natale, mentre Rachele tornava da Ostia con Anna Maria, notò un insolito assembramento di macchine davanti ai cancelli di villa Torlonia.

Arpinati, che era a quell'epoca sottosegretario agli Interni, le andò incontro con il viso sconvolto. «Che disgrazia, che tremenda disgrazia!» ripeteva con voce rotta. Rachele non lo lasciò continuare. In preda al panico, pensando a Benito, gli chiese soltanto: «È morto?». «Sì, è morto,» rispose Arpinati. E lei, facendosi largo in mezzo alla gente, corse su per le scale. Urlava frasi sconnesse invocando Benito, lo cercava in tutte le stanze. Finalmente lo vide. Era seduto nel salottino privato di Rachele, immobile, con gli occhi fissi nel vuoto, e solo quando si fermò ansante, per riprendere fiato, capì che non si trattava di lui ma di Arnaldo.

Dopo la morte del fratello, Mussolini dovette dare un nuovo direttore al «Popolo d'Italia». «Quel giornale» diceva Rachele «era ciò che amava di più dopo la propria famiglia ed esitò a lungo prima di decidere a chi affidarlo. Ma l'indescrivibile lotta che si scatenò intorno a quel posto vacante lo convinse alla fine che l'unica soluzione possibile per evitare le gelosie e i rancori era di lasciare un Mussolini alla direzione del "Popolo". Vittorio aveva sedici anni, perciò la scelta cadde su Vito, il secondo figlio di Arnaldo. Erano gli anni in cui le cose andavano bene e tutti giuravano devozione incrollabile al Duce. Lui, nel suo ottimismo inguaribile, prendeva per oro colato quelle belle parole ma io mi arrabbiavo. "Sei proprio ingenuo," gli ripetevo "di Arnaldo ti potevi fidare. Era tuo fratello e per di più onesto, buono, incapace d'invidia. Ma ora stai in guardia. Intorno ai potenti si aggirano sempre troppi furfanti."»

Benito rideva. «Dove l'hai letto, Rachele? Nel tuo libro delle *Mille e una notte*?» «Sicuro,» ribatteva Rachele indignata «ma tu faresti meglio ad ascoltarmi quando racconto alla nostra Anna Maria quelle favole. Forse impareresti a diventare un po' furbo...»

7
«SE FOSSI IN TE, MI RITIREREI AD ALLEVARE POLLI ALLA ROCCA»

Le *Mille e una notte*, secondo Rachele, contenevano tutta la saggezza del mondo. Per lei, che aveva dovuto interrompere gli studi alla seconda elementare, era il libro dei libri, un incrocio fra la *Divina Commedia* e il *Vangelo*. Non citava mai altro volume all'infuori di quello. Però riusciva a capire il contenuto dei quotidiani. Perfino, diceva con orgoglio, di quelli stranieri. Li compitava come i bambini ma le bastava un titolo, una parola familiare per afferrarne il significato con straordinaria prontezza. Una volta, negli anni di maggiore splendore, Rachele, che soffriva di essere incolta e di avere rivali intellettuali come Margherita Sarfatti, propose a Mussolini: «Se vuoi, posso prendere lezioni private e diventare maestra». Ma lui respingeva energicamente l'idea assicurandole che era sufficientemente istruita per il suo ruolo di moglie e di madre. Con il maschilismo tipico degli italiani del suo tempo, era convinto che l'ignoranza si addicesse alle donne come la bellezza o la grazia.

Nelle *Mille e una notte*, raccontava Rachele, «c'erano tanti intrighi, tanti tradimenti e tranelli. C'erano anche re, principesse e regine per tutti i gusti, descritti tanto bene, con tale ricchezza di particolari che a me le teste coronate non facevano proprio impressione. In questo Benito era molto diverso da me. Non mi permetteva nemmeno di dire che il nostro sovrano era piccolo e aveva bisogno di uno sgabello per montare a cavallo. "Sta' zitta, Rachele," mi rimproverava "sta' zitta, non farti sentire: il re è il re e bisogna rispettarlo."»

Rachele ricordava di essere stata a corte solo in due occasioni. La prima volta, accorgendosi che si stava annoiando, Vittorio Emanuele III si era avvicinato a lei e, indicandole un gruppo di signore che si scambiavano pettegolezzi e commenti, le aveva detto con una smorfia: «Non sembra di essere in un pollaio?». «Le dame di corte» diceva Rachele «facevano una gran bella figura quando si presentavano alle cerimonie ufficiali avvolte nei lunghi mantelli azzurri, ma erano tutt'altro che giovani. Mio marito diceva che un giorno il re dello Yemen, durante una visita al Quirinale, aveva esclamato stupito: "Ma quante vecchie ha, nel suo harem, il sovrano d'Italia!".»

La seconda volta Rachele fu invitata a corte dalla regina Elena. Si festeggiava la principessina Maria, l'ultima dei suoi cinque figli, e la regina aveva insistito con Mussolini perché anche sua moglie fosse presente al ricevimento. Rachele aveva accettato ma era preoccupata perché doveva allattare Anna Maria e temeva di non rientrare in tempo a villa Torlonia. Elena di Savoia la tolse subito dall'imbarazzo. «Quando sarà l'ora giusta,» le disse «penserò io ad avvertirvi.» Infatti, di tanto in tanto, osservava il suo orologio da polso e al momento di salutarla le offrì una rosa pregandola di ritornare.

Rachele non se ne dimenticò mai. «Era così simpatica la nostra regina» spiegava. «Io le volevo bene. Ho continuato a volerle bene anche dopo il 25 luglio e quando seppi della sua morte volevo inviare un telegramma ai suoi figli. Ma mi fecero capire che le mie condoglianze non sarebbero state gradite. Comunque so con certezza che la regina non approvò il modo di agire di Vittorio Emanuele III. Lo amava molto e di solito condivideva ogni sua decisione, ma quella volta non riuscì in nessun modo a convincerlo che un giorno avrebbe dovuto pentirsi di avere fatto arrestare il duce nei giardini di villa Savoia. D'altra parte,» aggiungeva «quale marito ascolta la propria moglie? E a me dava retta Benito?»

Nel giugno del 1935 l'Italia dichiarò guerra all'Etiopia. Quando, durante il racconto degli anni trascorsi al fianco di Mussolini, Rachele si imbatteva in qualche evento storico che non aveva la forza di affrontare perché non poteva condividere ciò che aveva fatto il marito, aggirava abilmente l'ostacolo. Del resto il suo osservatorio fu sempre uno solo: quello delle pareti domestiche, entro cui si muoveva a suo agio senza aspirare ad altre dimensioni. Mi raccontava: «Quando Romano, che aveva allora otto anni, seppe del conflitto ormai imminente, corse da Benito con in mano una carta geografica e gli disse puntando il dito sull'Africa: "Non è possibile, è una pazzia! Non vedi com'è piccola l'Italia e com'è grande l'Etiopia?". Benito si mise a ridere. "Non preoccuparti," gli disse "vedrai che vinceremo lo stesso..." Nell'agosto di quell'anno Bruno e Vittorio avevano ottenuto il brevetto di pilota civile. Vittorio aveva già compiuto l'età minima richiesta per i volontari, ma Bruno era ancora un ragazzo: aveva poco più di sedici anni e ne dimostrava quattordici. Eppure non tentai di dissuaderlo quando mi annunciò che voleva seguire l'esempio del fratello maggiore. Sapevo che avrei sprecato il mio tempo. Era vivacissimo, incapace di stare fermo per più di cinque minuti. Mi diceva: "Mamma, sono sicuro che morirei se fossi costretto a restare inchiodato dalla mattina alla sera dietro una scrivania". Nessuno meglio di me poteva capirlo: mi somigliava tanto, il mio Bruno!»

Per permettere a Bruno di partecipare come volontario alla guerra, fu necessario un provvedimento speciale, e Rachele lo firmò in silenzio. «Ti abbiamo chiesto un grande sacrificio, Rachele» le disse Mussolini. E lei, cacciando indietro le lacrime, rispose con il tono brusco che le era abituale: «Mi sono forse lamentata?». Bruno e Vittorio partirono per l'Africa con Galeazzo Ciano la mattina del 24 agosto. «La loro lontananza» continuava Rachele «rese molto triste il Natale del 1935. Ma ancora più triste fu la sera di San Silvestro. Io e Benito eravamo soli, nel salotto di villa Torlonia, e facevamo a turno il solitario che non riusciva a nessuno dei due. Fuori la gente si divertiva. Giungeva a tratti lo scoppiettio dei petardi e il suono monotono delle trombette. Era in corso, in quei giorni, un'aspra battaglia in Etiopia ma non era soltanto l'ansia per Bruno e Vittorio a rendere così silenzioso Benito. Era stato informato di un grave atto di sabotaggio compiuto contro un carico di diciotto aerei che stavano per raggiungere l'Africa. Qualcuno aveva nascosto sulla nave alcune bombe ad orologeria che avevano distrutto la maggior parte degli apparecchi. Leggevo lo sconforto sul viso di mio marito e non sapevo trovare le parole per consolarlo. Poi (era quasi mezzanotte) entrò la cameriera con un messaggio. La battaglia si era conclusa a favore delle truppe italiane, e un po' rasserenati brindammo alla vittoria.»

Durante tutta la guerra etiopica villa Torlonia restò collegata telefonicamente con il quartier generale distaccato in Abissinia. Ma spesso Mussolini aveva l'impressione di essere controllato mentre parlava e di nascosto da lui Rachele cominciò a indagare finché riuscì a scoprire che, da casa sua, Badoglio ascoltava tutte le telefonate in arrivo e in partenza da villa Torlonia. Badoglio, in quel periodo, era capo di stato maggiore generale e Rachele lo conosceva di vista perché di tanto in tanto era chiamato a rapporto da Mussolini a villa Torlonia. Fin da allora aveva provato per lui una istintiva diffidenza, a tal punto, diceva, «che quando mi capitava di nominarlo, mi sentivo ribollire più di Graziani. Graziani, infatti, diventava una belva soltanto se qualcuno, per fargli uno scherzo, tirava fuori all'improvviso il nome del suo rivale. Da principio la mia antipatia non aveva un motivo preciso, ma in seguito i fatti diedero ragione al mio istinto e lo odiai con tutta me stessa, ancora più di Graziani».

La guerra d'Etiopia durò pochi mesi. «Abbiamo fatto tanto presto,» spiegava Mussolini a Rachele «che anche i traditori non hanno avuto il tempo di tradire.» Il 9 maggio del 1936, quando il capo del fascismo annunciò la proclamazione dell'impero da Palazzo Venezia, Rachele non era sotto il famoso balcone che i cronisti dell'epoca definivano aulicamente «fatidico». Per pudore o per anticonformismo era sempre rimasta lontana da quello che continuava a chiamare senza nessuna ironia il suo «ufficio», liberandolo con una sola parola da montagne d'ingombrante retorica. Aveva trovato posto in mezzo alla folla in via Cesare Battisti, con Romano e Anna Maria, e ascoltò dalla radio di un'automobile il discorso di suo marito. Intorno a lei, uomini e donne gridavano il loro entusiasmo. Rachele era commossa. "Se sapessero chi sono," pensava "come m'invidierebbero!..."

Più tardi, mentre preparava a villa Torlonia una cena speciale per l'avvenimento, le fu annunciata la visita di un gentiluomo di corte: il marchese Arborio Mella di Sant'Elia. Veniva da parte della regina Elena e le mise fra le braccia un grande fascio di fiori inviato dalla sovrana. Erano rose dalla sfumatura particolare, fra il giallo e il rosa. Un coltivatore della Riviera era riuscito a ottenerle dopo lunghi esperimenti e aveva voluto dedicarle alla regina Elena, di cui perciò portavano il nome. «Quella sera,» ricordava Rachele «quando Benito tornò a casa, mi chiese abbracciandomi se mi era piaciuto il discorso. Sono sempre stata avara di complimenti con lui, ma non potei fare a meno di ammettere che ero fiera di essere sua moglie. "Anche il re" disse Benito " è contento: gli ho dato un impero e senza spargere fiumi di sangue." Allora mi ricordai all'improvviso del fascio di rose della regina e portai quei fiori in salotto perché Benito potesse ammirarli. Ma lui restò deluso. "Credevo" osservò mortificato "che casa Savoia fosse meno parsimoniosa nelle occasioni solenni. Io per me non ho chiesto nulla, però aspettavo un regalo per te."»

Poche ore prima, al Quirinale, Vittorio Emanuele III aveva offerto al duce, come ricompensa per la conquista dell'impero, il titolo di principe per lui e per i suoi discendenti, ma Mussolini aveva rifiutato. Così raccontava Rachele, precisando che quando, a tavola, le era stato riferito questo colloquio, aveva approvato quella decisione. «Principe Mussolini!» esclamava. «E, peggio ancora, principessa Rachele! Mi veniva da ridere solo a pensarci. Chi invece si guardò bene dal respingere titoli e onori, anzi li sollecitò in ogni modo, fu mio "cugino" Badoglio. Dico "cugino" perché, a furia di insistenze, era riuscito a ottenere il collare dell'Annunziata. Il re all'inizio era tutt'altro che favorevole all'idea di "imparentarsi" con lui. Ma Benito l'aveva convinto.»

Al ritorno dall'Abissinia, i *souvenirs* africani di Badoglio erano tanti che non era stato sufficiente un aereo per trasportarli. Di quel bottino di guerra facevano parte un servitore negro e una parte dell'argenteria di Hailè Selassiè. Inoltre il governo aveva regalato a Badoglio un palazzo in via Bruxelles, una delle più belle strade di Roma. «Era sfarzoso, con la facciata abbellita da un colonnato adorno di statue» raccontava Rachele. «Non so quante fossero con precisione, ma ne ho sentito parlare fin troppo durante l'ultima guerra. Infatti di tanto in tanto Badoglio inoltrava un esposto allo Stato assicurando che gli mancava una statua. Erano gli anni in cui le città italiane subivano quasi ogni giorno terribili bombardamenti, eppure Badoglio pensava alle statue. Spesso mio marito si avviliva per questo. Io gli dicevo: "Perché ti preoccupi tanto? Non merita neanche una risposta". Ma lui ribatteva che in ogni modo bisognava accontentare Badoglio. Non ci fu verso di fargli cambiare idea e alla fine una nuova statua andò ad arricchire il palazzo di nostro "cugino'.»

Il maggio del 1936 fu particolarmente sereno. Vittorio e Bruno, tornati incolumi dall'Africa, avevano ripreso il loro posto in famiglia. Nella casa regnavano l'allegria e la pace. Anche Mussolini si sentiva appagato nelle sue ambizioni: dopo l'impresa africana poteva considerarsi al culmine della carriera ed essere soddisfatto del suo successo. Rachele pensava che fosse giunto per lui il momento di concedersi un po' di riposo e un giorno gli disse: «Se fossi in te, mi ritirerei ad allevare polli alla Rocca. Hai compiuto fino in fondo il tuo dovere; hai perfino fondato un impero. Che cosa puoi fare di più per l'Italia?». Mussolini l'ascoltò senza sorridere. «Forse,» rispose pensieroso «sarebbe un'ottima idea. L'allevamento dei polli non mi entusiasma, ma potrei finalmente dedicare intere giornate allo studio e alla lettura, suonare il violino, scrivere con calma i miei articoli e raccogliere in un libro le mie memorie.» Rachele tornò più volte sull'argomento ed era convinta che sarebbe riuscita a persuaderlo se lui non avesse accennato a Starace della sua intenzione di rinunciare alla vita pubblica. Starace, che era allora segretario del partito, si affrettò a comunicare la notizia agli altri gerarchi e tutti insieme riuscirono a convincere il duce che il suo compito non era ancora finito.

In quel periodo Mussolini riceveva innumerevoli lettere che insistevano sul medesimo tema: «Hai dato agli italiani un impero e il popolo vuole che tu ne diventi il capo assoluto». Erano specialmente i suoi più diretti collaboratori a sostenere la necessità di un colpo di stato. Ma, nonostante il suo passato socialista, Mussolini era ligio all'istituzione monarchica e respinse sempre quest'idea. Anche Rachele era bersagliata da chi le chiedeva d'intervenire perché suo marito cacciasse via il re imperatore. Spesso mostrava a Benito quei fogli e gli leggeva qua e là qualche frase. Ma lui rispondeva scuotendo la testa: «Non voglio licenziare nessuno. Se il Negus non si fosse affrettato a rifugiarsi in Inghilterra, avrei lasciato al suo posto anche lui. Avevo già pensato di nominarlo re dello Scioa...».

A proposito di corrispondenza, Mussolini ripeteva spesso a sua moglie: «Credo che nessuna donna al mondo procuri lavoro come te alla posta e ai telegrafi». In vent'anni, fra il 1923 e il 1943, fu sommersa da una montagna di lettere. Le scrivevano da ogni parte d'Italia e dall'estero per chiederle aiuti e raccomandazioni e qualche volta per darle strani consigli: per esempio di frequentare le sartorie d'alta moda e gli istituti di bellezza, oppure di farsi accompagnare a ballare dal duce. Quando morì Arnaldo Mussolini le richieste di sussidi e i telegrammi di condoglianze furono così numerosi che ci vollero tre autocarri per trasportarli a villa Torlonia. A un certo momento Mussolini dovette affidare a quattro impiegati della sua segreteria l'incarico di aprire, ordinare e catalogare quelle migliaia e migliaia di lettere. Ma Rachele voleva rispondere a tutti e lo faceva a suo modo, secondo le sue possibilità, senza preoccuparsi minimamente della sintassi e dell'ortografia. «Ancora adesso» mi raccontava «incontro qualcuno che ripete a memoria le parole che gli scrissi a quel tempo. Un giorno, nella piazza di Anguillara, un piccolo paese sul lago di Bracciano, vicino a Roma, fui avvicinata da un comunista che mi aveva riconosciuta e volle a ogni costo festeggiare il nostro incontro con una bottiglia di birra. Mi disse che nel 1933 o nel 1935 i ladri avevano saccheggiato la sua casa rubando quel poco che avevano potuto trovare: coperte, vestiti, lenzuola. "Perché non ti rivolgi a donna Rachele?" gli aveva suggerito qualcuno, e lui mi aveva mandato un biglietto in cui, dopo avermi confidato di essere "un po' sovversivo", mi supplicava di aiutarlo lo stesso. Assicura che su per giù gli risposi: "Io non bado ai colori politici". E gli spedii un po' di denaro...»

8

UN «CEROTTO»PER TRENTASEI ANNI

Non era trascorso neanche un mese dalla conquista di Addis Abeba che Anna Maria si ammalò di tosse convulsa. Rachele non era preoccupata: quasi tutti i bambini hanno la tosse convulsa e guariscono presto. Ma, spiegava, per farle cambiare aria la portò a Tivoli, dove furono ospiti a villa Braschi, uno di quegli antichi palazzi che Rachele non poteva soffrire. Fu lì che Anna Maria fu colpita dalla poliomielite. Un attacco gravissimo le aveva paralizzato le braccia e le gambe, e Rachele e Benito trascorrevano ore e ore accanto al letto della figlia, attendendo con ansia disperata che la crisi si risolvesse.

«La mattina del 10 giugno» raccontava Rachele «Anna intuì che stava per morire. Tenendosi il polso e ascoltando quei battiti sempre più deboli e lenti, disse che desiderava essere vestita di bianco e portata da un cocchio tirato da cavalli bianchi. I quattro medici che l'assistevano (i professori Valagussa, Ronchi, Salaroli e Serena) scuotevano la testa e proprio mentre li supplicavo di fare ancora qualche tentativo, di provare un'altra iniezione, la porta si aprì e si affacciò Galeazzo. Aveva in mano un documento importante che doveva essere firmato dal duce e partire immediatamente. L'Italia era sul punto di abbandonare la Società delle Nazioni e io mi rendevo conto che si trattava di una cosa della massima urgenza, eppure il pensiero che mio marito non potesse difendere la sua vita privata neppure in un momento così drammatico mi riusciva intollerabile. Per alcuni secondi un pesante silenzio regnò nella stanza. Poi, all'improvviso, un vento furioso spalancò le persiane e Benito si alzò di scatto e si mise a gridare, sconvolto dalla sofferenza. Urlava che dovevano chiudere quella finestra, che il vento avrebbe rapito la nostra Anna Maria. Quando si calmò e prese la penna di Galeazzo per firmare il documento, il respiro di mia figlia si era fatto meno affannoso: tutti capimmo che avrebbe potuto salvarsi.»

Questo episodio mi fu confermato anche da uno dei medici presenti al consulto, il professor Armando Ronchi, che mi scrisse: «Quando noi medici tememmo imminente l'esito fatale, il professor Valagussa mi disse che sarebbe stato doveroso preparare i genitori al triste evento, purtroppo inevitabile, e mi incaricò del penoso dovere. Con ogni riguardo feci cenno a donna Rachele che le dovevo parlare ed ella passò con me nell'anticamera. Ma non ebbi nemmeno il tempo di aprir bocca perché lei, fissandomi, comprese ciò che stavo per dirle e, pur così forte d'animo qual era, molto più del marito, scoppiò in un singulto che fece accorrere da noi anche Mussolini. Egli, dopo un attimo di stordimento, si eresse come in un atteggiamento di sfida al destino, lasciò andare un poderoso pugno su un vecchio e tarlato canterano, che scricchiolò, e fissandomi con quei suoi occhi ben noti gridò: "No, Anna Maria vivrà!". Fu in quel momento che un colpo di vento spalancò la finestra e che il duce si precipitò a chiuderla come se temesse che il vento volesse rapire la sua bambina...».

Quando la conobbi, nel 1957, Anna Maria aveva subìto da poco all'Istituto Rizzoli di Bologna una grave operazione alla spina dorsale e sua madre, temendo per la sua salute, le raccomandava: «Anna, non sposarti mai... Hai la tua pensione d'invalida civile e un giorno, se vuoi, potrai avere un amico. Ti darò il permesso. Ma un marito... Chi te lo fa fare? Per avere un cerotto come l'ho avuto io per trentasei anni?». In quella pittoresca definizione erano condensati, alla buona, tutti i guai che Mussolini le aveva provocato durante la loro lunga convivenza. Ma l'idea che il capo del fascismo potesse essere definito «un cerotto» provocava in sua figlia un'irresistibile ilarità.

Nel 1936 Rachele era già nonna di due nipotini, nati dal matrimonio di Edda con Galeazzo Ciano: Fabrizio e Raimonda.

«Io e Benito» raccontava «li chiamavamo con i diminutivi di Dindina e Cincino e facevamo a gara nel viziarli. Una volta Edda e Galeazzo c'invitarono a colazione e, mentre aspettavamo di metterci a tavola, Benito scomparve con i due bimbi. Di lì a pochi minuti un cameriere irruppe nella sala da pranzo e si mise a strillare, spaventatissimo: "Il duce sta male, il duce sta male! È caduto lungo disteso sul pavimento dell'anticamera!". Corsi di là, preoccupata: mio marito era disteso per terra, ma solo per permettere a Dindina e a Cincino di arrampicarsi più comodamente sulle sue spalle e sulle sue gambe.»

Edda e Galeazzo Ciano non mancavano mai alla cena tradizionale della domenica sera a villa Torlonia né alla partita a carte a cui partecipavano tutti o allo svago che Mussolini preferiva in quel momento. Ci fu l'epoca del biliardo, quella dei birilli, poi quella del tennis da tavola. Inoltre tutta la famiglia doveva assistere ai film che venivano proiettati privatamente nella sala delle colonne. Ma Mussolini, a parte I *ragazzi della via Paal* che l'aveva particolarmente commosso, non resisteva fino alla fine. «Papà» dicevano Romano e Anna Maria «vede le pellicole a rate...»

«Era un periodo sereno per noi» ricordava Rachele. «Spesso, quando c'era una festività, io, Benito e i ragazzi ci recavamo sulla spiaggia di Ostia. Il duce sapeva che la sua presenza serviva a valorizzare qualsiasi luogo di villeggiatura e cercava di farsi vedere il più possibile da quelle parti. I miei figli, abituati a Riccione, non erano certo entusiasti di Ostia, ma non osavano disobbedire al padre, e quando Benito non poteva accompagnarli perché i suoi impegni di lavoro lo trattenevano a villa Torlonia, dovevano presentargli, al ritorno, un dettagliato rapporto con il numero preciso delle automobili che avevano incontrato lungo la strada e quello delle cabine allineate sulla riva del mare. Quel numero cresceva di settimana in settimana e Benito era felice. "Adesso" diceva "bisognerà che pensi a lanciare una nuova località."»

Fu in quello stesso 1936 che Mussolini, recandosi a Ostia, incontrò Claretta Petacci. Ma, in apparenza, tutto era tranquillo. Nel 1937 Vittorio sposò una ragazza milanese, e Bruno, rimasto solo (i due fratelli erano inseparabili), non tardò a seguire il suo esempio. Rachele fu la prima a sapere che si era innamorato di Gina Ruberti, la figlia di un funzionario romano, ma non ne parlò a nessuno. Era così giovane, suo figlio non aveva ancora vent'anni, e temeva che potesse cambiare idea. Invece Bruno aveva una gran fretta di formarsi una famiglia. Quando chiese a suo padre il permesso di fidanzarsi, gli confessò con impaccio che si trattava di una brava ragazza appartenente a una famiglia borghese, senza ricchezza né titoli. Mussolini lo ascoltò in silenzio. Poi gli piantò gli occhi in faccia e gli disse severamente: «Ma tu, chi credi di essere?».

Le nozze furono celebrate il 29 ottobre del 1938, ma già prima di quella data la breve parentesi di quiete si era chiusa per sempre. Mentre Rachele era occupatissima nei preparativi del matrimonio e come al solito si preoccupava al pensiero del denaro necessario al ricevimento, Mussolini decise di aiutare i nazionalisti nella guerra civile spagnola e Bruno volle dividere la sorte dei volontari. Partecipò a ventitré azioni di guerra e a un certo momento, per consiglio di Franco, dovette essere richiamato in Italia perché il suo aereo, ben presto individuato, era continuamente preso di mira.

«In seguito,» confessava Rachele «mio marito rimase male quando Franco rifiutò di aiutare l'Italia nella Seconda guerra mondiale. Anche prima di chiederglielo, era convinto che ci avrebbe negato il proprio intervento e gli dispiacque molto che Hitler l'avesse spinto a quel passo, che riteneva inutile. Non ho mai conosciuto Hitler di persona, ma ho avuto occasione di essere sua ospite in Germania, di viaggiare spesso nella sua automobile o di ricevere in molte circostanze i suoi fiori.» Mussolini, dopo il primo colloquio che aveva avuto con Hitler a Venezia, nel giugno del 1934, le aveva riferito le sue impressioni, tutt'altro che favorevoli. Gli era sembrato, le disse, un violento, un uomo incapace di controllarsi e, soprattutto, più testardo che intelligente. «Ma poi,» continuava chinando la testa come faceva sempre quando si sentiva confusa, schiacciata dal peso di avvenimenti storici troppo gravi per lei «aveva cambiato idea. Lo incontrò per la seconda volta a Monaco e a Berlino, nel settembre del 1937, e al suo ritorno mi descrisse ogni particolare della sua visita e degli splendidi ricevimenti che erano stati organizzati in suo onore. Durante il viaggio era stato accolto dovunque da manifestazioni di enorme entusiasmo e il suo discorso in tedesco era stato molto applaudito (aveva cominciato a studiare questa lingua in carcere, a Forlì, e fino agli ultimi giorni della sua vita si tenne in esercizio con lezioni e traduzioni).»

«Per ricambiare quelle cortesie,» proseguiva «il duce invitò Hitler in Italia: a Roma, a Napoli e a Firenze. Venne nel maggio del 1938 e quando vide il Colosseo illuminato in maniera fiabesca, mancò poco che per l'emozione non precipitasse dalla vettura scoperta sulla quale, accanto a Benito, stava facendo il giro di Roma. Per rispetto al protocollo, aveva dovuto accettare di essere ospite a villa Savoia. Ma non ne fu soddisfatto. Anzi, si lamentò che alla tavola del re d'Italia si mangiava malissimo e che il servizio lasciava a desiderare. Non mi stupii quando lo seppi. Più d'una volta mio marito, con tatto e diplomazia (almeno spero, ma non ne sono sicura: non era affatto abile in questo) aveva cercato di far capire a Vittorio Emanuele III che i ricevimenti a corte erano troppo modesti. Il duce non era un buongustaio e nemmeno un intenditore di cibi e bevande, ma ci teneva a fare bella figura, specialmente con gli stranieri. Galeazzo, per esempio, non badava a spese. Era un ospite perfetto: i fiori non mancavano mai, le tovaglie erano meravigliose, i vini squisiti. Un altro davvero poco munifico in fatto di ricevimenti era Dino Grandi, il nostro ambasciatore a Londra. Eppure aveva fatto presto ad assimilare lo stile britannico. Benito diceva: "A Grandi, in poco tempo, è diventata inglese perfino la barba...".»

Il re, in ogni modo, non dimostrò di essere sensibile ai suggerimenti di Mussolini. Un giorno che era a letto ammalato e il Duce andava ogni mattina a trovarlo per fargli firmare le carte più importanti, gli chiese in segreto: «Signor Mussolini, lei, a casa sua, riesce ad avere in tavola delle belle mele? A me portano sempre mele piccole piccole». Non c'era da meravigliarsi: Vittorio Emanuele III si era convinto che si spendeva troppo a villa Savoia e aveva stabilito di fissare ogni giorno per il vitto una cifra a *forfait* che doveva rimanere immutata. Così i camerieri incaricati delle provviste acquistavano la frutta più a buon mercato senza preoccuparsi della qualità.

Pochi giorni dopo la partenza di Hitler da Roma, Vittorio

Emanuele III si recò in forma ufficiale alla Rocca delle Caminate. Molti mesi prima, non appena proclamato l'impero, Umberto di Savoia, allora principe ereditario, era stato a Predappio nella casa natale di Mussolini e poi sulla tomba dei suoi genitori. Vestite in costume, con larghi cappelli di paglia, le ragazze romagnole l'avevano festeggiato nella sala del municipio con vino d'Albano e «piadina», una specie di focaccia a base di acqua, sale e farina che spesso in Romagna sostituisce il pane, quando il raccolto è stato scarso. Assaggiandola il principe Umberto aveva detto cortesemente: «Buona. Molto buona». E le ragazze predappiesi, felici per quel complimento, si erano affrettate a preparare un cesto di vimini colmo fino all'orlo di «piadine» e glielo avevano offerto, costringendolo a portarselo a Roma.

Il re d'Italia salì fino alla Rocca delle Caminate l'8 giugno del 1938. Mussolini, raccontava Rachele rievocando con vivacità quella visita, era raggiante. «Devo aver fatto davvero qualche cosa di buono se un sovrano si degna di onorare la nostra abitazione» ripeteva di tanto in tanto. E poi, con ansia: «Rachele, dobbiamo pensare al rinfresco». «Ci ho già pensato» rispondeva Rachele. «Ho ordinato a Forlì, al buffet della stazione, qualche aranciata e un po' di panini...»

Vittorio Emanuele III arrivò a Predappio verso le undici. Ascoltò il discorso del podestà, poi percorse l'itinerario tradizionale degli italiani di allora: la casa del fabbro, l'ex scuola elementare dove aveva insegnato la madre del duce, infine il cimitero di San Cassiano. «Intanto,» continuava a raccontarmi Rachele «mio marito l'aspettava alla Rocca, affacciato al balcone. Man mano che il corteo si snodava lungo i tornanti (era uno spettacolo indescrivibile, con tante bandiere festose, tanti colori fra il verde) la sua inquietudine cresceva a vista d'occhio.

«"Si può sapere perché ti agiti tanto?" lo rimproverai a un certo momento. "Neanche se aspettassi..." Stavo per dire "il re", ma per fortuna mi ricordai in tempo che si trattava proprio di lui, di Vittorio Emanuele III in persona. Allora conclusi: "A me non fa né caldo né freddo. È come se dovesse venire a casa nostra il Minghinì", un agricoltore mio amico, identico al re nella statura.

«"Sta' zitta, sta' zitta," mi supplicava Benito. Finalmente Vittorio Emanuele III entrò con il suo seguito dal cancello d'ingresso. Aveva fra le braccia un fascio di rose. "Le manda la regina," mi disse "ma sono mortificato perché il sole della Romagna le ha fatte un po' appassire." Io affidai quelle rose a mio cognato Germano perché le mettesse a bagno nell'acqua. Germano, però, voleva vedere il re da vicino e le affidò a sua volta ad Armando, il nostro custode. Ma anche Armando voleva vedere il re da vicino e si affrettò a gettarle in una tinozza.

«Vittorio Emanuele III visitò il parco e la Rocca, si complimentò per la semplicità del nostro arredamento, per il salone del Gran Consiglio, per un mio ritratto dipinto quando avevo trent'anni e per farmi piacere assicurò che non ero affatto cambiata. Inoltre manifestò il suo compiacimento per la cordialità con cui era stato ricevuto. Una volta, ci disse, gli era capitato di attraversare la nostra regione ed era stato accolto da un coro di fischi, perché i romagnoli erano in prevalenza antimonarchici. Tanto che, da quel giorno, aveva sempre fatto attenzione, durante i suoi viaggi, a girare al largo dalla Romagna. "Ma adesso," aggiunse con sollievo "le cose sono cambiate..."»

Non appena il re partì, Mussolini, ancora in preda all'emozione, ordinò ad Armando di recuperare le rose della regina. Armando, allora, cominciò a sospirare: «Che disgrazia! Povero me, che disgrazia!». Allarmata, Rachele gli chiese se nella ressa si fosse sentito male qualcuno. Ma si trattava soltanto delle rose della regina che, per colpa di Armando, erano andate a finire in una tinozza già pronta per il bucato. La candeggina aveva scolorito l'azzurro dei nastri sabaudi, imbiancato i petali, accartocciato le foglie. Mussolini non riusciva a darsi pace. «Segna almeno» disse a Rachele «il giorno e l'ora precisa per far murare una lapide con questa data importante.» Rachele gli promise che avrebbe provveduto senz'altro, nel più breve tempo possibile. Ma non mise mai quella lapide.

9
«BENITO NON VOLEVA LA GUERRA»

Nei ricordi di Rachele Mussolini il 1938 era legato non solo alla visita del re alla Rocca ma anche alla morte di Gabriele D'Annunzio, alle sue prime (e ultime) crociere e, soprattutto, alla conferenza di Monaco. Del poeta raccontava: «Mio marito aveva una grande indulgenza per le sue bizzarie ma D'Annunzio, secondo me, esagerava... Per esempio, quando si sposò Edda, inviò da Gardone un "messaggero alato" che aveva l'incarico di presentare il suo regalo. La cerimonia della presentazione fu così complicata, lunga e solenne che io e mia figlia eravamo convinte, mentre aprivamo con ansia la scatola, di scoprire un tesoro. Invece ci trovammo fra le dita un pigiama. Un modesto pigiama di seta rossa stampata a draghi e a fiori di loto, di quelli che i venditori ambulanti cinesi offrono per poco prezzo agli inesperti stranieri.

«Qualche tempo prima della scomparsa di D'Annunzio, Benito acconsentì a trascorrere una settimana al Vittoriale. Aveva bisogno di un po' di riposo ed era persuaso che il clima del lago gli avrebbe giovato. Ma quando, con tre giorni di anticipo, mi raggiunse a villa Carpena, era più stanco di prima e sconcertato. Al Vittoriale, mi disse, le cameriere avevano nomi stranissimi (suor Intingola, suor Durania, suor Salutevole) e ogni volta che incontravano il loro "signore", avevano l'obbligo d'inchinarsi e d'incrociare le braccia. Naturalmente erano costrette a lasciar cadere tutto per terra: piatti, scodelle, bicchieri. Inoltre, la mattina alle cinque, il cannone della nave *Redipuglia* cominciava a tuonare con puntualità esasperante. Il letto destinato a mio marito era custodito da due grandi arcangeli di pietra che sembravano vivi, e in quanto al padrone di casa, dormiva in una bara...».

Mussolini era abituato alle stravaganze che il suo amico adorava da vivo. Ma non poteva immaginare che D'Annunzio sarebbe riuscito a sorprenderlo anche da morto. Quando si spense, il primo di marzo del 1938, il duce si recò al Vittoriale a rendergli l'estremo omaggio e là, mentre la principessa di Montenevoso gli sveniva fra le braccia, fu informato che fra le ultime volontà dell'estinto ce n'era una che lo riguardava personalmente. D'Annunzio, nel testamento, si era ricordato di lui: gli aveva lasciato in dono un orecchio, cioè, aveva spiegato, «la parte più pura e perfetta del corpo», aggiungendo che il duce avrebbe dovuto distaccarlo lui stesso, con una spada affilata, all'indomani della sua morte. Tornato a Roma, Mussolini confessò a Rachele che si era trovato in un grave imbarazzo. Avrebbe voluto esaudire il defunto ma gli ripugnava la macabra operazione. Alla fine aveva deciso di rinunciare all'eredità...

Subito dopo la scomparsa di D'Annunzio, Rachele conobbe per la prima volta l'emozione di una crociera. Fino a quel momento non si era mai spinta oltre Napoli, ma nella primavera del 1938 raggiunse Tripoli a bordo del panfilo *Aurora* che era stato messo a disposizione del duce. Un viaggio piacevole a cui non avevano partecipato i suoi figli, perché Mussolini non permetteva che perdessero un mese di scuola. Ma l'anno seguente, nell'estate del 1939, fu organizzata una crociera per Romano e Anna Maria. Itinerario prestabilito: Lussino, Pola, Trieste e Venezia.

«Fummo ricevuti dovunque con festose accoglienze,» raccontava Rachele «specialmente a Zara dove migliaia di persone ci accompagnarono al molo e restarono a lungo inginocchiate, mentre l'*Aurora* si allontanava, gridando i nostri nomi e sventolando i fazzoletti. A Postumia visitammo le celebri grotte e a Brioni venne a salutarci sulla barca il principe Aimone d'Aosta: come al solito, aveva mangiato dell'aglio (gli piaceva moltissimo) e non finiva mai di scusarsi. A bordo Romano e Anna Maria sognavano altre crociere, altri viaggi appassionanti. Per non deluderli ascoltavo i loro progetti, discutevo i più piccoli particolari. Ma un triste presentimento mi avvertiva che quella splendida estate non si sarebbe più ripetuta.»

Avvicinandoci al 1940, far parlare Rachele diventava più arduo. Come sempre, si proponeva di difendere suo marito. Ma con quali argomenti? Se la cavò rifugiandosi in un fitto monologo in romagnolo che, tradotto in italiano, suonava press'a poco così:

«Mi capita spesso di sentirmi chiedere: "Mussolini voleva la guerra?". Non spetta a me il compito d'inquadrare e giudicare gli avvenimenti che sconvolsero il mondo a partire dal 1939. È un'impresa che lascio volentieri agli storici e d'altra parte non ho nessuna intenzione di occuparmi di faccende politiche: io, della politica, ho sempre conosciuto e subìto, purtroppo, soltanto le conseguenze. Ma voglio dire almeno questo: Benito non voleva la guerra. Il pensiero di un nuovo conflitto era così lontano da lui che stava preparando, proprio in quell'epoca, l'E 42, un'opera colossale di cui seguiva gli sviluppi minuziosamente, giorno per giorno. Spesso m'incaricava di recarmi sul posto per sorvegliare i lavori e al mio ritorno dovevo riferirgli con esattezza ogni cosa. Ho visto sorgere a poco a poco quei bianchi edifici e qualche volta, quando passo di là, mi lascio vincere dalla malinconia. Soprattutto se osservo le statue e i loro poveri nasi spezzati. È una mania degli italiani quella di rompere il naso alle statue. Anche a Carpena, nel luglio del 1943, i busti di Benito e di Bruno furono storpiati in quel modo.

«Benito non voleva la guerra. Lo dimostrò nel settembre del 1938, durante la conferenza di Monaco. Ricordo la sua breve telefonata dopo il convegno, e l'accento d'infinito sollievo con cui mi annunciò: "Il pericolo è scongiurato". Tutti credevano che fosse ancora possibile salvare la pace. A villa Torlonia il ritmo delle nostre giornate era tornato tranquillo. Io, in quel periodo, avevo stabilito di punire con una multa ogni ritardo dei miei figli a cena o a colazione, e Romano e Anna Maria pretendevano che anche Benito fosse costretto a subire le stesse sanzioni: infatti aveva preso l'abitudine di trattenersi in ufficio più a lungo del solito ed era sempre l'ultimo a mettersi a tavola.»

In «ufficio», cioè a Palazzo Venezia, c'era ogni sera Claretta Petacci. Ma Rachele era all'oscuro di tutto. Gelosa e battagliera, se avesse saputo dell'esistenza di una nuova rivale, per di più giovanissima, a differenza di quelle che l'avevano preceduta, si sarebbe scatenata. Invece non si accorse di nulla. Credeva che quei ritardi fossero dovuti al lavoro.

«Vittorio e Bruno» continuava Rachele «avevano formato la loro famiglia, però continuavano a frequentare assiduamente la nostra casa con i figli e le mogli. I nipotini erano cresciuti di numero. Nel 1937 erano nati Guido, primogenito di Vittorio, e Marzio, terzogenito di Edda, e il "nonno duce" era felice quando poteva concedersi un po' di svago con loro. Ma presto dovette rinunciare a quella gioia innocente. L'orizzonte politico si era oscurato di nuovo e la sua attività ormai non gli lasciava più tregua. Un giorno (Galeazzo aveva firmato da poco il "patto d'acciaio" con la Germania) Benito si fermò davanti a un quadro appeso alla parete, nell'anticamera di villa Torlonia. Gli era stato donato dagli ungheresi e recava in basso la scritta: "I trattati non sono eterni". Lesse più volte, davanti a me, quella frase, poi commentò: "È finita l'epoca dei giri di valzer. Adesso l'Italia dovrà rispettare i suoi patti".

«Il 27 giugno del 1939 morì Costanzo Ciano. Nel 1926, l'anno in cui gli attentati alla sua vita erano stati più numerosi, mio marito l'aveva nominato suo successore ed era il suo amico più caro, l'unico al quale, dopo la morte di Arnaldo, poteva confidare ogni cosa. La sua scomparsa segnò la fine dei nostri anni migliori. Due mesi dopo, il primo settembre del 1939, scoppiava in Europa la Seconda guerra mondiale. Benito non credeva alla guerra lampo e nemmeno alla possibilità di limitare il conflitto. "Quando divampa un incendio," diceva "non si sa mai che proporzioni potrà prendere in seguito." E non mi nascondeva la sua preoccupazione. "L'Italia" mi spiegò una sera "non può restare alla finestra. Ma la guerra d'Africa e di Spagna ci hanno impoverito. Ci sarebbe solo una soluzione: ritardare il nostro intervento almeno fino al 1942."»

«Nel febbraio del 1940,» continuava Rachele «Roosevelt inviò a Roma un suo incaricato con il compito di convincere il duce a non prendere parte al conflitto. Seppi poi da Benito che quella visita aveva irritato molto il Führer. Infatti, dopo dodici giorni, venne in Italia von Ribbentrop e rivelò a Galeazzo che, se non avessimo rispettato il "patto d'acciaio", la Germania avrebbe occupato il territorio italiano. Il 30 maggio Roosevelt mandò un messaggio personale a Benito e lo vidi turbato. Ma proprio in quei giorni avevamo proiettato a villa Torlonia alcuni documentari sulle operazioni in corso ed eravamo rimasti sbigottiti, quasi terrorizzati. Alcune scene sull'invasione della Polonia, con quell'epica lotta fra i carri armati tedeschi e l'eroica cavalleria polacca, erano così drammatiche che non avevo potuto resistere e avevo cercato rifugio nella mia camera. Anche Benito era rimasto scosso. Inoltre ogni nuova vittoria di Hitler provocava una valanga di lettere che gli rimproveravano la sua indecisione e ripetevano con un ritornello monotono: "Noi, come al solito, arriveremo per ultimi; i nostri alleati tedeschi si porteranno via tutto".»

Quando, il 10 giugno del 1940, l'Italia entrò in guerra al fianco della Germania, Rachele era in vacanza a Riccione con i suoi figli e ascoltò alla radio il discorso di Mussolini. Era stata, ricordava con voce triste, una giornata come le altre. Aveva sfaccendato per casa, poi era andata alla spiaggia con i ragazzi. Voleva apparire serena a Romano e ad Anna e cercava di non pensare al futuro. Ma le operazioni belliche erano incominciate con una grave perdita. Il 18 giugno Italo Balbo era stato abbattuto con il suo aereo sul cielo di Tobruk dalla contraerea italiana. Si disse allora che si era trattato di un tragico equivoco, che cioè l'aereo di Balbo era stato scambiato per un apparecchio nemico. Ma la verità è ancora lontana. La morte di Balbo, che era stato uno dei primi seguaci del duce e quadrumviro della marcia su Roma, fu un trauma per Mussolini. Era convinto che se nel 1940 Balbo fosse stato al comando delle truppe in Libia, avrebbe potuto guidarle al successo.

«In quei giorni,» proseguiva Rachele «Bruno e Vittorio si trovavano come piloti in zona di operazioni ed Edda si preparava a un corso di crocerossina per prendere posto su una nave ospedale. Avrei desiderato seguire il suo esempio ma sapevo che, anche restando a Roma o in Romagna, avrei potuto rendermi utile. I miei progetti erano ben definiti. Avevo deciso di sorvegliare in segreto alcune personalità politiche e militari di cui diffidavo da tempo per smascherare le loro malefatte ed evitare che tradissero il duce. Ero sicura che molti dei suoi collaboratori (era già accaduto altre volte) avrebbero adottato il sistema di far credere a mio marito che tutto andava nel migliore dei modi, isolando e perseguitando quei pochi che avevano il coraggio di dirgli la verità. Quei gerarchi, d'altronde, avevano già imparato a conoscermi. Mi chiamavano "la bionda" e mi temevano. Ogni volta che salivano fino alla Rocca, mi divertivo a punzecchiarli. Arrivavano lustri e impomatati, nelle loro fiammanti divise. Spesso dovevano raggiungerci in mezzo ai campi dove io e Benito falciavamo il fieno o zappavamo la terra. "Duce," dicevano "possiamo aiutarvi?" Li guardavo dalla testa fino alla punta degli stivali. Fissavo i loro guanti di filo, nuovissimi e immacolati. Poi ribattevo: "Non abbiamo bisogno di aiuto. In ogni modo sono sicura che non sareste capaci di piantare neanche un chiodo".»

Spesso, quando i gerarchi entravano nel salone del Gran Consiglio, alla Rocca delle Caminate, Rachele li seguiva in punta di piedi e si nascondeva dietro le loro spalle. «Ai vostri ordini, duce!» esclamavano i gerarchi scattando nel saluto romano. E lei, pronta: «Sì, per tradirvi!». In questi casi, Mussolini rimproverava sua moglie, ma di solito era lui stesso a pregarla di restargli vicina. Sotto le grandi finestre che dominano la valle del Rabbi, Rachele aveva sistemato una piccola panca di legno, coperta da allegri cuscini. Lì si sedeva, curva sul suo ricamo. Ma ascoltava attentamente tutte le conversazioni che si svolgevano in sua presenza e a volte il duce, interrompendo il suo interlocutore, le chiedeva: «Tu che ne pensi?».

Una volta un gerarca, che era allora ministro dell'Agricoltura, si recò da Mussolini per sottoporgli una proposta per la distribuzione del grano ai contadini. Parlò a lungo, poi disse che aveva pensato di assegnare un quintale di grano agli adulti e mezzo quintale ai bambini. Rachele continuava a ricamare in silenzio. Mezz'ora prima uno dei suoi agenti privati l'aveva avvertita che quel ministro era arrivato a Forlì portandosi dietro il suo cuoco personale e molte scatole di pasticcini. Perciò, quando Mussolini chiese la sua opinione («Tu sei esperta in queste cose» aggiunse), si guardò bene dal nascondergli ciò che pensava del suo collaboratore. E, rivolta a quest'ultimo, disse: «Per voi un quintale di grano sarebbe superfluo. Voi non avete bisogno di pane: preferite i biscotti. Ma per i contadini il pane è tutto; i romagnoli lo baciano, prima di metterlo in tavola. E i bambini, in campagna, ne consumano più degli adulti perché sono sempre affamati. Bisogna chiedere un quintale e mezzo di grano per i grandi e due quintali per i piccoli...».

Anche a Roma Rachele non abbandonava la sua attività poliziesca. Non poteva sopportare che mentre il popolo soffriva per le restrizioni che impone ogni conflitto (ne aveva fatto lei stessa una dura esperienza durante la prima guerra mondiale), chi avrebbe dovuto dare il buon esempio si concedesse assurdi capricci o lussi ingiustificati. Le fu segnalato che un gerarca aveva voluto che la facciata della sua stalla fosse identica a quella della villa del duce a Riccione. Inoltre aveva fatto lastricare la strada che conduceva al suo podere e aveva addirittura voluto un busto di marmo destinato a ornare la piazza del suo paese. Un'altra volta le riferirono che uno dei segretari di Mussolini si stava costruendo una splendida villa vicino a Rocca di Papa. Con uno dei suoi agenti si recò a controllare se la notizia corrispondeva a verità e al ritorno rivelò ogni cosa a Benito. Lui chiese spiegazioni al suo segretario che negò, portando come prova una fotografia in cui si scorgeva una povera casa colonica.

«Quel giorno,» mi diceva Rachele «Benito fu molto severo con me. Allora, di lì a pochi giorni, tornai in quella villa vestita da contadina. Dissi al custode che ero una vedova con sei figli in cerca d'un po' di lavoro e con questa scusa riuscii a varcare il cancello e a chiacchierare con lui. Intanto Romano, che mi aveva accompagnata, girava di nascosto un filmetto a sedici millimetri e nei giorni seguenti lo mostrai a Benito. C'ero anch'io in quel documentario, con il mio fazzoletto da contadina, ed era chiaro che la villa non era una mia invenzione. Più tardi però mi pentii di ciò che avevo fatto. Seppi, infatti, che quell'uomo aveva fatto un ottimo matrimonio ed era ricchissimo.»

Secondo Mussolini, sua moglie guardava tutte le cose attraverso la lente deformante del pessimismo. Lui era esattamente il contrario. Quando Rachele lo avvertì che uno degli autisti prendeva nota di ciò che dicevano, rispose: «Non preoccuparti. Segna soltanto il chilometraggio». Ma aveva ragione Rachele: appena terminata la guerra, quell'autista pubblicò un libello scandalistico sulla vita privata del duce.

La stessa persona, durante il conflitto, trovò un curioso sistema per commerciare liberamente a borsa nera in frutta e verdura. Un giorno qualcuno raccontò a Rachele che Mussolini, quasi ogni mattina, raggiungeva una tenuta a poca distanza da Roma. La cosa era inverosimile ma la descrizione dell'automobile, dell'autista e anche di Mussolini corrispondevano. Allora Rachele chiese spiegazioni a suo marito. «Stava raccogliendo piselli nell'orto,» mi raccontò «e s'interruppe fissandomi come se fossi impazzita. Solo in seguito riuscii a sapere la verità. Per trafficare a suo agio, senza che lo scoprissero, quell'autista si era servito di un maresciallo dalla testa pelata che da lontano poteva essere scambiato per il duce. La presenza di questo sosia a bordo della vettura gli permetteva di spostarsi come e quando voleva e di concludere i suoi affari redditizi al sicuro da ogni rischio. Anche quella volta Benito perdonò. La sua fiducia nel prossimo subì però una scossa violenta quando, nel novembre del 1940, gli inglesi affondarono nel porto di Taranto le tre corazzate di cui era orgoglioso: la *Duilio,* la *Cavour* e la *Littorio.* Dovette ammettere che, senza il tradimento, nessun siluro avrebbe potuto raggiungere l'obiettivo con una precisione tanto diabolica.»

Rachele pensava che la lezione gli sarebbe servita. Invece l'ottimismo proprio della sua indole riprese subito il sopravvento. Gli sembrava inconcepibile che i suoi collaboratori potessero venire meno al proprio dovere e purtroppo ogni tentativo di difenderlo dai suoi «fedeli» finiva sempre in un insuccesso. Tanto che un giorno Rachele gli comunicò che aveva intenzione di dare le dimissioni «da moglie». «Me ne andrò,» disse «senza chiederti nemmeno una lira, con il mio fagottello, come sono venuta.»

«Dove vuoi andare, Rachele?» la canzonava lui.

«Poco lontano da qui, a piazza Venezia. Mi fermerò sotto il tuo balcone e griderò, in modo che tutti mi sentano: "Abbasso Mussolini! Abbasso Mussolini!"».

Mussolini rideva e, per qualche minuto, dimenticava le sue preoccupazioni.

10
«A PAPÀ FANNO CREDERE TUTTO QUELLO CHE VOGLIONO»

Fin dall'inizio della guerra, per dare il buon esempio, Mussolini aveva proibito a Romano e ad Anna Maria di farsi accompagnare a scuola in automobile; esigeva che tutti in famiglia, per qualsiasi acquisto, si servissero della tessera (avevano il numero «uno») e arrivava al punto d'ispezionare di tanto in tanto perfino gli armadi nel timore di qualche infrazione.

«So bene» mi diceva Rachele «che pochi ci crederanno e nel migliore dei casi saremo accusati di essere stati un po' ingenui (dico ingenui per non usare un'altra parola oggi di moda), ma è la verità. Anna Maria rimpianse per anni la grande, splendida giostra, uno dei regali più belli che avesse mai ricevuto, di cui il duce la privò al tempo delle sanzioni per offrire ferro alla patria. E per evitare l'eterna pasta e fagioli che detestava e l'immancabile insalata, pure di fagioli, era costretta a chiudersi nella sua stanza per cuocersi su di un fornelletto due uova al tegamino. Romano non sopportava la saccarina e il mattino, non appena suo padre era uscito di casa, correva a prendere un sacchetto di zucchero che aveva acquistato a borsa nera e che teneva nascosto come un tesoro sotto il materasso.

«In quanto a me, ero d'accordo con Benito sulla necessità di essere i primi a fare sacrifici, ma ero più severa di lui quando mi accorgevo che gli altri non ci seguivano. Per esempio avevo l'abitudine di mettere a bagno nell'acqua i pezzetti di pane che rimanevano sulla tovaglia, dopo il pranzo e la cena, per utilizzarli il giorno seguente. Ma presto fui informata che molte signore sprecavano il pane in maniera irriverente e una volta, mentre eravamo in Romagna, siccome Benito non voleva ascoltarmi, a furia di insistere lo convinsi a dare un'occhiata al furgoncino delle immondizie. Dovette darmi ragione!»

A quel tempo episodi del genere riuscivano ancora a suscitare l'indignazione di Mussolini. Non sapeva niente, sosteneva Rachele, del sabotaggio delle armi, delle forniture dei fusti di benzina mescolata con acqua, delle petroliere che saltavano in aria proprio quando erano arrivate a destinazione. Furono Edda e Romano ad aprire gli occhi alla madre con il racconto di ciò che avevano visto. Durante la campagna di Grecia Edda si era imbarcata come crocerossina sulla nave-ospedale *Po*, che fu affondata nel marzo del 1941. Edda, che in quell'occasione riuscì a salvarsi buttandosi in mare e restando a galla per cinque ore, ottenne poi, nell'estate di quello stesso anno, di recarsi sul fronte russo, in zona d'operazioni, e vi rimase per tre mesi. Anche Bruno, come ufficiale dell'aviazione, aveva l'opportunità di osservare da vicino ciò che avveniva fra le quinte degli alti comandi e spesso ripeteva a Rachele: «Mamma, a papà fanno credere tutto quello che vogliono: non gli dicono mai la verità».

«Il mio Bruno!» si commuoveva donna Rachele. «Se mi lamentavo che le cose andavano male in Italia, mi prendeva in giro dicendo: "Bisognerà fare un colpo di stato in famiglia e mettere te, al posto del babbo". Mi trovavo a Riccione quando morì, il 7 agosto del 1941. L'avevo visto una settimana prima, avevamo scherzato insieme su cento piccole cose; si era perfino sbucciato un ginocchio schettinando con i fratelli. Come potevo essere in ansia per lui? "Ti raccomando, va' piano" gli avevo detto in un orecchio al momento della partenza, e lui mi aveva risposto: "Ma certo, mamma, lo sai: ho le lumache nell'apparecchio". Erano le parole con cui ci eravamo lasciati nel 1937 prima della trasvolata atlantica dei "Sorci verdi" e da allora spesso ci scambiavamo questo saluto, che ci sembrava di buon augurio.

«Verso la fine di luglio Bruno era venuto in volo fino a Riccione con il suo quadrimotore da bombardamento e per farsi riconoscere da noi era sceso due volte a bassa quota, sulla spiaggia e sulla villa. Pochi giorni dopo precipitava nelle vicinanze dell'aeroporto di Pisa a bordo di quello stesso quadrimotore. In seguito ci fu un'inchiesta, si parlò anche di sabotaggio. Ma la mia mente si annebbia, a questo punto. Ricordo solo il mio viaggio in aereo per raggiungere Pisa (un viaggio interminabile, mentre infuriava un temporale violento), il lungo, straziante silenzio di mio marito e quella terribile notte, quando tornai alla Rocca dopo aver baciato per l'ultima volta il mio Bruno.

«Mi ero appena coricata e a un tratto, nel dormiveglia, sentii confusamente la sua presenza. Mi venne vicino, s'infilò sotto il lenzuolo; poi, come faceva da piccolo, mi strinse forte abbracciandomi. Avevo tante cose da dirgli e non potevo. Fu lui a parlare: "Mamma, ho freddo, riscaldami". Gli toccavo sconvolta la fronte, le mani gelate, ma mentre lo accarezzavo mi disse: "Adesso dobbiamo lasciarci". Mi buttai giù dal letto con un grido, corsi di sopra, nella stanza dove in uno scaffale avevo rinchiuso il suo berretto a visiera (non portava il casco quel giorno), la sua camicia, la maglietta insanguinata. Erano là, dove le avevo nascoste, e dovetti convincermi che avevo sognato. Il temporale, intanto, aveva raggiunto la Rocca. Il vento fischiava fra gli alberi facendo sbattere le imposte. Da allora ho paura dei temporali: una paura invincibile che non riesco a dominare.»

«Ho soltanto dei ricordi tristi,» proseguiva donna Rachele «dopo la morte di Bruno. Sempre più spesso il viso di mio marito era segnato dalla sofferenza e quando rientrava a casa, la sera, non osavo chiedergli nulla. Io e Irma, la nostra cameriera, gli preparavamo i giornali accanto a una poltrona sperando che riposasse almeno pochi minuti. Qualche volta il vecchio gatto persiano, che trascorreva ore intere sulla sua scrivania, occupava con un salto quella poltrona e Irma si affrettava a scacciarlo, non appena vedeva Benito. Ma lui, con un gesto di grande stanchezza, l'invitava a non disturbare il gatto e scegliendo qualche giornale si sedeva su uno sgabello...»

L'11 marzo del 1942 fu celebrata a Roma, nella chiesa del Sudario, una messa per il duca Amedeo d'Aosta. Rachele aveva sempre avuto una predilezione particolare per lui e durante la cerimonia pianse. All'uscita il cerimoniere, un gobbetto, fece avvicinare per prima l'automobile della regina. Subito dopo toccava alla moglie del duce, però il gobbetto non riuscì a trovare la macchina. Corse da lei desolato ma Rachele lo tranquillizzò:

«Sono venuta in tram» gli disse, e rifiutò la vettura che Ciano voleva metterle a disposizione.

Tre mesi più tardi Mussolini partì per il fronte africano e quando tornò, verso la fine di luglio, era abbronzato ma dimagrito. Si lamentava di forti disturbi allo stomaco e i medici non riuscivano a fare una diagnosi esatta: per il professor Castellani si trattava di ameba, Frugoni pensava a un risveglio dell'ulcera. Ma Rachele ebbe sempre il sospetto che qualcuno avesse cercato di avvelenare suo marito. Nel gennaio del '43 chiamò a consulto il professor Cesa Bianchi, un medico di famiglia che aveva curato il figlio di Arnaldo, e il responso fu rassicurante. «L'unica cura di cui avreste bisogno,» disse a Mussolini «sarebbe una serie di buoni bollettini di guerra: non c'è nulla di grave e anche la vostra ulcera è guarita del tutto.»

Invece nei mesi seguenti il duce non migliorò e anche i bollettini di guerra continuavano a peggiorare. Nel maggio, dopo un nuovo esame radiologico, si parlò di gastrite e duodenite. Intanto la situazione stava precipitando. Cominciavano ad arrivare i primi rapporti del servizio segreto italiano sui propositi angloamericani d'invadere la Sicilia. Ma Mussolini era convinto che non sarebbero potuti sbarcare. «A meno che» aggiungeva «non sia stato tradito proprio da tutti.» Per Rachele non c'erano dubbi. Nell'inverno precedente un carabiniere le aveva portato una delle spolette che si fabbricavano a Terni e aveva scoperto che la carica di quell'ordigno era segatura. Mussolini aveva ordinato un'inchiesta ma, come accadeva anche allora, le indagini erano state insabbiate.

«Nel frattempo,» continuava a raccontare Rachele «una dama di corte mi aveva rivelato che a Castelporziano si tenevano riunioni segrete per fare perdere il posto a mio marito. I capi del complotto erano Grandi, Bottai e Federzoni. Ma chi manovrava i fili era il nostro "cugino" Badoglio, che alla fine riuscì a rovinare non solo il duce ma anche il re e la sua dinastia. Badoglio, nel '41, era stato destituito dalla carica di capo di stato maggiore e se l'era legata al dito. Aveva fatto credere a Vittorio Emanuele III, con l'aiuto di Acquarone, che la monarchia avrebbe potuto salvarsi unicamente buttando a mare Benito. Intanto aveva illuso i congiurati con promesse di altissime cariche. Sembrava, a quanto mi era stato riferito, che perfino Galeazzo si fosse unito al complotto. Mio marito aveva molta stima di Galeazzo, della sua acuta intelligenza. Ma si rammaricava che si lasciasse influenzare troppo facilmente da una certa aristocrazia romana dalla quale io e Benito ci eravamo sempre tenuti lontani. In quanto a me, sapevo benissimo che mio genero mi giudicava troppo semplice e casalinga e io, a mia volta, non potevo approvare la sua eccessiva ambizione, il suo amore per i campi da golf e i ritrovi mondani ma soprattutto il suo formalismo all'inglese, così in contrasto con la mia indole.

«Anche Galeazzo nascondeva forse un po' di risentimento per mio marito perché gli aveva tolto la carica di ministro degli Esteri nominandolo ambasciatore presso il Vaticano. Ma Benito aveva le sue brave ragioni. Pensava che nella peggiore ipotesi, se un giorno fosse stato costretto a negoziare la pace, Ciano gli sarebbe stato molto prezioso in quell'ambiente dove vivevano, fianco a fianco, i diplomatici di tutto il mondo. Dino Grandi era stato ambasciatore a Londra, ministro della Giustizia e poi presidente della Camera dei fasci e delle corporazioni. Ma qualsiasi posto gli sembrava sempre troppo modesto. In quel periodo, mentre era occupatissimo a gettare le basi della congiura, insisteva con il duce perché gli ottenesse dal re il collare dell'Annunziata. Una volta Edda aveva avvertito suo padre di diffidare di lui. Ma Benito aveva dato poco peso alla cosa e le aveva risposto: "Io sono come il gatto che aspetta con pazienza il topo".

«Verso i primi di luglio Scorza aveva parlato a mio marito in maniera ambigua. Benito mi raccontò che gli aveva buttato là questa frase: "Duce, che cosa fareste se venissero ad arrestarvi improvvisamente a villa Torlonia?". Benito sorrideva riferendomi l'episodio. "Chi mai potrebbe avere questa intenzione?" mi disse. Era inguaribilmente ottimista. Dopo il bombardamento di Roma Benito accettò la proposta di Grandi di riunire il Gran Consiglio. "Lo vogliono e lo avranno" mi disse. "È ora che ciascuno si assuma le proprie responsabilità." La seduta fu stabilita per la notte fra il 24 e il 25 luglio e io attesi ansiosamente il suo ritorno. Quando, nel grande silenzio che pesava su villa Torlonia, sentii il motore della sua automobile, erano le quattro e albeggiava. Con Irma scesi ad aprirgli il portone e mi bastò guardarlo per capire come erano andate le cose.

«"Li hai fatti almeno arrestare?" gli chiesi mentre entravo con lui nel suo studio. Mi rispose stancamente: "Lo farò domani mattina".

«"Domani mattina sarà troppo tardi" esclamai con disperazione. "Grandi a quest'ora sarà già in viaggio per l'estero." Ma Benito non mi ascoltava. Appoggiando la fronte alle mani, con un gesto di sofferenza, mi pregò di chiamare il comando supremo: voleva sapere se, quella notte, ci fossero stati nuovi bombardamenti.

«Poco prima, mentre lo attendevo, avevo telefonato un po' in giro e mi risultava che vi erano stati allarmi e incursioni a Bologna, a Milano e in molte altre città. Ma quando passai il ricevitore a mio marito, sentii che dall'altro capo del filo gli rispondevano assicurandogli che tutto era calmo. Allora, esasperata, gridai nel microfono: "Voi mentite! Voi volete tradire il duce! Lo state ingannando ancora una volta!".

Benito interruppe la comunicazione: "Sta' calma, sta' calma, Rachele," mi disse con voce spenta "è tutto inutile ormai: non c'è più niente da fare". Gli preparai una tazza di camomilla e parlammo a lungo nelle prime luci, seduti vicini davanti alla sua scrivania. Mi raccontò tutto del Gran Consiglio e io lo interruppi solo una volta, quando sentii che anche Galeazzo aveva votato contro di lui.

«Alla fine ci coricammo ma non riuscimmo a chiudere occhio. Alle otto Benito era già in piedi e mi salutò in fretta per recarsi a Palazzo Venezia. Voleva far fermare Dino Grandi ma, come avevo previsto, Grandi era ormai irreperibile. Poco prima delle undici mi telefonò Buffarini Guidi per chiedermi un colloquio. Si trattava, aggiunse, di cosa della massima urgenza. Gli fissai un appuntamento per le cinque del pomeriggio. Benito tornò alle tre. Aveva sbrigato come al solito il suo lavoro e quando Albini, che era da poco sottosegretario all'Interno, gli aveva portato alcune pratiche da firmare, gli aveva detto ironicamente piantandogli gli occhi in faccia: "Mi rallegro. Era la prima volta che avevate diritto di voto e l'avete usato contro di me!". Poco dopo aveva visitato le zone bombardate dei popolosi quartieri di San Lorenzo e del Tiburtino ed era rimasto commosso perché quella povera gente, così duramente colpita, l'aveva accolto con dimostrazioni di affetto.

«Non mangiò nulla e siccome lo pregavo di prendere almeno un brodo, mi spiegò che aveva premura ed era turbato perché di lì a poco sarebbe andato dal re a informarlo di tutto ciò che era accaduto nella seduta del Gran Consiglio. "La dichiarazione di guerra" mi disse "non l'ho firmata io solo, e neppure il trattato con la Germania. Perciò dobbiamo cercare insieme una soluzione. È un momento angoscioso, come quello di Caporetto, ma potremo riprenderci." Era convinto che Vittorio Emanuele III l'avrebbe difeso contro i congiurati confermandogli la sua fiducia e permettendogli di arrestare i traditori. Ma io non condividevo le sue illusioni e quando, per tre volte, telefonarono da casa reale per avvertire il duce di presentarsi al sovrano in borghese (dall'inizio della guerra mio marito si era sempre recato a villa Savoia indossando l'uniforme militare), messa in allarme da uno dei miei lucidi presentimenti, lo scongiurai: "Non andare, Benito. Non capisci? Vogliono che tu ti metta in borghese per non dare nell'occhio quando ti arresteranno". Ma Benito scrollava la testa. "Sarebbe troppo assurdo, Rachele. Il re mi ha sempre dimostrato la sua amicizia e rovinerebbe prima di tutti se stesso se mi attirasse in un tranello."

«Non volli insistere per evitare discussioni penose, ma quando arrivò il suo segretario De Cesare e si avviarono insieme verso l'automobile che li aspettava davanti alla scalinata, li rincorsi scendendo con affanno i gradini: "Non tornerete" gridai. Senza rispondere Benito mi affidò un fascio di carte (c'era anche la lettera di uno dei membri del Gran Consiglio, Cianetti, che aveva votato contro il duce ma subito dopo si era pentito: lettera che poi, durante il processo di Verona, servì come documento per la sua difesa). Restai ferma a guardare la macchina che attraversava i cancelli e si allontanava sulla via Nomentana. Dopo pochi minuti arrivò Buffarini e io l'investii: "Traditori, furfanti, cosa avete fatto ieri sera?". Mi descrisse la seduta della notte precedente dicendomi che non era stata affatto drammatica perché nessuno aveva alzato la voce né usato parole grosse. "In ogni modo," concluse "il duce doveva arrestarli: aveva i mezzi per farlo."

«Era vero: mio marito aveva sotto il tavolo un dispositivo con cui poteva far chiudere ermeticamente tutte le porte, ma non l'aveva mai usato. Mentre Buffarini parlava gesticolando come al solito, mi tese un foglietto che mio marito la sera prima aveva tenuto davanti a sé riempiendolo di appunti e di segni nervosi. Proprio in quel momento squillò a lungo il telefono. Con la gola stretta da un'ansia insostenibile, mi precipitai all'apparecchio e una voce alterata dall'emozione mi annunciò: "Eccellenza, in questo momento hanno arrestato vostro marito".

«Non riuscii a parlare né a muovermi. Ciò che avevo temuto si era dunque avverato, eppure ero convinta di essere in preda a un incubo. Buffarini, che mi aveva raggiunta, insisteva per sapere cos'era successo e quando riuscii finalmente a liberarmi della terribile notizia, l'accolse con uno stupore che mi parve sincero. Seguendo i suoi consigli telefonai dapprima al generale Galbiati, poi al comando tedesco e infine a Palazzo Venezia. Ma la risposta era sempre la stessa: "Vi hanno mentito, donna Rachele, non è accaduto nulla di nuovo". Buffarini tremava. Affacciandomi alla finestra vidi un camion fermarsi di fronte ai cancelli d'ingresso. Allora mi attaccai di nuovo al telefono e formai il numero della nostra portineria. Nessuno rispose: la polizia di Badoglio aveva già bloccato i nostri apparecchi telefonici e circondato villa Torlonia... »

Rachele ricordava con precisione ogni minuto di quella tremenda giornata. A un certo punto, priva di forze, si abbandonò su una panchina del parco accanto a Buffarini che beveva cognac e si sentiva male in continuazione. Poi disse a Irma di andare a chiamare Vittorio, che era ancora addormentato perché aveva volato tutta la notte ed era ignaro di ciò che stava accadendo. Andò incontro a sua madre, gonfio di sonno, fischiettando allegramente. «Cosa c'è, mamma, ha preso fuoco la casa?» la canzonò. «Hanno arrestato tuo padre» gli disse Rachele. «Devi pensare a metterti in salvo.»

Mentre Vittorio Mussolini lasciava in automobile villa Torlonia uscendo da via Spallanzani, che non era ancora sotto il controllo della polizia, Rachele fu chiamata di nuovo al telefono.

Questa volta era Romano che da Riccione le chiedeva il permesso di recarsi al cinema perché zia Gina glielo aveva impedito. Non potendo parlare (le linee erano ormai sorvegliate) Rachele lo supplicò di non muoversi da casa per nessun motivo. E lui ripeteva piangendo: «Dov'è papà? Voglio dirlo a papà». Quella notte a villa Torlonia nessuno dormì. L'indomani, verso le tredici, il questore andò ad arrestare Buffarini, e Rachele rimase sola. Ignorava dove avessero portato suo marito, non sapeva nemmeno se fosse vivo.

«Per tutto il giorno,» continuava a raccontare «giunsero da via Nomentana le grida della folla eccitata. Un antifascista suonò senza interruzione la tromba davanti al nostro cancello: una volta la polizia gli aveva impedito di usare il suo strumento nelle vicinanze della villa e voleva vendicarsi. Un gruppo di dimostranti minacciò di scavalcare il muro di cinta. Urlavano come impazziti: "La guerra è terminata", stracciavano le tessere, scagliavano insulti contro Benito e la nostra famiglia.

«Quella sera stessa, mentre tentava in qualche modo di confortarmi, Irma mi rivelò, senza volerlo, i rapporti di mio marito con Claretta Petacci. Era convinta che, come tutti, fossi al corrente della relazione e a un certo punto mi fece il suo nome. Non so dove trovai la forza per non crollare sotto il peso del nuovo dolore. Ero umiliata, sconvolta dalla ribellione. Eppure capivo che in quel momento non c'era posto per la gelosia. Erano in gioco le sorti del nostro paese, la vita stessa di mio marito, e qualsiasi altra cosa, al confronto, era priva ormai d'importanza.»

11
«ACCIDENTI A BADOGLIO!»

Il mattino del 26 luglio, per non impazzire nell'attesa interminabile di conoscere la sorte toccata a Mussolini, Rachele si occupò del bucato (nei momenti più dolorosi le faccende domestiche le servivano sempre da tranquillante) e mentre raccoglieva la biancheria aggirandosi inquieta nelle stanze di villa Torlonia, troppo vuote e silenziose, il portiere venne ad avvertirla che una ragazza chiedeva di lei. «Era» mi raccontava Rachele «la manicure della principessa Mafalda di Savoia e dalla sua espressione intuii che mi recava buone notizie. Mi consegnò infatti una lettera in cui la figlia di Vittorio Emanuele III si diceva addolorata per ciò che era accaduto e mi tranquillizzava assicurandomi che mio marito era vivo e non correva nessun pericolo. La ragazza aggiunse che, parlando con la principessa, aveva saputo che a villa Savoia c'erano state molte discussioni per l'arresto del duce e che il re stesso incominciava a essere preso dai dubbi. L'ascoltai distrattamente. Benito era salvo: non potevo pensare ad altro.»

Il giorno seguente villa Torlonia fu occupata da trecento soldati e le loro autoblinde si fermarono in mezzo al piazzale. Rachele tornava dall'orto: aveva portato le ghiande ai maiali come ogni mattina e raccolto le uova delle galline. «È questa la villa di Mussolini?» le chiese un ufficiale. Rachele capì che l'aveva scambiata per la custode e fece cenno di sì.

«Mi hanno detto che non c'è nessuno là dentro» proseguì l'altro. «Donna Rachele è fuggita. L'hanno arrestata a Milano, in piazza del Duomo, mentre tentava di tagliare la corda con una valigia piena di banconote e di gioielli.»

«Siete sicuro?» chiese Rachele fingendo interesse.

«L'ho sentito alla radio» rispose. E lei: «Sono proprio contenta! Almeno una volta è stata capace di comportarsi da furba...».

L'ufficiale la osservò a lungo, attentamente. Ma il suo grembiule, con le uova e l'insalata, e il suo fazzoletto da contadina legato intorno alla testa continuarono a ingannarlo. Le ordinò di fargli visitare l'abitazione di Mussolini, e Rachele obbedì guidandolo su per le scale, spalancando porte e finestre. Lui si guardava intorno meravigliato ed esclamava continuamente: «Che brutta casa! Che mobili! Ma siete certa che questo non è l'appartamento dei camerieri?».

Poi, vedendo i ritratti appesi alle pareti, si persuase e disse a bassa voce: «Mi piacerebbe portarmi via un ricordo, un oggetto qualunque che sia stato toccato dalle mani di Mussolini».

«Provai subito simpatia per lui» continuava a raccontare Rachele. «Doveva avere più o meno l'età del mio Bruno. Entrammo nella sala da pranzo, nello studio del duce e da ultimo nel mio salottino. C'era un grande quadro, sopra il divano. Raffigurava il mio Bruno nella sua bella divisa di pilota, con un sorriso sereno.

«L'ufficiale si fermò turbato in mezzo alla stanza. "Io lo conoscevo," mi disse "ho fatto con lui le elementari a Milano. Mi è dispiaciuto molto per la sua morte. Era un bravo ragazzo: semplice, allegro, senza pretese." "Sì," mormorai "era un bravo ragazzo", e forse fu la voce a tradirmi perché si voltò di scatto. "L'avete conosciuto anche voi?" mi domandò fissando i miei occhi pieni di lacrime.

«"Oh, sì," gli risposi "sono la mamma di Bruno..."

«Mi baciò chiedendomi scusa e non riusciva a convincersi che fosse vero, che avessero lasciato la moglie di Mussolini sola a villa Torlonia, in balia di chiunque. Erano le prime parole buone che ascoltavo dopo tanti giorni di avvilimento e mi furono di grande conforto. Poi l'ufficiale ordinò ai suoi soldati di trattarmi con ogni riguardo e quei poveretti girarono in silenzio la villa, piuttosto delusi per la modestia dell'arredamento. Mi chiedevano a turno un tovagliolo, un berretto del duce, almeno un bottone o una matita. Io continuavo a ignorare dove fosse Benito e quando un ufficiale fiorentino mi giurò, portandomi in disparte, che era al corrente di quel segreto, non volli credergli: mi era impossibile ormai credere a qualche cosa o a qualcuno. Ma lui insisteva: "Ho un fratello che presta servizio in una caserma dei carabinieri: ha visto il duce con i suoi occhi. Presto andremo a liberarlo".

«Non mi aveva ingannata. Ne ebbi conferma la mattina dopo, quando Polito venne a villa Torlonia con una lettera di mio marito. Mi si aprì il cuore, vedendolo. Era stato con noi per dodici anni, prima come questore e poi come capo della polizia. Quante volte a Riccione avevamo pranzato insieme nella villa di una mia carissima amica, la signora Sandra Borsalino! E pensavo che avrei potuto fidarmi di lui, che mi avrebbe aiutata in un momento così doloroso.

«"Dov'è il duce?" gli chiesi con ansia. "Dove sono i miei figli?" Mi tese una busta sulla quale riconobbi con emozione la calligrafia di Benito:

"Cara Rachele,

il latore ti dirà quanto mi occorre. Tu sai quello che la mia salute mi permette di mangiare, ma non mandarmi molto: solo un po' di indumenti, di cui sono sprovvisto, e dei libri.

Non posso dirti dove mi trovo, ma ti assicuro che sto bene.

Sta' tranquilla e saluta i ragazzi.

Benito*"*

«Poi mi diede da leggere anche un'altra lettera di cui purtroppo non posso ricordare, come vorrei, il testo preciso perché Polito si limitò a mostrarmela riprendendola subito. Era del nostro "cugino" Badoglio che mi invitava, in termini gelidi, a inviare a Benito vestiti e denaro. Altrimenti, aggiungeva, non avrebbe potuto procurare a Mussolini neppure il cibo.

«Quella lettera provocò la mia indignazione. "Per vent'anni" gridai "mio marito ha rinunciato a titoli e onori. Ha regalato tutto ciò che gli veniva offerto dagli italiani e dagli stranieri, perfino ville stupende, senza nemmeno lasciarmele vedere. E adesso Badoglio, proprio lui che con il fascismo ha guadagnato tanti milioni, osa negargli un pezzo di pane. Questo è troppo davvero, supera ogni immaginazione." I due ufficiali che accompagnavano Polito mi guardavano imbarazzati. Ma uno di essi, un colonnello, riuscì a dirmi sottovoce mentre gli altri non ascoltavano: "Avete ragione, donna Rachele. Purtroppo non posso fare nulla per voi, ma potete contare sulla mia fedeltà".

«Era il 29 luglio, una delle pochissime ricorrenze che non trascuravamo mai di festeggiare nella nostra famiglia. Quel giorno Benito compiva gli anni e io di solito gli preparavo una sorpresa: un paio di calzini, una cravatta o una scatola di fazzoletti. Adesso eravamo divisi e non sapevo neanche se un giorno mi sarebbe stato concesso di poterlo riabbracciare. Gli mandai qualche cosa da leggere. "Non è cambiato," pensavo "anche quando eravamo a Forlì, al tempo delle lotte socialiste in Romagna, i libri erano il suo primo pensiero ogni volta che finiva in prigione." Trovai sul suo tavolino da notte il volume *La vita di Cristo* del Ricciotti: era ancora aperto, con molte annotazioni sui margini, e lo unii agli altri che avevo scelto in uno scaffale. Poi preparai un bel pacco di roba: un pollo, pomodori freschi (gli piacevano tanto), frutta e tagliatelle. Aggiunsi una bottiglia di olio perché i medici gli avevano proibito i cibi fritti nel burro. Ma quella bottiglia non arrivò mai a destinazione. Dissero che si trattava di un dono e che non si poteva permettere al prigioniero Benito Mussolini di ricevere regali nel giorno del suo anniversario. Prima che Polito lasciasse villa Torlonia, mi accorsi del suo berretto nuovo fiammante, con i gradi di generale. "Complimenti," gli dissi "avete fatto molta carriera dal 25 luglio!" Ero convinta ormai che non era un amico...»

Polito tornò a prendere Rachele per accompagnarla alla Rocca la sera del 2 agosto. Le disse che avrebbe trovato lassù anche Romano e Anna Maria e il pensiero di rivedere i suoi figli le rese meno triste la partenza da villa Torlonia. Portò con sé solo pochi vestiti e, con il permesso di Polito, una cassetta che conteneva le decorazioni del duce.

Fu un viaggio orribile, che mi raccontò nella cucina del suo appartamento romano di viale Libia. Trafficava davanti ai fornelli con un grembiule blu a bolli bianchi e piangeva mentre rievocava, dopo tanti anni, l'umiliazione e il disgusto di quel giorno.

Da Roma la Rocca si raggiunge in poche ore ma l'automobile aveva continuato a vagare tutta la notte per ordine di Polito che, dopo avere chiuso a chiave le portiere, aveva cominciato ad allungare le mani su Rachele, che a cinquantatré anni era ancora fresca e piacente. Ma ciò che stimolava le voglie di Polito era il fatto che fosse «la moglie del capo». «Generale lui,» si pavoneggiava «generale io!» e lasciava capire che la sorte di Mussolini dipendeva solo dalle sue decisioni. Le disse che non era mai stato fascista e le rivelò vecchi complotti della polizia di cui nessuno aveva avuto il sospetto. E quando Rachele, per cui ogni minuto era un incubo, si meravigliava per quello spreco di combustibile, rideva e diceva: «Abbiamo sempre avuto tanta benzina, tutta la benzina di cui avevamo bisogno...».

Finalmente, verso le undici del mattino, si profilò da lontano la Rocca. C'era una gran calma. I carabinieri svolgevano il solito servizio di guardia e presto Rachele sentì risuonare nel parco le voci dei figli: era salva. «Quel giorno» mi spiegava «seppi che a Predappio erano state date disposizioni precise per l'arrivo imminente del duce. Anche adesso sono convinta che il re avesse davvero intenzione di confinare mio marito alla Rocca e penso che se questo fosse avvenuto molte cose si sarebbero potute salvare in Italia. Ma Badoglio era troppo scaltro e ambizioso per lasciarsi sfuggire la sua grande occasione e probabilmente fu per suo ordine che a un certo punto l'autoambulanza sulla quale viaggiava Benito, invece di prendere la strada della Romagna, si diresse verso Gaeta.

«Mio "cugino" Badoglio non era intelligente ma astuto, avido di ricchezze e poteri. Sentivo parlare male di lui dal tempo di Caporetto e fin da allora non lo potevo soffrire. Ero sicura che sarebbe stato punito. Invece, in meno di un mese, ebbe una carica importante. Non sapevo niente, in quell'epoca, degli intrighi e dei raggiri che rendono così complicata l'alta politica. Quando, alla fine del '43, mio marito tornò dalla Germania, mi mostrò una sera uno strano libretto che conteneva il regolamento della Massoneria. Lo lessi avidamente. Si parlava di pugnali, teschi, maschere nere, grembiuli, veleni, terribili prove da superare. "Non perderci la testa, Rachele" mi raccomandava Benito.

Ma quella lettura mi affascinava, tanto che ne ricordo ancora parecchi brani a memoria.

«Per tutta la vita Badoglio fu protetto dalla Massoneria. Con mio marito si dimostrò sempre servile per strappargli il maggior numero di benefici e riuscì a diventare marchese del Sabotino e poi duca di Addis Abeba. Il vero vincitore della guerra africana era stato Graziani, ma lui gli portò via il trionfo entrando al suo posto in Addis Abeba. Però, dopo la proclamazione dell'impero, non appena capì che era pericoloso restare in Abissinia perché i ribelli si stavano organizzando, fece presto a sollecitare il rimpatrio. Un giorno, mentre tagliava il tradizionale nastro tricolore durante l'inaugurazione della grande rotabile Asmara-Massaua, disse: "Taglio la corda". Non era una battuta di spirito, come tutti pensarono. Se ne andò davvero lasciando nei pasticci Graziani.»

Quando scoppiò la Seconda guerra mondiale, Badoglio era capo di stato maggiore e, sosteneva Rachele, non cercò mai di convincere il duce che l'Italia non era in grado di affrontare un conflitto. Eppure nessuno meglio di lui poteva conoscere la vera situazione militare italiana. «Non ho mai odiato nessuno,» diceva Rachele. «Forse potrei perdonare perfino coloro che hanno ucciso Benito, ma a lui, a Badoglio, non potrò mai perdonare.» Dopo il 25 luglio il suo intercalare preferito, ogni volta che le cose andavano storte, era: «Accidenti a Badoglio». Un giorno mi raccontò che era caduta da una scala mentre cercava di sistemare una valigia in cima all'armadio e concluse: «Accidenti a Badoglio». Edda, che era presente, si mise a ridere: «Mamma» le disse. «Adesso esageri. Cosa c'entra Badoglio?»

E lei: «C'entra, c'entra. Lo so io il perché». In realtà il ragionamento di Rachele non faceva una grinza, come si dice, ed era il seguente: «Tutte le mie disgrazie risalgono a Badoglio. È colpa sua se oggi sono costretta a vivere in un minuscolo appartamento, con poco spazio a mia disposizione. E se non avessi poco spazio a disposizione, non sarei dovuta salire su una scala per sistemare la valigia e non sarei caduta. Perciò: "Accidenti a Badoglio...".»

Tutto sembrava tranquillo alla Rocca in quei giorni d'agosto del 1943. Nel salone del Gran Consiglio la scrivania di Mussolini, di legno nero intarsiato, era ingombra come sempre di carte e di libri disposti con ordine. Il riposante paesaggio della Romagna s'inquadrava nelle bifore aperte, il parco era verde e silenzioso. Ma Rachele e i suoi figli là dentro erano prigionieri. Non potevano vedere nessuno e ai carabinieri era stato dato l'ordine di sparare se qualcuno di loro cercava di oltrepassare i cancelli. Rachele aveva avuto notizie da Romano e da Anna Maria delle sue nuore e dei suoi nipotini, ma non sapeva più nulla di Edda né di Vittorio e continuava a ignorare dove fosse Benito. Era convinta che l'avessero confinato in un'isola, come Napoleone, e si tormentava per la sua salute. Chi avrebbe cucinato in bianco per lui? Chi si sarebbe preso cura di fargli seguire una dieta?

«Trascorrevamo le nostre giornate» mi raccontava «sfogliando i giornali e ascoltando la radio. Ma ognuna di quelle notizie aumentava la nostra angoscia. Era troppo doloroso, per noi, leggere quegli articoli velenosi contro la nostra famiglia, conoscere all'improvviso tutte le calunnie e i pettegolezzi che circolavano da anni nei salotti di Roma. Un quotidiano scrisse perfino che mi ero rifugiata in Svizzera con molte pellicce. Non ne ho mai possedute e quando ero costretta a partecipare a qualche ricevimento ne chiedevo in prestito una a Edda: nera, di astrakan, mi arrivava fino alla caviglia. In un altro quotidiano leggemmo che Ciano si era suicidato e la stessa cosa si diceva in quei giorni anche di Hitler. Una sera sentimmo per radio che Edda era rimasta vittima di un incidente ed era stata ricoverata in ospedale. Non avevo motivo di credere che si trattasse, come era in realtà, di una nuova menzogna e non potendo resistere all'ansia spedii un telegramma a Senise, il capo della polizia. Ma non ebbi risposta.»

In quelle estenuanti settimane d'agosto l'unica persona autorizzata ad avvicinare Rachele era Armandino, il custode. Fu lui a portarle un'altra triste notizia: Ettore Muti era stato ucciso a Fregene. L'avevano fatto alzare dal letto in piena notte e spinto in un viottolo, poi l'avevano finito a colpi di mitra. Armandino le disse che Muti aveva tentato di ribellarsi, ma Rachele non credette mai a questa versione ufficiale. Era molto nervosa in quel periodo. Di tanto in tanto riceveva la visita di un commissario che le consegnava una lettera di suo marito: cinque in tutto. Da quelle lettere poteva rendersi conto che l'isolamento di

Benito era totale e che lui era completamente all'oscuro di ciò che stava accadendo in Italia. Inoltre in quegli scritti, che venivano sottoposti a severa censura, non c'era nessun riferimento, neppure vago, alla prigione in cui si trovava. Secondo alcune voci che filtravano fino a Rachele, Mussolini era prigioniero nel Sud; secondo altre nel Nord, a Bolzano. E Rachele si logorava per quella impossibilità d'immaginare i luoghi che circondavano suo marito, almeno il clima e il cielo sotto il quale viveva.

Un giorno, era l'ultima settimana d'agosto, durante una delle sue visite, il commissario la invitò a preparare un pacco d'indumenti pesanti e allora capì che Mussolini sarebbe stato trasferito in montagna. Gli mandò un costume da sci, gli scarponi, un abito blu e un cappotto invernale. Gli mandò anche, poiché soffriva il freddo alla testa, il suo *capelaz* di feltro nero: uno di quei cappellacci alla romagnola che, quando si metteva in borghese, portava sempre.

«Un pomeriggio,» continuava Rachele «captando la radio tedesca riconobbi la voce di Vittorio e seppi così che si era rifugiato in Germania. Speravo che potesse fare qualche cosa per suo padre e per noi ma ero certa che, prima che riuscisse nel suo scopo, avremmo visto arrivare gli inglesi su per la strada che porta alla Rocca e saremmo stati arrestati. Mi ero abituata a quest'idea. Avevo immaginato cento volte le loro divise nel parco, gli elmetti che luccicavano al sole e quando, la mattina del 12 settembre (ero ancora stordita per l'annuncio dell'armistizio), Armandino venne ad avvertirmi, balbettando per l'emozione, che una divisione tedesca aveva occupato la casermetta, fui presa da assurdo spavento e corsi, impaurita, a rifugiarmi nella stanza di Romano.

«In realtà si trattava di quattro poveri ufficiali, impolverati e sfiniti dalla stanchezza, che si erano spinti fino alla Rocca a bordo di una camionetta per liberarci e condurci in Germania. Mi accorsi subito che avevano fame: venivano da Roma ed erano digiuni da almeno due giorni, e per prima cosa pensai a ristorarli con una bottiglia di grappa, coniglio in umido e anatra arrosto. Quando l'ultimo pezzo di pane e l'ultimo grappolo d'uva sparirono dalla tovaglia, uno di loro mi disse che ci lasciava tre quarti d'ora di tempo per fare i bagagli, perché bisognava partire. Nella confusione indescrivibile che tenne dietro a quell'ordine, mentre io e Anna Maria ci affannavamo a riempire in fretta qualche valigia, Romano, incosciente e serafico, strimpellava con due dita il pianoforte che aveva cominciato a suonare a orecchio proprio in quei giorni. Solo all'ultimo momento si decise a cacciare in una borsa un paio di scarpe (di due colori diversi), un pullover, una camicia e un grosso corno di ferro arrugginito che aveva trovato nel parco e che, secondo lui, gli avrebbe portato fortuna.»

Prima di seguire gli ufficiali tedeschi, Rachele fece un rapido giro del castello dicendo addio alle cose più care. Del resto, fin dai primi anni di matrimonio aveva imparato che sarebbe stato pericoloso per lei affezionarsi a una casa e durante i trentasei anni trascorsi al fianco di Mussolini non poté mai occuparsi personalmente di un trasloco. Ogni volta doveva lasciare mobili, ninnoli, tende e tappeti al loro posto, come se dovesse partire per una breve vacanza tentando d'illudersi che sarebbe tornata. Anche quel giorno era sicura (ma s'ingannava) che non avrebbe più rivisto la Rocca. Si fermò in cucina, nel salottino, nelle camere dei ragazzi e infine nella sala del Gran Consiglio; e qui, a un certo momento, lo sguardo le cadde su un piccolo quadro appeso a una parete. Raffigurava Mussolini e Badoglio, i loro due profili uno di fronte all'altro ma legati dalla stessa cornice. Non ci vide più per la rabbia. Staccò quel quadro, calpestò il vetro con ira, poi fece a pezzi la tela insultando a voce alta, un insulto per ogni strappo, il «caro cugino».

12
«MA GALEAZZO VOLEVA FARGLI PERDERE IL POSTO»

Rachele Mussolini lasciò con Romano e Anna Maria l'aeroporto di Forlì su due aerei da guerra: quello in cui si trovavano lei e i suoi figli e un caccia di scorta. Sapevano solo che la meta era Vienna. Fu un viaggio movimentato, durante il quale non mancò nemmeno un temporale violento che, come sempre dopo la morte di Bruno, terrorizzò Rachele. Anna Maria e Romano erano nella cabina di pilotaggio e, conoscendo il tedesco, avevano motivi più fondati per preoccuparsi. Era stato avvistato un apparecchio nemico e i piloti avevano lasciato capire che in caso di mitragliamento l'aereo, che aveva a bordo un carico di bombe, sarebbe saltato in aria.

«Fummo costretti a cambiare rotta» mi raccontava donna Rachele. «L'aereo di scorta puntò verso Vienna con tutte le nostre valigie e noi alla fine atterrammo con un solo motore in un campo immenso. Eravamo a Monaco, ma io pensavo di essere a Vienna e attendevo sfinita che qualcuno accompagnasse me e i miei figli in un albergo, e che ci lasciassero soli almeno per qualche ora. Fummo alloggiati al "Quattro stagioni" e lì mi attendeva una grande emozione. Dopo cena si presentò al nostro tavolo un ufficiale tedesco e mi annunciò che aveva una buona notizia. "Oggi" disse "i nostri aviatori hanno liberato il duce dalla prigionia sul Gran Sasso. Vostro marito è già in viaggio per la Germania e domani potrete abbracciarlo."»

Era il 12 settembre e Rachele non rivedeva Benito dal 25 luglio. Quando alle due del pomeriggio seguente le venne incontro all'aeroporto di Monaco con gli scarponi da sci e il cappotto scuro che gli aveva mandato, quasi stentò a riconoscerlo tanto era pallido e dimagrito. Le avevano detto che sarebbe dovuto ripartire immediatamente per recarsi dal Führer al quartier generale e non riusciva a rassegnarsi al pensiero di avere solo pochi minuti per stare con lui. Li aiutò il maltempo, impedendo all'aereo di ripartire e trascorsero la notte al «Karls Palast», nella residenza principesca che Hitler aveva messo a loro disposizione.

La camera da letto destinata a Mussolini era ricca di specchi, di stucchi dorati, di marmi e tappeti preziosi. Ma Benito, messo a disagio da quel lusso eccessivo, preferì dormire nella stanza di sua moglie, che era molto più semplice. «Prima di tutto,» ricordava Rachele «gli preparai un bel bagno perché ne aveva estremo bisogno. Rimasi sgomenta quando vidi in che condizioni era ridotta la sua biancheria, alla quale nessuno provvedeva da tempo. I calzini erano pieni di buchi, la camicia sporca e spiegazzata, le mutande troppo lunghe e troppo larghe e per di più con un grosso bottone nero che mi strappò un piccolo grido d'indignazione. "Chi te le ha date?" gli chiesi con meraviglia. Benito non poté trattenere un sorriso e mi raccontò che il 28 luglio, mentre la corvetta *Persefone* si dirigeva verso l'isola di Ponza, alcuni marinai si erano avvicinati a lui di nascosto per domandargli timidamente se avesse bisogno di qualche cosa. Uno di loro gli aveva offerto 400 lire, che aveva accettato perché non aveva nemmeno un soldo, e un altro, in mancanza di meglio, gli aveva regalato quelle mutande.»

Per quasi tutta la notte parlarono a lungo, a bassa voce, nel timore che qualcuno potesse ascoltarli. All'alba erano ancora svegli. Mussolini raccontò tutto ciò che gli era accaduto in quei mesi e Rachele inutilmente cercò di convincerlo a non tornare in Italia. «Non è rimasto più nulla» gli disse. «I frutti della tua fatica sono irrimediabilmente perduti.»

«Ricomincerò da capo» rispose Benito con amarezza. E le spiegò che bisognava tener fede al patto con la Germania. «Forse» aggiunse «questa decisione potrà costarmi la vita, ma è l'unico modo per evitare che l'Italia paghi il suo tradimento con la rovina completa, perché la vendetta dei tedeschi sarebbe spietata se non restassi al loro fianco.»

La mattina dopo Mussolini proseguì il suo viaggio in aereo per raggiungere il Führer e ritornò a Monaco il 18 settembre. Era stanco e Rachele riuscì a sapere poco dei suoi incontri con Hitler. Le disse soltanto che aveva lavorato molto e che quella sera avrebbe rivolto un messaggio agli italiani per radio. Si chiuse nello studio che era stato preparato per lui al pianterreno del «Karls Palast» e stese il discorso. Parlò da quella piccola stanza trasformata in sala di trasmissione e Rachele gli rimase vicina cercando spesso il suo sguardo. Sapeva che Mussolini amava il contatto diretto con la folla e in generale con chiunque lo stesse ascoltando, ma si sentiva imbarazzato davanti al microfono. Aveva antipatia anche per il telefono: le sue conversazioni all'apparecchio erano sempre brevissime. Attese perciò con ansia le sue prime parole. Da principio, infatti, la sua voce risuonò bassa, opaca, tanto che molti italiani stentarono a riconoscerla. Ma poi, a poco a poco, si rinfrancò.

«Proprio in quei giorni,» raccontava Rachele «Benito dovette affrontare l'incontro penoso con Galeazzo che non aveva più visto dopo il 25 luglio. A Monaco aveva saputo che Ciano aveva cercato rifugio in Germania e che erano con lui anche mia figlia e i bambini. Ero stata felice di avere finalmente notizie di Edda, ma pensavo che Galeazzo aveva commesso un grave errore chiedendo protezione ai tedeschi. I nostri alleati non gli avrebbero mai perdonato l'ultima riunione del Gran Consiglio. Inoltre erano certo al corrente del suo atteggiamento antitedesco. Mi ero molto meravigliata per la sua ingenuità. "È venuto a buttarsi in bocca al lupo," avevo detto a Romano. Ma poi, ripensandoci, avevo concluso che Hitler avrebbe salvato in ogni caso il genero di Mussolini.

«Durante la settimana che io e Benito trascorremmo al "Karls Palast" Edda venne a trovarci. Mi si strinse il cuore, vedendola. Era irriconoscibile: magrissima, inquieta, con gli occhi febbricitanti nel viso scarno e la voce alterata dall'emozione. Galeazzo le aveva affidato l'incarico di recarsi dal Führer per chiedergli il permesso di trasferirsi con la famiglia in Portogallo. Ma Hitler le aveva risposto con un deciso rifiuto. Allora Edda si rivolse a suo padre e lo persuase a ricevere Ciano. Ero presente anch'io al primo colloquio fra loro nello studio del "Karls Palast": Ciano si difese dall'accusa di tradimento scagliandosi contro Grandi e Badoglio. Benito l'ascoltò in silenzio: ciò che aveva sofferto negli ultimi tempi lo portava al perdono più che alla vendetta. Inoltre voleva troppo bene alla sua Edda, forse l'unica persona al mondo di cui, qualche volta, accettava i consigli.

«Anch'io ero disposta, per amore di Edda, a soffocare il mio risentimento. Ma un giorno volli parlare da sola a mio genero e non fui indulgente con lui. "Se non vi piaceva il posto che il duce vi aveva assegnato," gli dissi "potevate dimettervi." Si giustificò dicendo di avere sempre agito in buona fede. Ma non lo lasciai terminare. "Il duce" lo interruppi "non è un mobile che si può collocare in solaio quando qualcuno ne è stufo. Voi avete sbagliato, e può darsi che un giorno dobbiate rendere conto di questo." Ammise che forse aveva commesso un errore aderendo all'ordine del giorno di Grandi ma aggiunse che il suo voto e quello di quasi tutti gli altri non erano una presa di posizione contro Mussolini. "Mussolini" concluse "è al di sopra di tutti."

«Ciano ottenne da Benito altri due colloqui, durante i quali giurò di essere pronto a tornare in Italia e a combattere per dimostrare il suo pentimento. Mio marito naturalmente si lasciò intenerire. "Ora bisogna pensare alla guerra" gli disse. "Tutto il resto non conta." Dopo una di quelle visite Edda e Galeazzo restarono a cena con noi e ciò mise in sospetto i tedeschi che da quel giorno non smisero più di spiarci. Poi Edda si recò in Italia con la speranza di attenuare le ostilità contro Ciano prima che rimpatriasse, e Galeazzo si fece operare a un orecchio. Intanto, per desiderio del generale Wolff, i loro tre figli erano venuti ad abitare con noi nel castello di Hirschberg, a circa ottanta chilometri da Monaco, dove eravamo stati invitati a trasferirci.

«C'era un grande camino, nella sala da pranzo di quel castello, e un'incredibile quantità di corna di cervo appese dovunque. C'erano cuochi e camerieri e un maggiordomo impettito che mi dava molto fastidio con la sua assillante presenza. Mangiavamo anitre con marmellata, oche con contorno di mele e strane pallottole di pane tritato che galleggiavano malinconicamente nel brodo. Un giorno, esasperata, mi allacciai un grembiule intorno alla cintura e mi misi a parlare in romagnolo, in fretta e con energia, a quei tedeschi dalle facce sorprese. Li chiamavo "Pippo" dal primo all'ultimo, non riuscendo in nessun modo a pronunciare i loro nomi, e presto mi accorsi non senza stupore che mi obbedivano a meraviglia. Così alla nostra tavola ricominciarono a comparire il coniglio, le cotolette, le bistecche, i "passatelli", soprattutto le tagliatelle. Il dialetto romagnolo mi servì anche in seguito con gli inglesi e gli americani, in campo di concentramento. Li chiamavo tutti *Pirìn* e riuscivo a farmi capire...»

In quell'angolo della Baviera furono gettate le basi della Repubblica Sociale Italiana. Mussolini che, per tanti anni, si era coricato alle dieci, spesso restava alzato tutta la notte a lavorare e confidava alla moglie i suoi progetti. Le spiegava che avrebbe dato al nuovo governo un indirizzo socialista e repubblicano e lei, socialista e repubblicana da sempre, l'approvava con entusiasmo.

Fu una parentesi piacevole quella di Rachele nel «castello dei cervi». Romano e Anna Maria organizzavano gite, pescavano trote nei laghi vicini, visitavano Monaco. Verso la fine di settembre Mussolini decise di tornare in Italia, per il momento da solo. La famiglia l'avrebbe raggiunto più tardi. Era, come al solito, senza una lira e Rachele riuscì a procurargli un po' di soldi chiedendoli in prestito a una coppia di amici. Partì con quindicimila lire e una camicia nera che gli era stata offerta da Anfuso e dapprima si stabilì alla Rocca delle Caminate e poi a Gargnano, sul Garda.

«Sapevo» diceva Rachele «che i laghi piacevano poco a mio marito, perché secondo lui erano un compromesso fra il fiume e il mare, e non riuscivo a immaginare come fosse villa Feltrinelli di cui mi parlava e dove sarei andata ad abitare con lui. Mi disse solo che le prime notti non era riuscito a dormire perché si sentiva soffocare dal grande baldacchino che sovrastava il suo letto, per di più chiuso tutt'intorno da fitte tendine.

«"Perché non lo fai togliere?" gli suggerii. E lui: "Non si può, Rachele, è sostenuto da grosse colonne".

«Capii che la mia presenza era indispensabile» continuava Rachele. E fu felice quando, di lì a pochi giorni, Benito le telefonò per dirle che poteva tornare. Lasciò la Germania la mattina del 2 novembre. Hitler, che non vedeva mai, ma le faceva sentire di continuo la sua presenza con fiori e doni a ognuno dei suoi spostamenti, le mise a disposizione la sua automobile personale e durante il viaggio, dovunque si fermasse a mangiare o a prendere una tazza di tè, Rachele si accorgeva, dalle premure con cui veniva accolta, che era stata preceduta dai suoi ordini. Quando finalmente, il 13 novembre, la vettura arrivò davanti alla Rocca tutti i soldati e gli ufficiali tedeschi che svolgevano il loro servizio lassù scattarono sull'attenti. Vedendo la Mercedes nera del Führer, avevano creduto che Hitler in persona fosse arrivato in Romagna.

Rachele trovò il marito molto migliorato nell'aspetto e nel morale. Anche alla Rocca svolgeva una straordinaria quantità di lavoro, ma lei notò subito che quegli eccessivi strapazzi non lo affaticavano. Da qualche settimana aveva incominciato una nuova cura che si era rivelata efficace. Al suo arrivo in Germania Mussolini era stato infatti visitato dal medico personale di Hitler, il professor Morell, che gli aveva promesso di guarirlo completamente dai disturbi di stomaco che lo tormentavano ormai da tre anni. Poi, tornato in Italia, Morell stesso gli aveva mandato uno dei suoi assistenti, il professor Zachariae, al quale si era affiancato un professore italiano. Fu proprio Zachariae a scoprire che il latte faceva male al duce. Ne aveva sempre bevuto in grande quantità e nessuno dei numerosi medici ai quali si era affidato aveva pensato di proibirglielo. Da quando abolì il latte dalla sua alimentazione, sostituendolo con il tè, i suoi attacchi di stomaco si fecero sempre più rari e a poco a poco scomparvero, tanto che presto poté dedicarsi di nuovo ai suoi sport preferiti, specialmente al tennis e al nuoto.

In quell'autunno del 1943 Mussolini aveva ritrovato salute e fiducia in se stesso. Ma era ossessionato da una nuova tragedia: il 19 ottobre, appena sceso dall'aereo con cui tornava in Italia, Ciano era stato arrestato e trasferito a Verona nel carcere degli Scalzi, in attesa di essere processato. Rachele aveva avuto questa notizia mentre si trovava ancora nel «castello dei cervi» e non ne era rimasta sorpresa. Già da parecchi giorni aveva potuto rendersi conto personalmente che la situazione di Ciano era grave e che nessuno, neppure suo marito, avrebbe potuto aiutarlo. Sapeva benissimo come la pensavano i tedeschi e i fascisti più intransigenti: i responsabili del 25 luglio dovevano essere puniti e con loro anche Ciano. Non si poteva fare eccezione per lui solo perché aveva sposato la figlia del duce.

«È tanto triste per me,» mi diceva donna Rachele «affrontare questo argomento. Soffrivo per Benito perché lo vedevo torturato da un dilemma privo d'uscita e soffrivo per Edda, per la croce straziante che doveva sopportare da sola, senza il conforto di nessuno, nemmeno della sua mamma. Non so quale dolore sia stato più grande: quello di Edda o quello di suo padre. Benito dovette ordinare il processo, sottomettere i suoi sentimenti alle spietate esigenze della politica ma non pensò mai, ne sono sicura, che quel processo potesse concludersi con un bagno di sangue. E quando si accorse che stava battendosi contro l'impossibile divenne intrattabile, cercò rifugio in un ostinato silenzio. Solo dopo la morte di Bruno l'avevo visto così affranto, indifferente a tutto. In seguito, se qualcuno in sua presenza accennava senza volerlo a ciò che era accaduto a Verona, lo faceva zittire di colpo con uno scatto di ribellione. A me una volta disse, e io non trovai le parole per confortarlo: "Da quella mattina ho incominciato a morire".»

Rachele, che aveva vissuto quella storia tremenda al fianco di suo marito, era certo al corrente di molte cose, ma non poteva parlare perché erano ancora vivi molti dei protagonisti. Fu uno dei pochi momenti in cui, com'era già successo per la marcia su Roma, si chiuse alle confidenze anche con me.

Qualche tempo dopo incontrai Edda Ciano a Forìo d'Ischia, nel piccolo appartamento dove Rachele era solita in quegli anni trascorrere le vacanze. Restammo alzate fino alle tre di notte e credo che in quell'occasione, per la prima volta dal giorno della fucilazione di Ciano, Edda e Rachele si siano lasciate andare a una pacifica conversazione durante la quale ognuna delle due, senza toni polemici ma con calore, difese il proprio marito.

«Mamma, Galeazzo era in buona fede» diceva Edda Ciano. «Altrimenti non sarebbe tornato a casa a dormire. Avrebbe potuto scappare.» E passò in rassegna numerosi argomenti nel tentativo di convincere sua madre dell'innocenza di Ciano. Ma Rachele restava immobile a testa china, con le braccia intrecciate sul tavolo, un impercettibile tremito nelle mani. E ripeteva ogni volta: «Sì, sì, ma voleva fargli perdere il posto...».

Si dice che Rachele sia stata inflessibile con Galeazzo Ciano e abbia contribuito alla sua condanna. Ma né lei né Mussolini, ormai un automa nelle mani di Hitler, avevano questo potere, e probabilmente a Mussolini non arrivò mai la domanda di grazia. «Quella notte» ricordava Rachele «non avevo potuto chiudere occhio e spesso mi ero avvicinata alla porta della camera vicina alla mia, dove dormiva Benito, senza avere il coraggio di entrare. Vedevo filtrare la luce, sentivo che camminava su e giù senza pace. Si aggrappava ancora a una speranza. Ma, verso le nove, due ufficiali, uno italiano e uno tedesco, chiesero di essere ricevuti d'urgenza: gli portavano la notizia che la sentenza di morte contro Galeazzo e gli altri imputati era stata eseguita.

«Per tutta la mattina Benito non uscì dallo studio. A mezzogiorno venne Vittorio e rimasero insieme per più di un'ora parlando a voce bassa. Non aveva preso nemmeno una tazza di tè e dovetti insistere a lungo per persuaderlo a mettersi a tavola. Però non mangiò nulla e si alzò quasi subito. Non aveva detto una parola. Nel pomeriggio si recò come sempre in ufficio, a villa Orsoline, ma ricevette solo il suo segretario. Seppe da lui che i tedeschi lo stavano sorvegliando da parecchi giorni. Temevano un improvviso colpo di scena, forse sospettavano che al posto di Ciano, all'ultimo momento, venisse fucilata un'altra persona. Più tardi il giudice Vecchietti, del tribunale speciale di Verona, mi consegnò tutti gli atti del processo, fra cui un grosso fascicolo che riguardava mio genero. Nell'aprile del '45 mio marito mi affidò quel dossier perché lo mettessi in salvo con altri documenti importanti. L'aveva sigillato e non potei conoscerne il contenuto: infatti andò disperso quando fui arrestata.»

Era l'11 gennaio del 1944. Quella sera Rachele e i suoi figli cenarono da soli, in silenzio. Romano a un certo punto aprì la radio perché voleva ascoltare le ultime notizie, ma sua madre glielo impedì per non disturbare Mussolini che era tornato da villa Orsoline e si era chiuso nella sua stanza. Gli avevano appena comunicato che Edda era scomparsa. Aveva inviato a suo padre una lettera durissima e aspra che l'aveva scosso profondamente e Rachele era in ansia per lei. Temeva che non riuscisse a resistere alla disperazione e si togliesse la vita.

Rachele a trent'anni.

Salto, frazione di Predappio. Qui nacque Rachele.
A fronte, in alto: La valle del Rabbi, con, al centro, Predappio, dove, il 29 luglio 1883, nacque Benito Mussolini. *In basso*: La Rocca delle Caminate, dove si riuniva il Gran Consiglio.

Benito e Rachele con i nipotini Marzio, figlio di Edda; Marina, figlia di Bruno, e Guido, figlio di Vittorio.
A pag. precedente: Benito e Rachele in due ritratti eseguiti alcuni anni dopo la marcia su Roma.

La famiglia Mussolini a Villa Torlonia. *Da sinistra*: Rachele, che ha in braccio Anna Maria; Vittorio, Romano, Benito, Edda e Bruno.

Aeroporto Littorio, 1936. La bimba abbracciata a Mussolini è Anna Maria; Rachele è alle sue spalle.

Claretta Petacci.

Predappio, 1957. La cassa in cui fu restituito il cadavere di Mussolini.

Cimitero di Predappio: Rachele era finalmente vicina alla salma di Benito.

. . . . sugli estinti
non sorge fiore, ove non sia d'umane
lodi onorato e d'amoroso pianto.

(Foscolo, Sepolcri. vv. 88-90)

Innanzi sera
compì la Sua giornata
in cui mai ritenne
d'aver dato abbastanza.
Dura fu la Sua fatica
ma
pura e non vana.

Rachele Mussolini

La Moglie e i Figli
con amore Lo ricordano
agli Italiani

BENITO MUSSOLINI

PREDAPPIO	DONGO
Dovia	Giulino di Mezzegra
29 luglio 1883	28 aprile 1945 - XXIII

Predappio - S. Cassiano, 30 agosto 1957

Beati i puri di cuore perchè vedranno Dio

(Discorso della Montagna
V. di S. Matteo)

1966. Rachele firma la domanda all'Ambasciata americana per riavere il frammento del cervello del duce custodito a Washington.
A pag. precedente, in alto: Il «santino» fatto stampare da Rachele nel 1957 in occasione della restituzione del corpo di Mussolini. *In basso*: Rachele con Anita Pensotti nel giardino di villa Carpena (1957).

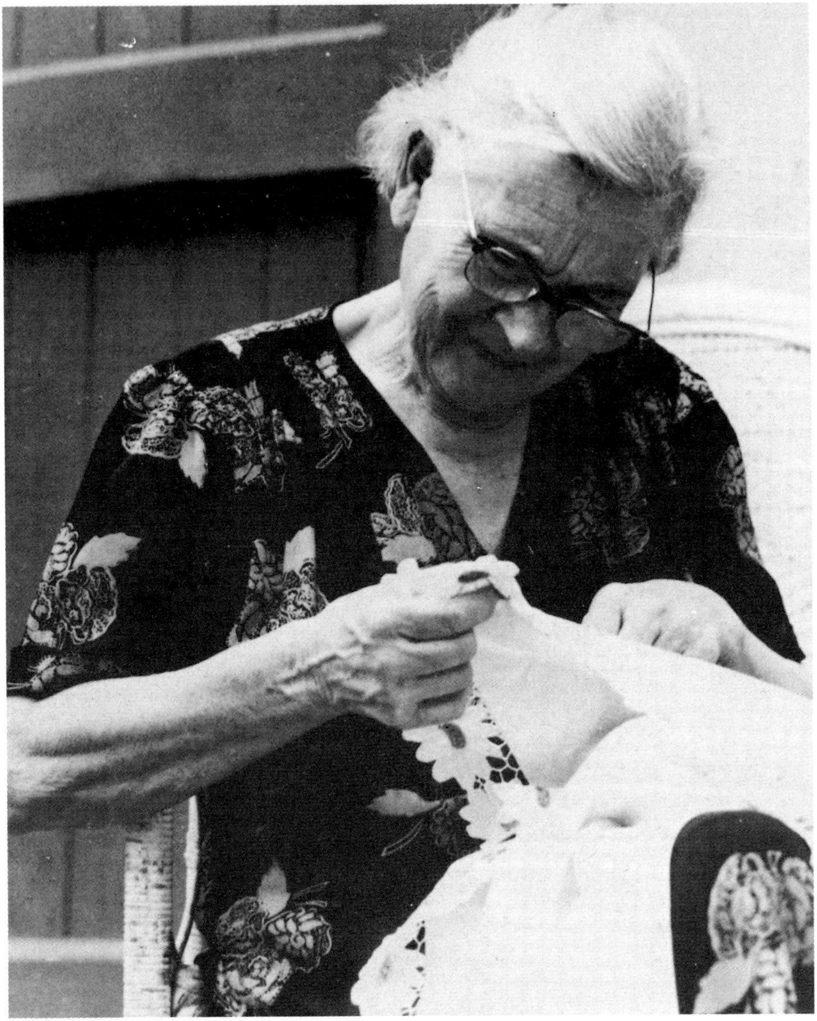

Rachele mentre prepara il lenzuolo funebre per Mussolini.
A fronte: A caccia, in Romagna, nella tenuta di Adone Zoli, il presidente del Consiglio che nel 1957 le restituì la salma del marito.

Carpena, 1970. Rachele con Edda Ciano nello studio del duce.
A pag. precedente, in alto: Rachele osserva una fotografia del marito fatta a Forlì nel 1910.
In basso: Con i figli Anna Maria e Romano.

Un primo piano di Rachele in vestaglia a Villa Carpena.

Tutte le fotografie sono di **Dino Jarach**, Milano.

13
«VI PORTERANNO IN PIAZZALE LORETO...»

Subito dopo il ritorno dalla Germania Mussolini era stato pregato con insistenza di riprendere la direzione del «Popolo d'Italia», che aveva cessato le pubblicazioni il 25 luglio 1943. Il palazzo dove aveva sede il giornale, in piazza Cavour a Milano, era stato danneggiato da un bombardamento, ma gli impianti tipografici erano salvi e i redattori, gli inviati, i corrispondenti erano pronti a riprendere il loro posto. Anche Rachele aveva cercato di persuaderlo. Sperava che la sua grande passione per il giornalismo potesse servirgli di svago in un momento di così gravi responsabilità e lo aiutasse a ritrovare l'entusiasmo di un tempo quando, se trovava un errore di stampa, stracciava il giornale e subito dopo, pentito, ordinava alla cameriera di andargliene a prendere un altro. Ma ogni volta che sua moglie tornava su quell'argomento, Mussolini scuoteva la testa. «No, Rachele, non è possibile» le ripeteva. «Il "Popolo" ormai ha assolto il suo compito. Non ha più ragione di esistere.»

In seguito Mussolini vendette il giornale e accettò di collaborare al «Corriere della Sera». «I suoi articoli, che poi furono raccolti nel volume *Storia di un anno*, gli erano largamente ricompensati e ci furono molto preziosi,» raccontava Rachele «specialmente nei primi tempi della Repubblica di Salò, perché il nostro bilancio familiare era privo di altre risorse. Poi un giorno, con aria imbarazzata, Benito mi disse: "Sai, il ministro delle Finanze vuole assegnarmi uno stipendio e mi ha chiesto di stabilire io stesso la cifra. Non so come fare, Rachele. Quanto dovrei chiedere, secondo te? Novemila lire? O sono troppe?”.

«Novemila lire! A Gargnano, sul lago di Garda, eravamo una ventina. C’erano, oltre a noi e ai ragazzi, Gina, la vedova di Bruno, con la piccola Marina e la sua istitutrice, Vittorio con la moglie e i loro figli, mia nipote Romana, le persone di servizio e di tanto in tanto qualche invitato. Cercai di far capire a Benito che sarebbe stato difficile dar da mangiare a tutta questa gente con la somma che mi proponeva e riuscii a convincerlo ad accettare almeno una somma uguale a quella dei suoi ministri: quindicimila lire. Più tardi furono portate a diciottomila. Anche con questa paga, comunque, fui costretta a una severa economia e spesso le mie nuore protestavano. Benito allora interveniva prendendo le mie difese. “Rachele ha ragione,” diceva “vede lontano e bisogna ascoltarla!” Una volta aggiunse una frase che ho sempre ricordato con commozione. “Sarà lei,” disse “Rachele, che continuerà a tener alto il nome della nostra famiglia dopo la mia morte.”»

A villa Feltrinelli la vita dei Mussolini non era diversa da quella che avevano condotto a villa Torlonia o alla Rocca. Ma si sentivano più uniti, come sempre accade quando si è minacciati da un grave pericolo. Anche Benito cercava più spesso la compagnia dei suoi figli. Romano aveva diciassette anni e suo padre faceva lunghe passeggiate con lui nel giardino interrogandolo su ciò che dicevano i soldati tedeschi e italiani che aveva occasione di frequentare perché giocava a calcio con loro. Anna Maria poi era la sola persona che poteva entrare all’improvviso nell’ufficio del duce senza nemmeno bussare e portargli via, con un po’ di moine, qualche scatola di sigarette; l’unica che riusciva a ottenere da lui dei regali.

Avevano mantenuto le vecchie abitudini. La sera giocavano a briscola o a tressette con i genitori di Gina, oppure assistevano alla proiezione di un film e soprattutto dei documentari di cui Mussolini non perdeva un’inquadratura restando in piedi con le spalle appoggiate al termosifone (aveva sempre freddo, anche a Gargnano) o quasi inginocchiato per terra, con i gomiti appoggiati contro una poltrona, in una posizione incredibilmente scomoda che riusciva, secondo lui, a fargli passare il mal di stomaco. Poi si ritirava nel suo studio e trascorreva lunghe ore immerso nella lettura.

Da qualche tempo aveva bisogno di portare gli occhiali per leggere. Ne possedeva due paia di cui puliva le lenti con cura meticolosa, ma da lontano ci vedeva benissimo e in generale, benché fosse diminuito di peso, godeva di buona salute. «Quando» raccontava Rachele «lo vedevo giocare a tennis con Vittorio o Romano, che costringeva ad alzarsi alle sei e mezzo precise come lui, potevo illudermi che il tempo non fosse passato e che la nostra fosse una delle tante famiglie di sfollati che attendevano pazientemente la fine della guerra sulle rive del lago. In realtà mio marito aveva ormai rinunciato a una serena vecchiaia. Non aveva più desiderio di vivere, sembrava un malato che ha ancora delle possibilità di salvarsi ma le rifiuta e si abbandona alla corrente.

«Praticava gli sport, prendeva cura della propria persona per quell'amore dell'igiene e dell'ordine che faceva parte della sua indole ma non accennava mai al futuro, non faceva progetti, non aveva speranze, e nonostante le mie insistenze non accettò mai di scendere con noi nel rifugio. Era una cantina come tutte le altre ma io mi ero data da fare per renderla confortevole, con mobiletti e cuscini, e al primo allarme correvo a mettermi al riparo con le chiavi di casa e un interminabile lavoro a maglia, preceduta da "Garda", il nostro alano bianco, che tremava e guaiva.

«Mi sarebbe piaciuto che Benito venisse con noi qualche volta, soprattutto di notte quando il silenzio ingigantiva il ronzio degli apparecchi e avevo paura. Invece continuava a dormire: non per spavalderia, me ne resi conto ben presto, ma per indifferenza verso qualsiasi cosa potesse riservargli il destino. Eppure nessuno meglio di lui poteva sapere che gli angloamericani conoscevano perfettamente la nostra casa, l'esatta ubicazione della sua camera da letto, del suo studio e della veranda piena di sole dove ogni giorno, appena terminata la colazione, leggeva i rapporti sulle operazioni di guerra. Spesso si stupiva che l'aviazione nemica non avesse ancora bombardato villa Feltrinelli. "Potrebbero togliermi di mezzo" diceva "con estrema facilità." Ma non si preoccupava e quando l'allarme lo sorprendeva durante una delle sue abituali passeggiate nel parco, restava a osservare le evoluzioni dei caccia con un grande binocolo di marina, dono di un ammiraglio. I seicento giorni della Repubblica Sociale furono i più tremendi della mia vita perché nessun orrore può superare quello di una guerra civile. La mia patria era invasa, Roma era caduta, il nostro più caro rifugio, la Rocca, era stato occupato dalle truppe polacche e Claretta era venuta ad abitare sul Garda, vicino a noi...» Il giorno in cui chiesi a Rachele di parlarmi di lei, il nostro affiatamento durava ormai da mesi e si lasciò andare come non aveva mai fatto, aiutata dalla mia solidarietà femminile. Ma avevamo un ostacolo: Romano. Pur adorando sua madre, non poteva dimenticare che Mussolini aveva amato Claretta e che Claretta era morta per lui. Perciò cercò inutilmente di impedire il nostro colloquio e a un certo punto gridò: «Mamma, papà era un santo. Tu l'hai tormentato, gli hai reso la vita impossibile con la tua gelosia». Lei s'infuriò. «Via di qui. Subito. Mentre io soffrivo per quella donna, tu andavi a spasso in bicicletta...» Romano fu costretto a uscire e solo quando restammo sole, Rachele, ancora turbata, riprese il suo racconto. «Per nessun'altra rivale» mi confessò «ho versato tante lacrime come per Claretta Petacci. Ma debbo aggiungere che c'erano molte esagerazioni in ciò che si diceva a quel tempo sulla sua relazione con mio marito.» E mi spiegava che Mussolini era stato sempre non solo il migliore dei padri ma anche uno sposo attento, affettuoso, che non le faceva mancare mai nulla, precisando, perché non ci fossero equivoci, che il duce aveva adempiuto fino all'ultimo ai suoi doveri coniugali. Inoltre, a differenza di tanti altri uomini, diceva Rachele, mai si era permesso di presentare Claretta a uno dei suoi familiari, mai aveva trascorso una notte fuori di casa. Anche a Gargnano non usciva la sera.

Claretta Petacci abitava in una casa che i vicini chiamavano «villa dei morti» perché non vi vedevano mai anima viva. «In quel periodo» continuava Rachele «avevo saputo che gente senza scrupoli, interessata a pescare nel torbido e a creare lo scandalo, tentava di servirsi di lei come di una pedina nel terribile gioco che aveva per posta la rovina di mio marito. Pensavo che nella sua inesperienza di intrighi politici (era ancora così giovane) non potesse rendersene conto e un giorno decisi di parlarle io stessa. Volevo anche avvertirla che era in pericolo la sua stessa esistenza. Prima di affrontare quello scontro telefonai a Benito per dirgli che mi sarei recata "laggiù". Rispose: "Fa' come vuoi".

«Mi feci accompagnare dal mio autista e da un amico di Cesenatico che mi seguì con un'altra vettura. Volevo che anche Buffarini, il quale era al corrente di tutto, fosse presente al colloquio. Mi recai così nel suo ufficio, a Maderno, e pregai la sua segretaria di chiamarlo. Stava riposando (aveva l'abitazione al piano di sopra), ma scese subito, preoccupato, senza neppure indossare la giacca. Mentre lo attendevo, diedi un'occhiata a un fascio di carte sulla sua scrivania e mi sembrarono molto interessanti. Mi venne incontro con aria stupita. "Come mai qui, donna Rachele?" "Finite di vestirvi e seguitemi" gli ordinai. "Dove dobbiamo andare?" "Ve lo dirò al momento opportuno." Mi seguì come un cagnolino e lo costrinsi a entrare nella mia macchina: era piccola e lui, con la sua mole, ci stava scomodo e rannicchiato.»

L'amico romagnolo di Rachele si chiamava Nino Martini. Raccontava che durante la Repubblica di Salò i fascisti dalla linea dura avevano deciso di eliminare Claretta. L'accusavano di dare scandalo con la sua presenza sul lago di Garda, a poca distanza dalla villa dove viveva Mussolini con la sua famiglia. Molti erano convinti che fosse una spia incaricata di riferire ogni gesto e ogni parola del duce. Sostenevano che faceva copiare tutte le lettere di Mussolini e che fra le pareti della sua abitazione erano nascosti dei microfoni. C'era stato perfino un agguato per eliminarla fisicamente.

Claretta Petacci aveva l'abitudine di fare ogni giorno una passeggiata sul lungolago, sempre alla medesima ora. Sarebbe stata aggredita e buttata in acqua. Questo era il piano, non realizzato perché, proprio la sera in cui avrebbe dovuto essere eseguito, la Petacci non si mosse di casa. Cercarono allora di farla cadere in disgrazia agli occhi del duce. Ma non era facile perché, nell'ultima fase della sua vita, Mussolini fu certamente legato a Claretta da un sentimento profondo. All'inizio la gioventù e la devota adorazione della Petacci avevano lusingato la sua vanità senza coinvolgerlo troppo a livello emotivo. Però, dopo il 25 luglio, quando si era sentito tradito da tutti, il coraggio con cui la Petacci aveva affrontato il carcere per lui e l'amore con cui l'aveva difeso, avevano vinto le sue resistenze.

Questa almeno era l'interpretazione di Nino Martini che aveva avuto le confidenze non solo di Rachele ma anche di Mussolini. Per Mussolini, diceva, la Petacci rappresentava il contraltare della moglie: per lui era un'intellettuale, una donna colta e sofisticata, piena di talento. Spesso citava con enfasi qualche sua frase o un brano delle sue lettere per avere una conferma dagli altri. L'ammirava senza riserve. Perciò qualunque tentativo dei suoi nemici di distruggerne l'immagine con vaghi sospetti era destinato ogni volta a fallire e lei ne usciva trionfante con l'aureola della vittima. Rachele conosceva bene tutto ciò e sapeva che il loro duello sarebbe stato spietato. Ma non aveva altra speranza per riavere il suo uomo.

«Quando scendemmo alla "villa dei morti',» mi raccontò «pioveva a dirotto. Buffarini pretendeva che il mio amico si allontanasse, ma lui non gli obbedì e si mise in disparte. Suonai due volte il campanello: non rispose nessuno. Dopo un po' un ufficiale tedesco si affacciò alla porta e mentre parlava con Buffarini cercava, a gesti, di farmi capire che non si poteva entrare, che era inutile insistere. Allora mi aggrappai al cancello e tentai di scavalcarlo. Passò moltissimo tempo, forse più di un'ora. A un certo momento il mio amico si avvicinò a Buffarini e ricorse alle minacce. Era un sistema efficace, con lui. Pallido, bagnato come un grosso pesce, si mise a tremare, a fare cenni verso la finestra perché qualcuno venisse ad aprire. Intanto l'ufficiale tedesco aveva spalancato il cancello. "Siete armata?" mi chiese. Lo rassicurai. "Non vado a fare visite portando armi" gli dissi. Non aggiunse altro e si mise al mio fianco.

«Una signora anziana ci fece entrare in una piccola stanza che non posso descrivere perché la mia agitazione non mi permetteva di distinguere nulla. Buffarini, il tedesco e un altro ufficiale restarono in piedi, in silenzio. Finalmente, dopo un quarto d'ora, un'"ombra" scese le scale. Stringeva fra le dita un fazzoletto di velo, come una sciantosa, e mi sembrò indifesa, simile a una fragile pianta delle nostre campagne. Ancora adesso, quando ripenso a Claretta Petacci, ricordo di lei soprattutto quel fazzoletto di velo e quell'estrema fragilità dalla quale in un primo momento mi lasciai disarmare. Non mi sarebbe possibile descrivere il suo viso, i suoi occhi, e qualche volta, quando i giornali pubblicano le sue fotografie, io fisso quelle immagini a lungo, con attenzione, chiedendo a me stessa se davvero l'ho conosciuta.

«Forse evitai di guardarla, durante il colloquio. Ero troppo sconvolta. "Signora o signorina?" le chiesi non appena l'ebbi di fronte. "Signora" rispose. Aveva una voce bassa e rauca, stranamente in contrasto con l'esilità della sua figura. "Signora," ripresi "cercherò di essere calma. Non sono venuta da voi per insultarvi, spinta dalla gelosia, e nemmeno per minacciarvi. Il nostro paese sta vivendo ore drammatiche e le nostre vicende personali contano poco in questo momento. Sono venuta per chiedervi un sacrificio. Mio marito ha bisogno di pace, di tranquillità per poter lavorare e soprattutto è necessario far tacere l'indignazione di chi non sopporta che voi siate venuta a vivere qui, a poca distanza da noi. Quando si vuol bene a qualcuno, si accetta qualsiasi cosa per lui. Io che sono sua moglie sarei disposta, per salvare Benito, ad andarmene via o a rinchiudermi in un castello, in cima a una montagna. Voi, se lo amate davvero, dovete rinunciare a vederlo."

«Claretta mi ascoltava in silenzio, rannicchiata in una poltrona. Non disse nulla quando terminai di parlare, e io proseguii dopo pochi secondi: "Benito è sempre stato un buon padre. Voi lo sapete che ha cinque figli: adesso sono quattro, da quando è morto il mio Bruno. Anche per loro e per i miei nipotini vi scongiuro di lasciare il lago di Garda, di non turbare più la serenità della nostra famiglia".

«Avrei voluto che si ribellasse, che tentasse di difendersi in qualche modo. Invece piangeva sommessamente rovesciando la testa sullo schienale. Allora, esasperata, le dissi che non potevo soffrire le donne che risolvono ogni problema con le lacrime e gli svenimenti e le rinfacciai molte cose: di aver fatto fotografare e messo al sicuro, in Svizzera e in Germania, alcune lettere delicatissime che mio marito le aveva scritto durante la loro lunga relazione (Benito stesso aveva dato ordine al questore, il console Bigazzi, di sequestrare quelle copie nella casa della Petacci); di avere permesso l'impianto di un cavo telefonico fra la nostra villa e la sua abitazione e infine di tenere contatti con persone poco raccomandabili. Non sentii mai la sua voce e per convincermi che non si trattava di un'ombra, che non stavo parlando solo a me stessa, l'afferrai per le braccia scrollandola con energia, finché mi disse: "Il duce vi vuole molto bene, signora. Non ho mai potuto permettermi una parola contro di voi". L'istintiva pietà che sentivo per lei riprese il sopravvento sulla mia ira. Perciò la supplicai: "Se le cose stanno come voi dite, perché non tentiamo insieme di fare qualche cosa per mio marito, perché non lo aiutiamo?". Si sollevò lentamente dalla poltrona e scomparve su per le scale. Quando tornò, aveva fra le mani dei fogli bianchi arrotolati e me li tese dicendo: "Sono trentadue lettere. Me le ha mandate vostro marito". Mi bastò un'occhiata: non erano lettere, erano solo copie dattiloscritte. Allora gridai: "Non voglio portarvi via niente, non è questo lo scopo della mia visita...".

«Adesso sapevo di essermi illusa quando avevo sperato di farmi capire da lei e non ricordo cosa le dissi, a cominciare da quel momento. Certo, dimenticando i miei saggi propositi, mi comportai come si comporta ogni donna gelosa. Claretta di tanto in tanto sveniva e Buffarini accorreva con un bicchiere di cognac. Ma fra un collasso e l'altro trovò il modo di dirmi che mio marito non poteva vivere senza di lei. "Non è vero!" l'interruppi ferita. "Mio marito sa che sono qui. Potete chiederglielo, se non ci credete." La spinsi io stessa verso il telefono mentre Buffarini si precipitava di nuovo a soccorrerla, e Benito le confermò che non avevo mentito. Il colloquio si protrasse a lungo, inutile e angoscioso. Invano le gridai che era odiata da tutti, dai fascisti e dai partigiani. Invano l'avvertii che alcuni fedeli della X Mas avevano giurato di ucciderla. Le dissi tutto: che ognuna delle telefonate che si scambiavano lei e Benito veniva registrata e il testo inviato in cinque copie ai comandi tedeschi. Che i servizi d'informazione inglese e americano facevano capo anche a lei per tenere Mussolini sotto controllo e che doveva diffidare di tutti, perfino di un cameriere: si chiamava Edward Como e nessuno avrebbe potuto immaginare, dal suo aspetto innocuo e banale, che era una spia americana.

«Invece di rispondermi Claretta Petacci continuava a svenire o a sciogliersi in lacrime. Non reggevo più alla tensione nervosa e finalmente mi alzai con la testa in fiamme e il cuore che batteva a grandi tonfi. "Finirete male, signora" le dissi prima di andarmene. Proprio in quei giorni avevo ricevuto una lettera anonima con una poesia il cui ritornello crudele ripeteva: "Li porteremo tutti in piazzale Loreto". Era stato, certo, un partigiano a mandarmela e ne avevo riportato un'impressione violenta. In quell'istante ci fu posto in me solo per quelle parole e le ripetei meccanicamente a Claretta: "Vi porteranno in piazzale Loreto...".»

Fuori pioveva ed era già buio. Nino Martini la stava aspettando e le fece notare che erano trascorse più di tre ore da quando era entrata nella «villa dei morti». Buffarini prese posto al suo fianco sulla macchina e Rachele, mentre tornavano a Gargnano, non gli rivolse mai la parola. Le aveva sempre fatto credere che non conosceva Claretta Petacci, che non aveva mai avuto occasione d'incontrarla. Rachele gli aveva creduto, ma quel pomeriggio aveva capito dal suo contegno che da anni, forse fin dai primi tempi, frequentava assiduamente l'amante del duce. Lo lasciò davanti alla porta della sua abitazione e, non appena si fu liberata da quell'irritante presenza, si abbandonò a un pianto convulso. Perché si calmasse, Nino Martini l'accompagnò da un giovane capitano tedesco, ufficiale d'ordinanza di Mussolini, che le era molto affezionato e che la confortò come poteva finché, a poco a poco, Rachele smise di piangere e accettò una tazza di tè.

Dall'incontro con la Petacci, Rachele era uscita sconfitta. Non aveva più armi per combattere e per la prima volta nella sua vita nemmeno il pensiero dei figli l'aiutava a superare la crisi. A villa Feltrinelli si chiuse nella sua stanza. Mussolini non era ancora tornato e lei si sentiva vuota, sfinita. «Entrai in bagno,» mi confessò «e non avendo altro, presi una bottiglia di candeggina. Non so quanta ne bevvi...

«Ho un ricordo confuso di quelle ore. So che stavo malissimo e udivo intorno al mio letto voci spaventate che non riuscivo a distinguere. Più tardi mi dissero che Benito aveva telefonato innumerevoli volte per avere mie notizie. Non osava venire al mio capezzale e alla fine mi mandò un biglietto con poche parole che mi commossero, perché umilmente mi domandava se desideravo vederlo. Mi rimase vicino tutta la notte, mi parlò a lungo con tenerezza accarezzandomi una mano e supplicandomi di perdonarlo. Un po' per volta mi rasserenai: era lì, accanto a me, e capivo che non l'avevo perduto...»

14
«CARA RACHELE, ECCOMI GIUNTO ALL'ULTIMA FASE DELLA MIA VITA...»

Il giorno dopo, quando fu in grado di parlare con calma a suo marito, Rachele gli disse tutto. Gli spiegò le sue ansie, i suoi timori e come aveva sofferto durante l'incontro con la Petacci. Gli raccontò anche ciò che le era stato riferito in quei giorni: Marcello Petacci aveva acquistato sulla riva opposta del Garda un grande motoscafo che doveva servire per un romanzesco rapimento del duce. «Non ho la forza per resistere a tutto questo» aggiunse. E lui ammise che aveva ragione, che era indispensabile mettere fine agli intrighi. Infatti decise di sostituire Buffarini Guidi al ministero degli Interni.

«Ma era troppo tardi ormai» continuava Rachele. «Le insidie si moltiplicavano intorno a noi e ogni giorno cresceva l'elenco dei morti: cugini, nipoti, cognati, amici carissimi. Accoglievamo quelle notizie con la rassegnazione di chi sa che un giorno o l'altro farà la medesima fine. Solo Romano e Anna Maria (erano così giovani) potevano ancora illudersi. Il 20 luglio Benito si era incontrato con Hitler al quartier generale tedesco e al suo ritorno aveva accennato, una sera, alle "officine della morte" dove si fabbricavano le famose Vl e V2 di cui si discuteva da anni. Aveva visitato lui stesso quelle officine e assistito a vari esperimenti che gli avevano tolto ogni dubbio sull'esistenza e sulla potenza di quelle terribili armi. Da allora i miei ragazzi parlavano continuamente della V1 e della V2 e io non osavo farli tacere. Ma rabbrividivo al pensiero di quegli ordigni tremendi e sentivo che la catastrofe era imminente.

Il 19 dicembre del 1944 mio marito visse a Milano la sua ultima giornata felice. In quei mesi drammatici una sola cosa aveva il potere di dargli qualche istante di gioia; la prova che esistevano ancora in Italia persone che non l'avevano tradito e continuavano a credere in lui. Quando tornò a Gargnano, il suo viso era trasfigurato. "È stato un trionfo" mi disse con emozione. Avrei stentato a credergli se non avessi sentito io stessa alla radio gli applausi che avevano accolto il suo discorso al Teatro Lirico. Nonostante il mio pessimismo anch'io, quel giorno, aprii l'animo alla speranza. Invece gli avvenimenti precipitavano...»

Il 5 aprile del 1945 Mussolini riuscì a mettersi in contatto con Edda, ricoverata in una clinica svizzera, per mezzo di un religioso: padre Pancino. Ne fu rasserenato e solo da quel momento accettò di parlare di ciò che avrebbe riservato il futuro a lui e alla sua famiglia. Vittorio aveva molti progetti: un sottomarino che da Venezia avrebbe dovuto trasportare suo padre in Australia o in Argentina. Oppure, diceva, sarebbe stato opportuno accettare l'offerta di Gatti, il giovane segretario del duce, che aveva sposato una spagnola e proponeva di tener pronto un idrovolante sul lago per far rifugiare Mussolini in Spagna, presso i suoi suoceri. Ma Mussolini ascoltava distrattamente quei progetti. Si rifiutava di prenderli sul serio e quando capì che Vittorio aveva deciso di salvarlo anche contro la sua volontà, ricorrendo magari alla forza, disse che voleva evitare soltanto una cosa: cadere nelle mani degli angloamericani. Per questo aveva già preso le sue decisioni: avrebbe tentato un'estrema resistenza in Valtellina.

«L'ultima volta che lo vidi,» continuava Rachele «fu a villa Feltrinelli, il 18 aprile, nelle prime ore del pomeriggio. Era fermo davanti alla macchina che l'aspettava per condurlo a Milano. Pochi minuti prima, attraversando l'anticamera, si era affacciato alla porta del salotto dove Romano stava suonando *Danubio blu* al pianoforte. "Da quando in qua ti piacciono i valzer?" aveva scherzato avvicinandosi e battendogli una mano sulla spalla. Romano aveva fatto il gesto di alzarsi per accompagnarlo. "No, no," gli aveva detto "continua a suonare." Poi aggiunse: "Tornerò fra due o tre giorni". Anche a me, prima di partire, ripeté la stessa cosa. Ma al momento di prendere posto sulla vettura, tornò indietro e restò immobile guardando a lungo la casa, la finestra della sua camera, il giardino e il lago, azzurro e tranquillo.

«La partenza di Benito lasciò in me e nei miei figli un'inquietudine che inutilmente cercavamo di vincere. Io ero in ansia più di tutti e non sapevo decidermi a preparare i bagagli per essere pronta a raggiungere mio marito in Valtellina, quando fosse giunto il momento. Speravo che accadesse qualche cosa di nuovo e aspettavo con impazienza che tornasse Benito, perché solo la sua presenza avrebbe potuto calmarmi. Finalmente, il 23 aprile, sentii la sua voce al telefono. Era, come sempre, chiara e pacata ma stanca. "Verrò stasera" mi disse. Un'ora più tardi mi chiamò di nuovo per avvertirmi che non poteva partire. Mi spiegò che Mantova era già stata occupata e che gli angloamericani avevano bloccato le strade che conducevano a Brescia.

«"Non è vero, ti stanno ingannando," lo interruppi sconvolta "un camion di militi è arrivato poco fa da Milano: ho parlato io stessa con loro. Non hanno incontrato nessuna difficoltà." Ma Benito insistette perché partissimo al più presto per Monza dove ci avrebbe raggiunti, a Villa Reale.

«Arrivammo all'alba e dovetti aspettare fino al mattino prima di avere altri messaggi. Mi telefonò alle otto, poi alle undici e all'una del pomeriggio, ma le sue parole non potevano recarmi conforto. Mi disse che non gli sarebbe stato possibile riunirsi a noi e ai ragazzi e che avrebbe dato l'incarico a Gatti di condurci subito a Como. Gatti aveva trent'anni ed era suo segretario da un mese e mezzo. "Lo tradirete anche voi?" gli chiesi a un certo punto, prima di lasciare Villa Reale, mentre (era digiuno da due giorni) gli preparavo un po' di pollo e una scodella di brodo. Diventò pallido. "Se il duce muore, donna Rachele, morirò con lui: ve lo giuro." Fui colpita dall'accento grave delle sue parole. Fu uno dei primi a cadere sotto il fuoco dei partigiani.»

A Como era stata messa a disposizione di Rachele e dei suoi figli una casa grande e desolata: villa Mantero. Là trascorsero, isolati da tutti, la giornata del 25 aprile. Mussolini voleva che si rifugiassero in Svizzera e aveva assicurato a Rachele che a Como, in prefettura, avrebbe trovato la benzina necessaria per proseguire il viaggio. Ma quando Rachele s'informò, le risposero che non avevano avuto nessuna disposizione per questo. Messa in allarme, si aggrappò al telefono per chiamare Milano. Le dissero che Mussolini era a colloquio con il cardinale Schuster ma che avrebbe potuto parlare con Vittorio. Vittorio le suggerì di recarsi da Ola, sua moglie, che da qualche tempo si era trasferita sul lago di Como, e di chiedere a lei la benzina. Da quel momento Rachele non riuscì più a telefonare. Voleva sentire la voce di suo marito, essere certa che non gli fosse accaduto niente e sapere da lui i risultati del suo incontro con Schuster. Ma la linea era sempre interrotta e solo verso sera trapelò la notizia dell'arrivo del duce. Subito dopo una ventina di militi, mandati da lui per proteggerla, arrivarono a villa Mantero e si accamparono alla meglio nelle stanze deserte.

Trascorse un'altra giornata di angoscia. Poi, diceva Rachele, nella notte fra il 26 e il 27 aprile fu svegliata di soprassalto da qualcuno che aveva bussato alla porta. Raccontò che Mussolini le aveva inviato questa lettera:

«*Cara Rachele,*

eccomi giunto all'ultima fase della mia vita, all'ultima pagina del mio libro. So che forse non potremo più rivederci, per questo ti scrivo. Ti chiedo perdono per tutto il male che ti ho fatto senza volerlo, ma tu sai che sei stata l'unica donna alla quale ho veramente voluto bene; te lo giuro davanti a Dio e al nostro Bruno in questo momento supremo. Noi dobbiamo andare in Valtellina ma tu, coi ragazzi, cerca di raggiungere la frontiera svizzera. Là vi farete una nuova vita. Credo che non vi rifiuteranno il passaggio perché li ho aiutati in ogni circostanza e soprattutto perché siete estranei alla politica. Se così non fosse, dovete presentarvi agli alleati che probabilmente saranno più generosi degli italiani. Ti raccomando l'Anna e Romano, specialmente l'Anna che ne ha tanto bisogno. Ti bacio e ti abbraccio assieme ai ragazzi.

Tuo Benito.»

Rachele sosteneva di avere bruciato il messaggio prima di essere arrestata ma era impensabile che l'avesse fatto e misi in dubbio quanto diceva. In seguito il mio sospetto divenne certezza. Seppi infatti che, per orgoglio, aveva costruito con un'amica quella lettera nell'immediato dopoguerra, quando per l'opinione pubblica la Petacci era già un mito e lei solo una brava massaia.

«Tu sai che sei stata l'unica donna alla quale ho veramente voluto bene; te lo giuro davanti a Dio e al nostro Bruno in questo momento supremo»: era certo ciò che Rachele avrebbe voluto sentirsi dire dall'uomo a cui aveva consacrato la vita. Ma in realtà Mussolini le aveva semplicemente telefonato consigliandole di recarsi in Svizzera con i figli. Le ripeté anche che stava partendo per la Valtellina e che era meglio per lei rinunciare a seguirlo. Rachele piangeva e, incapace ormai di parlare, passò il telefono a Romano che supplicò suo padre di pensare anche a se stesso. «Vi state organizzando per difendervi, almeno? Chi ti è vicino?» gli chiedeva con ansia. «Non c'è più nessuno, Romano. Sono solo, tutto è perduto.» «Ma i tuoi militi, la tua guardia personale?» insisteva Romano. «Non so, non sono ancora arrivati. Anche Cesarotti, il mio autista, mi ha abbandonato. Di' alla mamma che aveva ragione di diffidare di lui.»

«Allora» proseguiva Rachele «presi il microfono per salutare ancora una volta Benito. Mi disse: "Non preoccuparti, Rachele. A voi non oseranno fare del male. Io seguo il mio destino...". La sua voce era triste e mi restò dentro con un'eco angosciosa. Mi sembrava impossibile che tutto dovesse finire così, che Benito si avviasse da solo verso l'ignoto e non potessi essergli accanto. Fui richiamata alla realtà da Romano e Anna Maria che mi guardavano impauriti: dovevo seguire i consigli di mio marito, raggiungere con loro la Svizzera prima che fosse troppo tardi. Mi riusciva insostenibile il pensiero di dover abbandonare l'Italia, ma era necessario. Incominciai a preparare i bagagli.

«Erano le tre di notte quando lasciammo villa Mantero e la nostra macchina si avviò per le strade deserte di Como. Anna Maria dormiva con la testa appoggiata sulla mia spalla, Romano si lamentava di tanto in tanto parlando fra sé a voce bassa. Nella fretta aveva dimenticato a villa Mantero il suo corno portafortuna, che fu poi requisito dai partigiani, confiscato e più tardi restituito a mio figlio. Quella dimenticanza gli sembrava un presagio di grande sventura. La Lancia nera che ci era stata messa a disposizione avanzava adagio, con prudenza, costeggiando la riva del lago. Io ero sgomenta: pensavo di continuo a Benito, alla sua dolorosa rassegnazione e mi auguravo che mi respingessero alla frontiera perché il mio posto era al suo fianco. Il confine svizzero è vicinissimo a Como e ci arrivammo in venti minuti. Non ricordavo che esistessero ancora paesi che non conoscevano le atrocità della guerra, dove gli abitanti ignoravano il significato delle parole oscuramento, allarme, tessere, bombardamento e non erano divisi fra loro da un odio mostruoso. Quando la macchina si fermò e aprii gli occhi, vidi brillare innumerevoli luci. Ponte Chiasso era tutta illuminata e mi sembrò irreale in confronto a Como, che avevamo lasciata immersa nel buio.

«Molte altre automobili si erano affiancate alla nostra e una di esse apparteneva a Buffarini Guidi che ci aveva seguiti per tutto il viaggio, contro la mia volontà, sperando di poter passare il confine con noi. A un certo punto mandò da me il suo autista per farmi sapere che voleva parlarmi a qualsiasi costo. Non potevo più sopportare la sua insistenza, e i miei militi dovettero ricorrere alle minacce per persuaderlo a lasciarmi tranquilla. Poi ci avvicinammo al posto di blocco e chiedemmo alle autorità svizzere il permesso di passare oltre frontiera e il diritto di asilo. Ma la risposta (si erano consultati telefonicamente con Berna) fu gelida: a tutti, spiegarono, era concesso rifugiarsi in Svizzera tranne che a noi, ai Mussolini. Tornammo in silenzio verso la nostra automobile...»

Rachele riprese la via di Como con i figli e con tre militi. Si fermò dapprima alla federazione fascista dove pensava che avrebbe potuto ottenere una scorta per raggiungere la Valtellina. Ma in quelle stanze regnava una confusione caotica. Ognuno suggeriva soluzioni diverse per sfuggire alla catastrofe. Tutti parlavano e discutevano a voce alta e nessuno aveva tempo da dedicare alla moglie di Mussolini. Allora Romano tentò di mettersi in contatto con Pavolini che doveva raggiungere il duce a Como con migliaia di armati. Ma nessuno rispose. Mentre Rachele e i suoi figli si aggiravano, stanchi e spaventati, nei corridoi della federazione, incontrarono un colonnello che conoscevano e che aveva visto Mussolini poche ore prima in prefettura.

«Seppi così» raccontava Rachele «che mio marito era già ripartito da Como senza aspettare la colonna di Pavolini. Il questore l'aveva avvertito che la situazione diventava insostenibile perché un gran numero di partigiani stava marciando sulla città. Molti di quelli che l'avevano seguito erano stati presi dal panico e Benito aveva deciso di andare subito in Valtellina. Seppi anche che mio marito era amareggiato per il suo incontro con Schuster e soprattutto perché, durante il colloquio, aveva scoperto che il generale Wolff, a sua insaputa, aveva trattato la resa dei tedeschi. Adesso mi spiegavo la sconsolata desolazione di chi non ha più nessuno in cui credere o a cui aggrapparsi, che avevo sentito nella sua voce. Il colonnello mi disse che Gina, mia nuora, aveva trascorso tutta la sera in prefettura (aveva raggiunto a Como i suoi genitori e fu l'ultima della nostra famiglia a vedere Benito) e che il duce le aveva chiesto più volte, con ansia, se fosse arrivato il camioncino...»

Mussolini era infatti in attesa del furgone che avrebbe dovuto trasportare un gran numero di documenti importantissimi che negli ultimi tempi aveva gelosamente custodito in un nascondiglio segreto sul lago di Garda. Essi furono caricati con molti altri dossier a Milano, nel pomeriggio del 25 aprile 1945, su un piccolo camion che doveva seguire la colonna del duce.

«Sul camioncino» era in grado di ricostruire Rachele «salirono, oltre all'autista, un agente e Maria Righini, la cameriera che a Gargnano aveva preso il posto di Irma. Maria, romagnola come la maggior parte delle nostre cameriere, era stata prima a servizio per molti anni nella famiglia di Bruno. Era affezionatissima a tutti noi e potevamo fidarci ciecamente di lei. A Garbagnate, vicino a Milano, il camioncino dovette arrestarsi per un'avaria al motore. L'autista e l'agente cercarono a lungo, inutilmente, di riparare il guasto, ma alla fine furono costretti a portare il camioncino in un cascinale, in attesa di aiuti. Maria, invece, riuscì a ottenere un passaggio di fortuna dopo avere fatto qualche chilometro a piedi. Aveva con sé una valigetta che conteneva indumenti del duce: qualche camicia, le sue pantofole, la vestaglia, il rasoio, e raggiunse Como dove, in prefettura, parlò a mio marito. Gli raccontò dell'incidente e Benito, che era già molto preoccupato per il ritardo del camioncino, fece subito partire il suo segretario con tre macchine di scorta sperando che potesse mettere in salvo i documenti. Ma Garbagnate ormai era in mano ai partigiani... Le nostre notizie sul camioncino si fermano qui...» I documenti non furono mai più ritrovati.

Man mano che ci avvicinavamo alle ultime ore di Mussolini, Rachele si afferrava a ogni pretesto per ritardarne il racconto: «Ho la pentola sul fuoco» diceva. «Debbo dare da mangiare alle galline.» Infine si rassegnò:

«Albeggiava quando uscimmo dalla federazione fascista. Ciò che avevo intuito attraverso le parole del colonnello, la disperata solitudine di Benito, mi aveva convinto che non potevo restare lontano da lui. Anna Maria, che non riusciva più a reggersi in piedi, si era seduta su un gradino e attendeva pazientemente che prendessi una decisione. "Continueremo il viaggio da soli" dissi ai miei figli, e chiamai l'autista che era rimasto ad aspettarci avvertendolo che si doveva partire subito per la Valtellina. Ma in quel momento il vigile si avvicinò di corsa gridando: "Fermatevi! La via di Dongo è bloccata in molti punti dai partigiani. Passare attraverso i loro sbarramenti è impossibile...". Fummo costretti a rimanere, ma non sapevamo dove andare. Uno dei soldati che erano con noi conosceva un fascista, proprietario di una villetta alla periferia di Como, e si recò da lui per chiedergli di ospitarci. Accettò e ci dirigemmo verso quell'insperato rifugio mentre echeggiavano, sempre più chiari, i primi colpi d'arma da fuoco. Un quarto d'ora più tardi io, Anna Maria e Romano eravamo soli nella piccola stanza che i nostri ospiti ci avevano messo a disposizione. Non dormivamo da tre notti e appena toccammo il letto precipitammo in un sonno profondo.

«Quando ci svegliammo, nel pomeriggio, i colpi di mitra erano più frequenti e vicini. La nostra finestra guardava sulla strada che porta a Ponte Chiasso e assistemmo, affacciandoci, a scene impressionanti. A un certo punto, da un ospedale vicino, fuggirono alcuni mutilati di guerra ancora in pigiama. Un giovinetto fu fucilato sotto i nostri occhi al di là della via. Di tanto in tanto la radio trasmetteva le ultime notizie ed erano tutte notizie di esecuzioni. Io e i ragazzi eravamo atterriti. La caccia ai fascisti era incominciata e non sapevamo quante ore o quanti minuti ci fossero ancora concessi.

«Intanto continuavamo a essere soli, tagliati fuori dagli avvenimenti. Romano decise che la sola cosa da fare era di presentarci alle nuove autorità. Avevamo saputo che i membri del Comitato di Liberazione avevano occupato la prefettura assumendo i pieni poteri. La città era tranquilla e il nostro ospite si recò lui stesso a parlare con loro. Tornò dopo due ore. Il questore, ci riferì, desiderava che restassimo dove eravamo fino a nuovo ordine. Trascorremmo così un'altra giornata interminabile. Pioveva e spesso Romano, che non aveva portato con sé nemmeno un pullover, si lamentava per il freddo, e per scaldarsi camminava su e giù come faceva tante volte suo padre. Avevo perduto ogni nozione del tempo e mi meravigliai quando lo sguardo mi cadde sul calendario: era il 28 aprile e non sembrava davvero che fosse primavera.

«Non ebbi nessun presentimento quel giorno. Pensavo che Benito fosse già in salvo. Invece mi preoccupavo per gli altri: per Vittorio di cui non sapevo più nulla, per le mie nuore e per i miei nipotini. Solo per Edda potevo stare tranquilla, perché era al sicuro in una clinica svizzera con Fabrizio, Marzio e Dindina. Trascorsi il pomeriggio aiutando la nostra ospite a preparare la cena (e ricordo che mi sentivo sconvolgere all'odore dei cibi) mentre Anna leggeva un libro di storia, raggomitolata sul letto, e Romano di tanto in tanto mi veniva vicino per farmi una carezza. Quella notte riuscimmo ad assopirci per qualche ora ma fummo svegliati da violente esplosioni. Sembrava un bombardamento, però quando spalancammo le imposte ci accorgemmo che si trattava soltanto di fuochi artificiali. Le girandole illuminavano il cielo come alla Rocca per il compleanno del duce, le campane suonavano a festa, urlavano gli altoparlanti. E a un tratto una voce nel buio (era una voce stridula, acuta, non potrò mai dimenticarla) gridò con eccitazione: "La guerra è finita! Sono arrivati gli americani!".

«La mattina dopo un carro armato con la bandiera stellata passò sotto le nostre finestre. Restammo a guardarlo, io e i miei figli, attraverso le persiane socchiuse. Poi ci fissammo senza parlare e ci abbracciammo piangendo. Verso le undici la radio trasmise un comunicato: i partigiani avevano ucciso quasi tutti i gerarchi. Sentimmo solo un nome, quello di Farinacci. Nessuna speranza era ormai possibile; forse anche noi avevamo poche ore di vita. Ma quando crolla ogni cosa la morte stessa diventa una liberazione. A intervalli la radio continuava a trasmettere ordini e comunicati che noi non ascoltavamo. Continuava a piovere, fuori, e sembrava autunno inoltrato.

«Dopo moltissimo tempo, ma forse erano passati pochi minuti, udimmo i passi del nostro ospite. Aveva in mano un giornale e lo lasciò distrattamente sul tavolo. Credeva che già sapessimo tutto e uscì dalla stanza con le lacrime agli occhi. Romano lo lesse per primo. Era un'edizione straordinaria dell'"Unità" e recava in prima pagina, a caratteri cubitali, la frase: "Benito Mussolini è stato giustiziato".»

15
«QUI NON CI SONO RANCORI, RACHELE»

Nel pomeriggio del 29 aprile 1945 un commissario e due partigiani del Comitato di Liberazione andarono ad arrestare Rachele Mussolini. «Non avevo paura» mi raccontava. «Senza Benito la vita non aveva più scopo. Da lui avevo ricevuto la forza di affrontarla giorno per giorno e adesso desideravo soltanto che tutto finisse al più presto. Ero calma, indifferente, già lontana dalle vendette degli uomini, dal loro odio, dalle loro infinite miserie. Il commissario mi ordinò di aprire le poche valigie che avevo portato con me da Gargnano per accertarsi che non contenessero documenti e gioielli. C'era, in una scatola, una miniatura di Bruno dalla quale non mi separavo mai da tre anni e uno dei partigiani esclamò mostrandomela: "Questa è del popolo". Lo guardai, e sentivo quasi pena per lui, era così giovane, poco più d'un ragazzo. "Sì," gli risposi "tutto è del popolo perché sempre abbiamo dato tutto al popolo e mio figlio ha dato anche la vita."

«Poi ci portarono in questura e là mi divisero dai miei ragazzi. Li abbracciai pensando che li vedevo per l'ultima volta, ma riuscii a sorridere per non turbarli. Non piansi nemmeno più tardi, nelle carceri di San Donnino dov'ero stata rinchiusa. Forse la natura rende pietosamente insensibili quando il dolore è troppo grande perché un essere umano possa sopportarlo. O, forse, non avevo più lacrime. C'erano molte altre infelici, in quella cella, ma non mi riconobbero. Solo una di loro, dopo avermi fissato a lungo, mi chiese stupita, a voce bassa: "Siete proprio voi, donna Rachele?". La zittii con un gesto e lei scoppiò in singhiozzi.

Suo marito era stato trattenuto nel cortile della prigione e di lì a intervalli giungeva una voce monotona che scandiva un lugubre elenco. Poi una pausa, una raffica di mitra, e subito dopo, nell'improvviso silenzio, il cigolio delle ruote d'un carro.

«Per tutto il giorno seguente tesi l'orecchio a quelle raffiche di mitra senza rabbrividire. Immobile, rannicchiata sulla mia branda, fissavo la porta aspettando che da un momento all'altro si aprisse e qualcuno annunciasse che era venuto il mio turno. Invece verso sera, per l'interessamento di un sacerdote, ebbi il grande conforto di rivedere i miei figli. Anna Maria e Romano avevano trascorso tutta la notte in questura, erano stati interrogati e infine, verso il mattino, condotti nella mia stessa prigione. Erano pallidi, sconvolti da ciò che avevano visto e io non trovavo le parole per incoraggiarli, per aiutarli a sperare ancora negli uomini e nel futuro. Si stringevano a me atterriti e Romano continuava a ripetere, e certo era il mio abito nero a dargli quell'impressione, che ero diventata più piccola nelle ultime ore. Restammo a lungo abbracciati. Poi, non so quando, sentii pronunciare il mio nome e un maresciallo dei carabinieri m'invitò a seguirlo. Ancora una volta mi distaccai dai miei ragazzi e, dopo avere lasciato a Romano il mio cappotto grigio perché si riparasse dal freddo, mi avviai verso la porta senza voltarmi.

«Nel cortile mi attendevano due funzionari della polizia che mi fecero salire sulla loro automobile. Non mi meravigliai. Mi avrebbero uccisa, pensavo, lontano dal carcere, in un luogo isolato. Ma quando la vettura, costeggiando la riva del lago, si fermò davanti ai giardini di Villa d'Este e nel buio sentii provenire dal palazzo voci tranquille di cui riconobbi l'accento straniero, compresi che mi trovavo nella sede del comando americano e che non dovevo temere più nulla. Ero salva. Ma non riuscii a provarne sollievo.»

Un colonnello che conosceva l'italiano fece entrare Rachele in un salotto per interrogarla. Ma, più che un interrogatorio, fu un lungo colloquio durante il quale parlarono della tragica situazione in cui si trovava l'Italia. Più tardi il colonnello accompagnò Rachele nella sala da pranzo e la fece sedere al posto d'onore, mentre tutti i presenti si alzavano in piedi accennando a un inchino. Allora qualche cosa si sciolse dentro di lei e pianse in silenzio davanti a quella tavola imbandita, a quegli ufficiali che erano stati i suoi nemici ma la trattavano con tanto rispetto. Pianse a lungo chinando la testa finché qualcuno le disse, in un buffo italiano: «Tu mangiare, adesso. Tu non pensare...».

Ma Anna Maria e Romano erano ancora in prigione e Rachele aveva sentito dire che l'indomani, primo maggio, i comunisti avrebbero dato l'assalto alle carceri di San Donnino. Lo disse al colonnello e lui le assicurò che li avrebbe fatti liberare al più presto. Infatti, fin dalla mattina seguente, mantenne la promessa. A Villa d'Este Rachele incontrò Gina e i suoi genitori. Non vedeva sua nuora dal giorno in cui avevano lasciato il lago di Garda e seppe da lei che Vittorio, dopo aver tentato inutilmente di raggiungere suo padre sulla strada di Dongo, si era rifugiato nella casa di un amico riuscendo a mettersi in salvo. Sarebbe vissuto nascosto in un convento sino al novembre del 1946, quando s'imbarcò per l'Argentina.

«Fu l'ultima volta» raccontava Rachele «che vidi mia nuora. Le volevo bene, avevamo sempre vissuto insieme dopo la morte di Bruno, e prima di lasciarci singhiozzammo senza ritegno l'una nelle braccia dell'altra. La sera del 2 maggio un ufficiale americano invitò me e i ragazzi a prendere posto su un'Alfa Romeo. Non gli chiesi dove eravamo diretti. Desideravo soltanto allontanarmi per sempre dal lago di Como, non rivedere mai più quelle rive che mi facevano orrore. Quando la macchina imboccò l'autostrada, aprii gli occhi. Speravo che mi portassero in una di quelle isole che non avevo mai potuto soffrire, dove potessi restare con i miei figli lontana da tutti. Invece ci condussero a Milano e trascorremmo la notte in una stanzetta in cui c'era un'unica branda che io e Romano lasciammo ad Anna Maria. Noi dormimmo per terra, avvolti in due coperte militari marroni che portavano stampate le lettere USA e che il mattino seguente ci furono regalate dagli americani. La sera, su una camionetta aperta, proseguimmo per Montecatini dove restammo fino al 10 maggio. Poi ci presero in consegna gli inglesi e finalmente raggiungemmo il campo di concentramento di Terni.»

I primi giorni furono i più penosi. A Rachele era stato assegnato un alloggio di sei stanze nell'ospedale, un piccolo edificio che dominava tutto il campo, e le era stato proibito di avvicinare gli altri internati. Era sola, con i suoi figli, come aveva desiderato. Ma ogni volta che li guardava e pensava al loro avvenire si sentiva sgomenta. Aveva bisogno di distrarsi e presto, con un po' d'insistenza, riuscì a ottenere il permesso di lavorare. Nelle cucine regnava un grande disordine, i viveri erano mal distribuiti e in quanto alla pulizia, lasciava molto a desiderare. C'erano fra le prigioniere principesse, scrittrici, mogli di uomini illustri e di sconosciuti, popolane e donne di malaffare. Rachele assegnò a ciascuna di loro un incarico e per prima cosa chiese al comandante del campo una scopa e un po' di sapone. Lui la guardò stupito e più tardi, mentre le consegnava la scopa (ne aveva fatto acquistare immediatamente una decina), le disse in italiano con aria mortificata: «Me la dia in testa, signora... Me lo merito proprio per non averci pensato». Per la prima volta dopo tanto tempo Rachele sorrise. «Vi sembra bello» gli rispose scherzando «che un generale inglese sia bastonato dalla vedova di Mussolini?»

A poco a poco il ritmo delle settimane diventò meno lento. Rachele si alzava all'alba e cercava di stancarsi il più possibile, fino a sera inoltrata. Con il poco denaro rimasto Romano aveva acquistato una fisarmonica e improvvisava tristi canzoni. Anna Maria leggeva o scriveva. Poi, dopo cena, si riunivano intorno a un tavolino rotondo, vecchio e zoppicante, per interminabili partite a briscola, cercando di ritardare il momento di coricarsi. Era difficile dormire, in campo di concentramento. Al di là della rete di filo spinato che chiudeva l'area della prigione, fari abbaglianti illuminavano senza interruzione ogni angolo e quella luce entrava a fasci dalle finestre prive d'imposte, batteva sui loro letti.

«Ci sembrava d'impazzire, qualche volta» proseguiva Rachele. «Chi soffriva di più era Romano, che in molte cose assomiglia a suo padre e come lui non può prendere sonno se prima non si è assicurato che le persiane siano ben chiuse. Poi, quando si spegnevano i fari, il sole era già alto e cominciava una nuova giornata. Restammo a Terni fino al 25 luglio e l'improvviso annuncio del nostro trasferimento non mi recò sollievo. Non sapevo dove eravamo diretti e mi chiedevo con quali mezzi avremmo potuto vivere io e i miei figli. Con una previdenza di cui in seguito mi rallegrai innumerevoli volte, nascosi in una delle valigie il tesoro che ero riuscita a mettere in salvo negli ultimi tempi: fagioli secchi, pane bagnato nell'acqua e messo ad asciugare, scatolette di carne in conserva, un po' di zucchero, un po' di farina. Fummo condotti dapprima a Capo Miseno, poi imbarcati su un Mas che era pronto ad attenderci e durante la navigazione uno dei marinai, un romagnolo, ci disse che stavamo puntando verso l'isola d'Ischia.

«L'isola d'Ischia! Non vi ero mai stata ma conoscevo il suo nome. Cinque o sei anni prima Vittorio, che ha sempre avuto la passione di scrivere, mi aveva portato un suo romanzo intitolato *Là ci ritroveremo*. Era la storia d'amore di un aviatore e di una crocerossina che si davano appuntamento in quell'isola, dove riuscivano a incontrarsi dopo molte peripezie. Il volume era firmato con uno pseudonimo, Tito Silvio Mussino, e aveva una copertina che rappresentava un gruppo di pini mediterranei fotografati dall'alto: proprio gli stessi pini a ombrello che per mesi e mesi, dal 1945 al 1949, vedevo ogni giorno, affacciandomi alla finestra, durante il confino a Forìo...»

Rachele, Romano e Anna Maria Mussolini arrivarono a Forìo d'Ischia il 26 luglio 1945. La breve spiaggia chiusa nel porticciolo era affollata di bagnanti, sullo sfondo del monte Epomeo. Le facciate delle abitazioni, bianche nel sole, avevano allegri terrazzi e tutto sembrava tranquillo. Ma Rachele vedeva soltanto il cupo torrione merlato che domina il paese e che secoli fa era servito agli abitanti per difendersi dai saraceni. «Là ci ritroveremo» disse con tristezza. Era sicura che quella sarebbe stata la loro prigione definitiva. Invece, per un vicoletto sassoso, arrivarono a una casa affacciata sul mare: due stanze al primo piano, camera da letto e cucina. I vetri alle finestre erano rotti, non aveva neppure una pentola per cucinare e spesso, da principio, era costretta a servirsi delle lattine vuote che aveva portato via dal campo di concentramento.

«Ma poi» continuava «gli abitanti dell'isola furono tutti molto buoni con noi. Ci portavano l'uva delle loro vigne, il vino, il latte, i pomodori freschi. Ci offrivano quel poco che avevano con una generosità che non potrò mai dimenticare ed era semplice, facile, vivere con loro e come loro dopo tanti intrighi e tanti tradimenti. Per moltissimo tempo non mi mossi di casa, tranne una volta, per recarmi alla chiesa del Soccorso nella prima ricorrenza della morte di mio marito. Anna e Romano avevano stretto amicizia con altri ragazzi e io restavo sola, la sera, immobile per ore nell'angolo più buio della terrazza e guardavo spuntare e salire la luna dietro il torrione dei saraceni. Romano studiava a Napoli per prendere il diploma di ragioniere ma io sapevo che amava solo la musica e non potevo fare niente per lui. Poi, nel 1947, rischiai di morire di polmonite e mi salvarono con la penicillina che uno scienziato aveva scoperto da poco. Continuamente giornalisti italiani, francesi, americani ci davano l'assalto arrampicandosi perfino sul tetto per spiare la nostra miseria. Ma i nostri amici ci aiutavano a difenderci da quella umiliazione e, non appena un reporter o un fotografo mettevano piede nel porticciolo, si passavano la voce e Antonio, il figlio dei vicini, o qualcun altro, correva ad avvertirmi. Nel 1949, quando Romano si ammalò gravemente ai polmoni, scoprii che avevo ancora la forza per resistere alla sventura. Mi veniva da lui, da Benito, come quando era vivo...»

Romano dovette essere ricoverato in una clinica poco lontana da Roma, a Rocca di Papa, e guarì completamente grazie alle cure del professor Morelli, che rinunciò a qualunque compenso. Ma il clima dell'isola non era il più adatto per lui e Rachele decise di lasciare Ischia, dove poi tornava per le vacanze, e di trasferirsi a Roma con i due figli. Abitarono dapprima in un appartamento di tre stanze al numero 33 di via Asmara, poi in un altro appartamento un po' più grande, sempre nella medesima strada, e infine, dal giugno del 1957, in un moderno palazzo di viale Libia. Qui un po' per volta, intorno a Rachele si ricompose il clan dei Mussolini e lei, per il rispetto che le era dovuto, ne divenne il capo autorevole. Di solito trascorreva la primavera e l'autunno a Carpena e anche in Romagna era considerata una saggia madre di famiglia a cui la vita aveva insegnato tante cose e alla quale si poteva ricorrere per avere un suggerimento o un aiuto.

Perfino i comunisti le volevano bene. «Ci sono tanti compagni buoni,» diceva Rachele «e io cerco di accontentarli ogni volta che vengono a chiedermi una raccomandazione o un consiglio. Mi fanno pena, quei poveretti, quando li vedo partire al mattino per prendere parte a qualche sciopero. Se lo sciopero è molto importante i contadini si trascinano dietro anche i buoi, con le bandierine rosse disposte a ghirlanda intorno alla testa. "Portatevi da mangiare," predico allora a ciascuno di loro "farete tardi stasera: me ne intendo di queste cose..."»

Una volta le piogge ininterrotte minacciavano seriamente il raccolto e una delegazione di comunisti, a nome di tremila contadini, andò a sollecitare il permesso di recarsi nella chiesetta della Madonna Nera che sorge davanti alla Rocca. Infatti l'aveva costruita lei stessa nel 1933 ed era rimasta di sua proprietà. «Come mai?» domandò Rachele. «Vogliamo pregare la Madonnina perché ci conceda la grazia di far cessare le piogge.» E lei: «Voi non potete! Siete o no comunisti?». «Sì. Ma la Madonna è la Madonna: quando ci vuole, ci vuole...»

«Naturalmente,» aggiungeva Rachele «ci sono anche i compagni cattivi. Uno, ad esempio, nel 1945 riuscì a far processare *Zvanì*, padre di Giuseppe, il custode del nostro cimitero, accusandolo di essere stato agevolato dal duce per avere quel posto. Un giorno di tanti anni fa, mentre usciva dalla cappella dopo avere deposto un fascio di rose sulla tomba dei suoi genitori, mio marito era stato avvicinato da *Zvanì*. "Duce," gli aveva detto timidamente "vorrei da voi un grande favore..." Poi, tutto d'un fiato: "Mi piacerebbe fare il becchino qui a San Cassiano".

«"Non avete niente di meglio da chiedermi?" aveva risposto Benito. Ero presente al colloquio e ricordo che lui aveva insistito, assicurando che quel mestiere l'aveva imparato durante la Prima guerra mondiale e che era di suo gradimento. Era stato esaudito e da allora aveva svolto con zelo il suo compito abituando suo figlio, che allora era un ragazzino, a trascorrere intere giornate fra le tombe e i cipressi e a non avere paura dei morti. *Zvanì*, dunque, fu processato a Bologna, ma venne assolto, perché nessuno poté dimostrare che era stato un profittatore e continuò a fare il custode del cimitero.

«Dopo alcuni mesi il comunista che l'aveva accusato morì e fu accompagnato al camposanto con le bandiere rosse e gli onori che il suo partito riserva ai migliori compagni. Ma prima di abbracciare la causa del comunismo era stato un fervente fascista e proprio in quel periodo aveva scritto il suo testamento, dimenticandosi poi di cambiarlo. Così, quando il testamento fu aperto, si scoprì che desiderava essere sepolto in camicia nera e la sua povera moglie cominciò a essere ossessionata dagli incubi e ricorse a *Zvanì* supplicandolo di aiutarla. *Zvanì* decise alla fine di accettare il pietoso incarico e si recò al cimitero per eseguire le ultime volontà del defunto. Ma quando fu davanti a quella lapide, non seppe resistere all'ira e scagliò sulla tomba la camicia nera che il suo nemico aveva tante volte indossata, gridando in romagnolo: "Mettitela da solo, se puoi...".»

Questa e tante altre storie, che possono accadere solo in Italia, spuntavano in mezzo ai ricordi di Rachele. Intanto, man mano che «Oggi» pubblicava le sue memorie, la sua immagine diventava popolarissima. Riceveva centinaia di lettere e ogni settimana arrivavano a villa Carpena torpedoni carichi di gente che voleva parlarle o anche soltanto vederla. Lei si schermiva. «Non mi avranno scambiata per la Madonna?» scherzava. Nel soggiorno di villa Carpena, sopra il divano, c'è un grande ritratto di Mussolini in borghese. E spesso, fermandosi davanti a questo dipinto con aria di sfida, Rachele discuteva a voce alta con suo marito come se fosse ancora vivo.

«Gli racconto tutto,» diceva «i miei dolori, i miei dispiaceri. Qualche volta, pensando al passato, gli rimprovero di essere stato un ingenuo, di essersi lasciato ingannare. E lo sogno sempre, come ogni donna che ha perduto il suo uomo e continua a volergli bene. Parlo con lui, gli dico: "Negli ultimi tempi tante persone sono venute a trovarmi da ogni parte d'Italia. Mi chiamano 'mamma Rachele' e io rispondo ridendo: 'Bisogna che informi i miei ragazzi che adesso ho tanti figli, oltre a loro'. Oppure: 'Non mi piace un granché essere chiamata mamma persino da quelli che hanno ottant'anni...'Ma poi mi rifugio in cucina a nascondere i lucciconi...

«Queste cose, una notte le ho ripetute a Benito. "Sì. Mi chiamano mamma e sono buoni con me. Il tempo non passa inutilmente. L'odio si placa a poco a poco."

«Lo vedevo sorridere: "Qui non ci sono rancori, Rachele".

«"Proprio per nessuno?"

«"No, per nessuno."

«"Nemmeno per Badoglio?" gli domandavo stupita.

«“No, nemmeno per lui.”

«Stavo per ribellarmi, per ribattere vivacemente, ma in quel momento Benito mi venne vicino e mi accorsi con meraviglia della sua incredibile trasformazione. Non era come l’avevo visto l’ultima volta a Gargnano. Era più snello, più agile. Aveva il viso abbronzato e tanti capelli neri.

«Era giovane come nella fotografia che tengo appesa accanto al letto, nella mia camera, a Roma. Come all’epoca in cui io ero bionda e lui portava i baffi...»

PARTE SECONDA

16

«SAREI GRANDEMENTE INGENUO SE CHIEDESSI DI ESSERE LASCIATO TRANQUILLO DOPO MORTO»

La lunga battaglia di Rachele per riavere le spoglie mortali di Benito e ricomporle con amore nella tomba di famiglia, a Predappio, incominciò subito dopo la morte di suo marito, alla fine di aprile del 1945. Mussolini non aveva lasciato un testamento né le aveva mai confidato le sue ultime volontà. Solo una volta, al ritorno dal cimitero dove si era recato per portare fiori sulla tomba di Bruno, le aveva detto che voleva essere seppellito accanto a suo figlio. Un altro dei suoi desideri era che la Rocca delle Caminate fosse trasformata in museo con tutti i suoi ricordi, i suoi libri, le decorazioni e i doni che aveva ricevuto da ogni parte del mondo. «Sono sicura» raccontava Rachele «che non pensò mai a stendere un testamento vero e proprio: se avesse avuto questa intenzione, ne avrebbe certamente parlato al notaio Alberici con il quale aveva frequenti contatti per le cause che riguardavano la cessione del "Popolo d'Italia". E nessuno mi ha mai riferito di aver ascoltato da lui discorsi o frasi che si possano considerare come un testamento spirituale. Si preoccupò invece di lasciare agli italiani la testimonianza diretta dei suoi numerosi tentativi per salvare la pace: quei documenti preziosi che sono purtroppo scomparsi e che, se dovessero essere ritrovati, cambierebbero la storia del nostro Paese.»

Prima ancora di essere trasferita nel campo di concentramento di Terni, Rachele aveva affidato l'incarico di chiedere la restituzione dei resti di Mussolini a Gina, la moglie di Bruno, che abitava sul lago di Como. Ma un giorno seppe da un sacerdote che, nonostante la sua buona volontà, Gina non era riuscita a ottenere nulla, neanche una vaga promessa.

«La delusione fu grande,» mi raccontava Rachele «e quella notte sognai Benito. Lo vidi comparire davanti a me all'improvviso, a pochi passi di distanza. Camminava in un viottolo buio, pieno di sassi, ed era vestito miseramente, con gli abiti bagnati e il viso sconvolto. Gli andai incontro, lo abbracciai e lui mi sorrise come era solito fare quando avevo qualche preoccupazione. Con la testa appoggiata sulla sua spalla, gli chiesi piangendo se aveva molto sofferto al momento della morte. Lui mi rispose di stare tranquilla, che non aveva provato dolore. Si voltò e io scorsi distintamente nove fori sulla sua schiena. Mi spiegò che erano colpi di mitra, ma che le pallottole non fanno male quando colpiscono. "La prima impressione è quasi piacevole," aggiunse. "Un gran caldo e un po' di bruciore. Poi non si sente più nulla."

«Spalancai gli occhi e corsi nella camera accanto, da mio figlio. Era ancora sveglio e si spaventò vedendomi tanto agitata. Gli descrissi il sogno e lui mi accompagnò fino al letto e mi rimase vicino parlandomi a voce bassa per farmi addormentare. Dopo alcuni giorni, aprendo un quotidiano, lessi che a Milano era stata eseguita l'autopsia sul cadavere di mio marito: aveva nove fori sulla schiena. Sbigottita, chiamai il maresciallo Navarra che comandava il campo di concentramento e gli mostrai quell'articolo. Gli avevo descritto il mio sogno e anche lui restò stupefatto.»

Anche quando raggiunse l'isola d'Ischia con Romano e Anna Maria, dopo il campo di concentramento, Rachele era ossessionata dal pensiero di non poter dare una tomba a Benito. «Un giorno,» continuava «mia nuora lesse su un quotidiano che mi trovavo a Forìo e mi scrisse per dirmi che non aveva avuto più notizie di ciò che mi stava a cuore, ma che presto sarebbe venuta a trovarmi per parlarmene a lungo. Povera Gina! Non l'ho più rivista. Morì annegata di lì a una settimana mentre attraversava con un motoscafo il lago di Como in burrasca. Aveva sempre avuto un terrore istintivo dell'acqua (al mare, quando le onde le arrivavano alla cintura, si fermava impaurita) ma da tempo, per uno di quei misteriosi presentimenti ai quali io credo perché troppe volte ne ho fatto esperienza diretta, ripeteva che il suo unico desiderio era di raggiungere Bruno.»

La notte tra il 22 e il 23 aprile del 1946 la salma di Mussolini fu trafugata dal cimitero di Musocco, a Milano. A Forìo, quando Rachele lo lesse sui giornali, quasi stentava a crederci tanto la cosa le sembrava irreale. I fanatici avevano sempre il potere di irritarla e non approvò coloro che avevano avuto la macabra idea, cioè i componenti di un gruppo clandestino che si autodefiniva «Partito Democratico Fascista». Nel messaggio lasciato nella fossa avevano scritto: «Finalmente, o Duce, ti abbiamo con noi. Ti circonderemo di rose, ma il profumo delle tue virtù supererà quelle rose».

Rachele conobbe allora per la prima volta il numero della fossa di suo marito: il 384. L'aveva rivelato un prigioniero tedesco. Ma quando le sarebbe stato finalmente possibile dare alla sua immaginazione un riferimento preciso, fermarsi a pregare con la mente e col cuore su quelle zolle, il corpo di Benito non era più lì. Aveva già iniziato una tragica peregrinazione. Domenico Leccisi, Antonio Perozzi e Franco De Matteis, questi erano i nomi dei trafugatori, caricarono la salma su un'Aprilia e la nascosero dapprima in una villa di Madesimo. Poi, il 7 maggio, la ricaricarono sull'automobile e la portarono all'Angelicum di Milano (il convento di Sant'Angelo dei frati minori), affidandola a padre Alberto Parini e a padre Enrico Zucca. Ma in seguito la salma fu spostata di nuovo e finì alla Certosa di Pavia, dove venne nascosta in un armadio a muro di una cella a pianterreno, dentro un baule.

Qui, il 22 agosto del 1946, il questore Agnesina e Ancillotti, capo dell'ufficio politico di Milano, accompagnati da padre Alberto Parini, presero in consegna i resti di Mussolini. L'autopsia era già stata eseguita un anno prima, il 30 aprile del 1945, ma i medici avevano ricevuto l'ordine di ripetere l'esame necroscopico e il nuovo riconoscimento ufficiale del cadavere avvenne il 14 agosto. Subito dopo le spoglie di Mussolini furono trasferite ancora una volta nei locali della questura. Per quanto tempo vi rimasero? Dove e da chi vennero trascinate qua e là per l'Italia prima di trovare rifugio a pochi chilometri da Milano, nel convento di Cerro Maggiore?

Nelle cronache di questo convento si legge: «I resti di Mussolini ci furono consegnati il 25 agosto del 1946 dal molto reverendo padre Mauro per mandato del padre provinciale, il molto reverendo padre Benigno, di Sant'Ilario Milanese, a sua volta interpellato dal cardinale Schuster, arcivescovo di Milano, in nome e per conto del governo italiano. Tali resti sono stati conservati nella cappella interna del nostro convento, al primo piano, in una cassa sistemata a lato dell'altarino e in un secondo tempo (precisamente nel 1950, quando il padre guardiano di allora fu costretto a rinforzare la cassa di legno per ovviare alle esalazioni che si avvertivano nella cappellina) in un armadio destinato ai paramenti sacri, sempre nella medesima cappellina».

Che cosa successe in quei giorni, fra il 14 agosto e il 25 agosto del 1946? Mi raccontava Rachele: «Agnesina mise in pratica il "Piano M", come definivano la triste impresa, forse per renderla più romanzesca. Gli ordini arrivavano direttamente da Roma e ci fu, pare, un febbrile lavoro negli uffici del Viminale. Il capo della Polizia ebbe istruzioni precise da Nenni, che sostituiva De Gasperi, vice-presidente del Consiglio, impegnato a Parigi per il trattato di pace, e dal sottosegretario degli Interni. Ma il compito di dare per altri undici anni una sepoltura segreta al duce toccò al cardinale Schuster. Non appena seppi che il corpo di mio marito era stato dissotterrato dal cimitero di Musocco, spedii subito due telegrammi: uno a Nenni e un altro al questore Agnesina chiedendo di poter riavere la salma di Benito. Nenni si comportò umanamente con me: mandò a Forìo d'Ischia un commissario con una lettera in cui mi spiegava che purtroppo, per ragioni di Stato, non poteva accontentarmi. Ricordai le parole scritte da Benito nella *Vita di Arnaldo:* "Sarei grandemente ingenuo se chiedessi di essere lasciato tranquillo dopo morto" e, rassegnata, mi chiusi nel mio dolore. Ma non appena salì al potere De Gasperi tentai di nuovo, privatamente, di ottenere ciò che volevo. Non ebbi risposta. Però, dopo qualche tempo, venne un carabiniere a comunicarmi che la mia richiesta era stata respinta».

Rachele non si scoraggiò. Viveva come una colpa il fatto di non essere morta al fianco di Mussolini e sentiva che per riscattarsi doveva riabilitarlo e dargli una tomba. Tenace, ostinata, non si arrendeva davanti agli ostacoli. Così si rivolse a un legale, l'avvocato Formichella, che alla fine del 1945, dimostrando un grande coraggio, aveva accettato di tutelare i suoi interessi. «Formichella» continuava Rachele «scrisse per me una bella lettera in cui faceva appello alla carità, alla religione, al sacro culto dei morti. La firmai e la spedii a Scelba, in quel periodo ministro degli Interni. Scelba non rispose a me direttamente ma a un deputato del MSI, che mi fece leggere la sua risposta aspra, priva di qualunque indulgenza. Non credevo di meritarmela e mi fece molto soffrire. Spesso temetti, in quel periodo, che le mie speranze non sarebbero mai state esaudite ma il mio avvocato, quando mi vedeva in preda all'avvilimento, mi confortava dicendo che, se anche gli uomini e la politica erano contro di me, avevo dalla mia parte la legge. "La legge" sosteneva "non permette che si occulti per anni una salma, che si proibisca di darle una sepoltura cristiana. Nemmeno i motivi legati all'ordine pubblico bastano a giustificare un tale sopruso." E mi citava i versi di non so quale poeta che aveva scritto: "L'odio e il rancore non sopravvivono al rogo funebre". O press'a poco. E io ci credevo. Ma con il passare del tempo ho capito che non bisogna dar retta ai poeti: sono come i bambini...»

Un giorno, a Forìo d'Ischia, Rachele aprì la porta a un amico dei tempi felici: padre Facchinetti. Era appena tornato dall'Africa e Rachele, che aveva sempre avuto una grande ammirazione per lui, gli raccontò esasperata i suoi tentativi, tutti falliti, per riavere la salma del marito. Lui promise che si sarebbe interessato personalmente della cosa prima di ripartire per Tripoli, la città di cui era vescovo. Alla prima occasione infatti chiese un colloquio a De Gasperi e usò tutta la sua abilità per convincerlo. Ma De Gasperi fu irremovibile.

Padre Facchinetti non si diede per vinto. Gli sembrava impossibile, diceva, che uomini noti per la loro fede e per i loro sentimenti cattolici potessero rifiutare a Mussolini le ultime esequie e ai suoi familiari un sepolcro su cui pregare. Perciò, anche quando si ammalò gravemente, prima di entrare in clinica per farsi operare, provò di nuovo. Ma ancora una volta l'esito fu negativo. «Morì all'ospedale,» ricordava Rachele con amarezza «senza avere avuto questo conforto. Forse avevano paura, al governo, che qualcuno potesse accusarli, come mi fu riferito, di lasciarsi intenerire da una vedova, dalle sue lacrimucce... Ma io piango raramente e, caso mai, quando nessuno mi vede. Preferisco agire. Morto De Gasperi, diventò presidente del Consiglio Giuseppe Pella e siccome so che gli inizi sono i più brutti, specialmente nella politica, volli dargli il tempo di consolidarsi prima di disturbarlo. Pella lasciò il posto dopo pochi mesi, ma nell'estate di quell'anno, era il 1953, ebbi una grande consolazione: ricevetti da Roma un plico e una lettera che portava la firma di Giulio Andreotti, allora sottosegretario di Stato. L'ho sempre conservata:

"*Gentile signora,*

nel riordinare l'archivio della presidenza, sono state ritrovate alcune lettere di suo marito riguardanti argomenti esclusivamente familiari. Sembra giusto che questi autografi tornino nelle mani della famiglia e si ritiene pertanto doveroso inviarle a lei. Con ogni ossequio mi creda..."»

17
«SALUTI AFFETTUOSI A TUTTI, *BENITO M.*»

Il gesto inaspettato di Giulio Andreotti commosse Rachele, che ne parlava con riconoscenza. A distanza di tanti anni ricordava ancora il turbamento che aveva provato quando, aprendo la busta, aveva riconosciuto la calligrafia di Mussolini sui fogli di carta a quadretti. La presenza di suo marito si sprigionava con tale forza da quelle pagine, già un po' consumate dal tempo, che le sembrò per qualche secondo di averlo vicino. «Da allora,» diceva «ogni volta che voglio sentirmi accanto Benito quasi fisicamente, avere il conforto di questa illusione, mi basta prendere in mano quelle lettere, ascoltarle, toccarle. Non ne ho altre: le sole che mi rimangono di mio marito, della nostra vita in comune durata trentasei anni. Tutte quelle che avevo portato con me lasciando il lago di Garda e che avevo nascosto a Como mentre attendevo di essere arrestata, sono scomparse. Queste che mi ha restituito Andreotti e che risalgono al periodo in cui mio marito era prigioniero di Badoglio sono perciò il mio bene più caro, l'unico a cui non potrei rinunciare.»

Era sincera. A villa Carpena l'ho vista molte volte con quelle lettere in mano. Stava seduta su uno sgabello minuscolo, lo stesso che teneva a disposizione dei suoi nipotini, e ripeteva a voce bassa ogni parola di quelle lettere anche se le sapeva a memoria. La prima lettera portava la data del 30 luglio 1943. Mussolini, che si trovava all'isola di Ponza, le scriveva:

«*Cara Rachele,*

ti ringrazio delle cose che mi hai mandato e soprattutto dei ritratti dei nostri cari.

Bruno è stato ed è con me in questi giorni nei quali il secondo triste anniversario cade.

Ricordami a Vittorio, Edda, Romano, Anna e a tutti.

Io sono tranquillo e paziente. Aggiungo che sono trattato con il massimo riguardo.

Ti abbraccio affettuosamente, tuo

Benito

30 luglio, primo giorno del sessantunesimo anno di età.

P.S.– Ti rimando qualche oggetto superfluo.»

La seconda lettera era del 13 agosto. Dall'isola della Maddalena, dove era stato trasferito da Ponza, Mussolini scriveva:

«*Cara Rachele,*

ho ricevuto la tua lettera, la seconda in venti giorni, e vedo che già dal 1° agosto sei alla Rocca, insieme con tutti, meno Vittorio.

Anch'io non so nulla di lui e spero che presto ti darà notizie.

Quanto a De Cesare, non so nulla. Spero che anche queste faccende di carattere privato andranno a posto, quando la bufera andrà calmandosi.

Ora ti parlo di me. La mia salute è discreta. La mia coscienza tranquilla. Ho lavorato per ventun anni, senza riposo, con assoluto disinteresse, con perfetta lealtà. Tu lo sai, meglio di chiunque, come ho agito per il popolo.

Nell'anniversario di Bruno ho fatto celebrare una Messa, ma non ho potuto assistervi. Spero che ti avranno permesso di ricordare il nostro Bruno, che oggi è veramente morto e la cui anima deve essere angustiata. Vivo da venti giorni, oramai, in un isolamento totale. Mi comunicano soltanto i bollettini di guerra italiano e tedesco. Ignoro tutto e in primo luogo non so che cosa sono diventato.

Come hai lasciato villa Torlonia? Che cosa è successo del "Popolo d'Italia"? Come sta Anna?

Non preoccuparti del cibo e della biancheria.

Ricordami a tutti, ai ragazzi, a Gina, Marina e ai fedeli domestici.

Anch'io aspetto gli eventi.

Ti abbraccio, tuo

Benito.»

Due giorni dopo (nel frattempo aveva ricevuto un'altra lettera di Rachele), le scrisse:

«*Cara Rachele,*

la sera del 25 luglio mi fu chiesto quale residenza desiderassi, ché vi sarei stato accompagnato. Scelsi la Rocca. Il generale Polito mi ha detto che il mio arrivo alla Rocca avrebbe scatenato l'ostilità dei forlivesi e non fu quindi possibile.

Ad evitare che un'incursione o un semplice allarme siano attribuiti alla mia presenza alla Rocca, ho deciso di rinunciarci almeno per qualche tempo.

La decisione mi rammarica profondamente, perché desideravo tanto di rivederti e con te rivedere tutti, ma credo che la mia rinuncia giovi anche alla vostra tranquillità.

Ho chiesto e non ho ancora ottenuto notizie di Vittorio, di Vito e di De Cesare per le mie carte personali.

Appena saprò qualche cosa te le comunicherò. Dal mondo non ho ricevuto che due lettere tue e un telegramma di Göring. Mi passano anche i bollettini di guerra italiano e tedesco. Dei due libri che mi mandasti, uno lo regalai a un prete; l'altro: le poesie di Carducci, a un ufficiale.

Delle mie condizioni di salute, non ti parlo. E nemmeno delle condizioni materiali. Tutto ciò ha avuto sempre scarsa importanza nella mia vita; adesso non ne ha alcuna più. Moralmente sono tranquillo, perché sono a posto. Non so quel che accadrà di me. Ti prego di preparare alla vita Romano e Anna, soprattutto l'Anna.

Bacia tutti per me.

A te un abbraccio affettuoso dal tuo

Benito.»

Questa lettera aveva indignato Rachele. «Se avessi potuto,» raccontava con voce furente «avrei strozzato Polito con le mie mani. Non bastava ciò che Polito mi aveva fatto durante quell'orribile viaggio da Roma fino alla Rocca. Aveva voluto colpire ancora una volta Benito facendogli credere che i forlivesi si sarebbero rivoltati contro di lui, con gravi conseguenze, se fosse tornato in Romagna. Per rendere più pesante la sua prigionia gli avevano inoltre raccontato che nostro figlio Vittorio era fuggito all'estero come il più vile disertore. Me ne accorsi da una lettera del 19 agosto.»

Eccone il contenuto:

«*Cara Rachele, ricevo oggi la tua del 13 corrente. Nel frattempo tu avrai ricevuto un'altra mia. Quanto ai libri non occupartene. Il maresciallo Göring mi ha fatto dono di un busto, ma il Führer mi ha mandato una cassa contenente ventidue volumi magnificamente rilegati. Dimmi come stai. Vedo che anche tu sei isolata. Non avrei mai creduto che i nostri conterranei si sarebbero così rapidamente rivelati. Altra illusione! Pazienza.*

Mi hanno comunicato ufficialmente che Vittorio è riparato all'estero e che di conseguenza è stato dichiarato disertore. La qual cosa mi dispiace immensamente. Forse si sentiva in pericolo. Quanto agli affari, io non so nulla ma credo che pian piano andranno a posto. Per i bambini genovesi sfollati a Carpena e da me spesati fino a tutto giugno, lasciali stare. Qualcun altro penserà al loro mantenimento o al loro esodo. Ti saluto affettuosamente, tuo

Benito.»

Al termine della lettera c'erano tre poscritti: uno per Vito Mussolini, il figlio di Arnaldo, uno per Romano e uno per Anna Maria.

«*Caro Vito, mi comunicano ufficialmente che sei alla Rocca perché ti hanno sconsigliato di andare a Mercato. Questo mi fa supporre che il "Popolo d'Italia" sia stato soppresso e distrutto. Stai tranquillo. Ti abbraccio, tuo zio.*

Caro Romanuzzo, come passi il tempo fra gli allarmi? Che hai deciso per gli studi? Ne riparleremo.

Cara Anna, dimmi come stai e se il professore si occupa an-

cora della tua salute. Anche questa bufera passerà e non sarà, forse, nemmeno l'ultima della mia vita. Vi abbraccio tutti affettuosamente.»

Ognuna di queste lettere era sottoposta a censura e veniva recapitata personalmente, alla Rocca, da un commissario. Rachele perciò ignorava da quale località le scrivesse Benito né riusciva a trovare nelle sue frasi un riferimento qualsiasi. Capiva, comunque, che suo marito era tenuto all'oscuro di tutto ciò che stava accadendo in Italia. «Non sapevo ancora» raccontava «che Vittorio era in Germania, dove sperava di poter aiutare suo padre, e non ero in grado di tranquillizzare Benito su questo punto. Ma potevo tranquillizzarlo almeno sulla Romagna. Una volta, a villa Torlonia, avevo scoperto in una delle agende di mio marito una frase sospetta: "In mare ho incontrato la vela". Avevo subito dubitato che si trattasse d'una nuova rivale ma mio marito mi aveva calmata con un sorriso: "No, no, Rachele. Vela non è un nome di donna. Ha un altro significato, molto importante".

«Pensai allora di ricorrere anch'io al linguaggio cifrato e per far capire a Benito che ciò che gli avevano riferito non era vero e che al contrario i forlivesi lo attendevano con ansia, gli scrissi: "Qui tutti aspettano che il fiume ritorni al mare...". Benito però non capì e una delle sue lettere, andata smarrita, finiva: "Mi dispiace, Rachele, che in Romagna soffrano la siccità...".»

Rachele gli scrisse di nuovo rinunciando al linguaggio cifrato e questa volta non ci furono malintesi. Mussolini rispose:

«*Cara Rachele,*

ricevo, portatami dal commendatore Gueli, la tua lettera in data 24 agosto ed egli stesso ti porterà gentilmente la mia. Ti ho già detto che ho di nuovo cambiato residenza. Ti ho già detto che Vittorio è all'estero. Quanto a Vito fu proprio la polizia che a mezzo dell'ammiraglio mi fece sapere che si trovava alla Rocca. Adesso domanderò ancora. So che il "Popolo d'Italia" non esce più. Soprattutto sono contento di quanto mi dici circa la situazione locale. Era per me sommamente ingrato pensare che quanto ho fatto nei vent'anni fosse stato completamente dimenticato.

Poiché insisti per conoscere le mie condizioni di salute, ti dirò che sono stazionarie con tendenza a peggioramento lento. Ma questo per me non ha la minima importanza.»

Seguivano due poscritti per Romano e per Anna.

«*Caro Romano,*

grazie del tuo pensierino, per quanto telegrafico. Stai tranquillo. A suo tempo penseremo per le scuole.»

E ad Anna:

«*Mi piace di sentirti dire che sopporti la solitudine con "animo forte". Così va bene. Cura la tua salute. E Gina che fa? E Marina?*

Saluti affettuosi a tutti.

Benito M.»

Aveva firmato proprio così: «*Benito M.*». Inoltre mancava la data. Forse era già stato trasferito dall'isola della Maddalena (dove rimase per venti giorni, dall'8 al 28 di agosto 1943) ai piedi del Gran Sasso, in una villetta vicino alla funicolare.

«Queste sono le uniche lettere» concludeva Rachele mostrandomele con devozione «che conservo di mio marito. E c'è un particolare che mi fa tenerezza, ogni volta che le rivedo: sono tutte scritte con la matita colorata, rossa e blu. Una sua innocua mania. Le consumava di solito fino al mozzicone, metodicamente, e quando gli dicevo: "Portane a casa qualcuna dal tuo ufficio, Benito: ne hai tante," mi rispondeva: "No, Rachele, non si può. Non sono mie! Sono dello Stato".

«Come queste lettere, e queste sole, siano finite negli archivi della presidenza, resta inspiegabile. Comunque, anche se avessi saputo della loro esistenza, non le avrei reclamate. Durante i dodici anni in cui mi sono battuta per avere le spoglie di mio marito, non ho osato chiedere altro al governo. Ho cercato d'infastidirlo il meno possibile. Forse per questo ci sono riuscita.»

18

«RACHELE, DOVRESTI FARMI UN FAVORE: SCRIVERE A NENNI»

Nell'inverno del 1954 Rachele ebbe per la prima volta una visita ufficiale: quella di Agnesina. In quel periodo aveva già lasciato l'isola d'Ischia e si era trasferita a Roma, in via Asmara. Si stupì quando Agnesina le disse che era stato inviato da Scelba. «Dal febbraio di quell'anno,» mi raccontava «Scelba era il nuovo presidente del Consiglio e in questa veste aveva deciso di restituire la salma del duce. Forse, pensai, si era pentito di essere stato così intransigente con me e con i miei figli...

«Agnesina aggiunse che tutto era ormai stabilito e che avremmo dovuto incontrarci a villa Carpena in gran segreto, io e lui, nel cuore della notte. Da principio mi propose perfino di consegnarmi la cassa che conteneva i resti di mio marito al buio, senza possibili testimoni. Ci saremmo nascosti dentro il garage e non ci avrebbe visti nessuno. Messo da parte questo assurdo progetto, decidemmo di fissare un appuntamento per proseguire poi insieme verso la località di...

«A questo punto Agnesina fu visibilmente tentato di svelarmi il segreto. "Tanto," mi disse "adesso è fatta, donna Rachele, ci andremo fra poche ore." Abbassò la voce. "La salma" mormorò "si trova in un luogo dove c'è la neve, a..." Stava per continuare ma io lo fermai. Avevo dovuto giurare che non avrei parlato dell'imminente "consegna" (come detesto questa parola) ad anima viva, che non l'avrei detto neanche ai miei figli e temevo che, se fosse trapelata qualche indiscrezione, ne avrei subìto le conseguenze.»

Il giorno seguente due deputati del MSI confermarono a Rachele che Scelba aveva davvero intenzione di restituire la salma di Mussolini e che lei, in cambio, avrebbe dovuto assolutamente evitare che ci andasse qualcuno a renderle omaggio. «Finsi di meravigliarmi,» continuava Rachele «e Scelba stesso ebbe la prova che poteva fidarsi di me. Infatti proprio in quei giorni si recò da lui Edda per chiedergli se non fosse giunto il momento di dare una tomba a suo padre, e Scelba le disse che aveva già iniziato le trattative con me. Ma passarono le settimane e non accadde nulla di nuovo. Ero ancora profondamente irritata per la nuova delusione quando si diffuse all'improvviso la voce che i resti di mio marito erano a Monte Paolo.

«Monte Paolo è un santuario a circa seicento metri sull'Appennino tosco-emiliano, a mezza strada fra Forlì e Firenze. Dalle sue alture si domina tutta la valle con i campi di grano, i cipressi, i piccoli orti verdi e ben curati. Per godere quel panorama sereno, quell'aria pura e frizzante, io e Benito, quando andavamo in Romagna, raggiungevamo spesso Monte Paolo in automobile. Fu lui a far costruire la strada che porta al santuario, una bella strada ad ampi tornanti, e a restaurare il campanile della chiesetta. Il priore del convento, padre Teofilo, era molto riconoscente per questo a mio marito e dopo la morte di Arnaldo costruì una cappella dedicata alla nostra famiglia. Nella cripta sottostante ci sono i loculi dove dormono nel sonno eterno i frati del convento, e padre Teofilo avrebbe voluto che uno di questi loculi fosse destinato a Benito. "Soltanto qui," insisteva "in questa pace infinita, le vostra ossa, un giorno, troveranno il vero riposo." Benito ascoltava in silenzio. "Ci penserò" rispondeva.»

Proprio a Monte Paolo, secondo ciò che scrivevano i cronisti dell'epoca, era stata nascosta la salma di Mussolini. Qualcuno era salito in cima al campanile e aveva visto scaricare da un camion una cassa quasi quadrata, molto simile a quella dentro la quale il corpo di Mussolini arrivò poi al cimitero di Predappio nel 1957. Dapprima si disse che la cassa era stata deposta nella cappella dei Mussolini, più tardi all'interno della chiesa e infine sotto l'altare. Incominciarono i pellegrinaggi; ci fu l'arresto di un fotografo e di un giornalista, sorpresi di notte a scavare sotto la predella dell'altare. Inoltre i tre frati del santuario vennero accusati di avere la lingua lunga e puniti con il trasferimento. Li sostituirono tre nuovi frati, più timorosi e guardinghi, poi un altro camion venne di notte a ritirare il baule fantasma. Almeno così avevano riferito a Rachele che, combattuta fra l'incredulità e l'ansia, decise di recarsi comunque a Monte Paolo con i suoi figli e di far celebrare una messa. Fedele al suo ideale socialista, non era certo assidua nelle pratiche religiose. Al contrario di Mussolini si vantava di credere poco al Padreterno. Ma quando aveva bisogno di lui, s'inginocchiava devotamente, raccogliendosi nella preghiera. E se qualcuno la sorprendeva in questo atteggiamento, si giustificava dicendo: «Non si sa mai...».

In seguito la salma del duce fu segnalata un po' dappertutto: a Tivoli, a San Cassiano o nella chiesa di Sant'Antonio, a Predappio. «Di tanto in tanto qualcuno,» proseguiva Rachele «credendo di farmi piacere, mi sussurrava nel mezzo d'una banale conversazione: "Quella persona che voi sapete si trova a...", oppure "a..." e io, per non gridare, stringevo con forza le mani. La mia esasperazione arrivò al punto che una volta mi precipitai nella canonica della chiesa di Sant'Antonio e investii il parroco piangendo e gridando:

«"Perché mi nascondete la salma di mio marito? Perché non avete pietà di una povera vecchia?"

«Una volta vennero a salutarmi a Roma due italo-americani, marito e moglie, che stavano per tornare a New York dopo aver trascorso le vacanze in Italia. Mi raccontarono di essere stati a Predappio, in visita alla casa di Mussolini, e di essere rimasti profondamente sorpresi per la trascuratezza in cui era tenuta. "Avevamo intenzione" aggiunsero "d'impiantare a Predappio una fabbrica per dare lavoro a molti dei suoi abitanti. Ma adesso abbiamo cambiato idea." Io li stavo a sentire, un po' distrattamente. A un certo punto uno dei due disse con voce sommessa: "Abbiamo da basso Benito. Possiamo farlo salire?". Mi alzai in piedi di scatto. Il mio cuore sembrava impazzito. Mi ero illusa per un istante che fosse finalmente tornato. Ma era soltanto il figlio dei miei amici: un giovanotto di ventun anni al quale i suoi genitori avevano messo alla nascita il nome di mio marito...»

Era un'altalena continua di speranze e di delusioni. I suoi figli assecondavano Rachele in questa battaglia con la devozione di sempre, però non riuscivano a capirla fino in fondo e spesso la prendevano in giro, convinti com'erano che non avrebbe ottenuto mai nulla.

Ma non era solo il loro atteggiamento ad avvilire Rachele. Molti credevano che fosse lei stessa a rifiutare la salma di suo marito e che non ignorasse la sua sepoltura. Un giorno si recò con un'amica a Monte Paolo per accendere un cero nella cappella del santuario dove si diceva che fosse sepolta la salma del duce. Le venne incontro un frate che non aveva mai visto e si accorse fin dalle prime parole che non l'aveva riconosciuta. Parlarono del più e del meno. Poi, alzando gli occhi come per caso sui medaglioni affrescati che ornano una delle pareti e indicando quella che riproduce l'immagine di Mussolini, Rachele domandò con aria innocente:

«Che cosa ha fatto di male quell'uomo? Mi spieghi. Sa, sono una contadina e non m'intendo di queste cose.»

Il frate rispose che quell'uomo aveva delle gravissime colpe e siccome lei insisteva per saperne qualcuna, fece il nome della Petacci. Rachele non si scompose: «Quanti uomini, padre,» disse con calma «hanno le stesse colpe! E in quanto alla Petacci, se ha avuto dei torti, li ha duramente scontati. Io, tutte le sere, le dico un'Ave Maria».

Restò assorta per qualche secondo, poi, sollevando di nuovo lo sguardo, puntò il dito sul medaglione che raffigura Eugenio Pacelli. «È un prete?» chiese al frate.

«È il Sommo Pontefice.»

«Perché l'hanno messo vicino a Mussolini?»

«Per ricordare la Conciliazione.»

«È una cosa importante?»

«Importantissima.»

«Allora,» riprese Rachele «se anche lui ha fatto qualche cosa di buono, perché gli uomini che stanno al governo negano il suo corpo alla moglie?»

«Ma è lei che non vuole» disse il frate agitando nervosamente le mani.

«Ne siete certo?»

«Certissimo .»

Rachele stava per tradirsi ma riuscì con uno sforzo a soffocare la sua ribellione e solo più tardi, tornata a villa Carpena, pianse in silenzio.

«Spesso,» diceva «rifletto: "Saprò mai tutta la verità sulla salma di mio marito, sui suoi spostamenti? Dovrò chiudere gli occhi con i miei dubbi, i miei interrogativi?" Tre italiani avrebbero potuto risolvere allora questi interrogativi; De Gasperi, Pietro Nenni e Vincenzo Agnesina. Ma De Gasperi è morto, così come Agnesina, e in quanto a Nenni, non volevo niente da lui. Tanto meno dirgli grazie. Nenni ha quasi la mia età e molte volte mi accorgo che la politica è proprio buffa, oltre che pericolosa: non si sa mai come va a finire. Un giorno ci si abbraccia, un altro ci si bastona. Quanto tempo è passato da quando io e la mamma di Nenni andavamo a trovare lui e Benito, i nostri due rivoluzionari, in prigione? Più di mezzo secolo, eppure siamo ancora qui tutti e due. Allora abbracci, adesso botte.

«Era tanto buona, la mamma di Nenni,» continuava Rachele. «Avevamo gli stessi dispiaceri e forse per questo andavamo d'accordo. Rimasta vedova, con quel ragazzo che prometteva bene negli studi, l'aveva messo in collegio perché diventasse istruito e si facesse una posizione. Invece suo figlio era un "mangiapreti", come si dice da noi in Romagna: non avrebbe mai accettato di baciare l'anello al pontefice. Edda e la figlia maggiore di Nenni erano coetanee e io e sua nonna parlavamo spesso di loro quando andavamo a Bologna per portare dei pacchi con indumenti e viveri ai nostri carcerati. Camminavamo a piedi, con un gran freddo e pochi centesimi in tasca. E non sempre riuscivamo a vederli, Nenni e mio marito, neanche dallo sportello. Forse pensando a tutto questo mi sono permessa, alcuni anni fa, di scrivere a Nenni. Come mi accade spesso, mi era apparso nel sonno Benito e mi aveva spiegato ciò che dovevo fare, come dovevo comportarmi. Presi la penna e cominciai:

«*Gentilissimo onorevole,*

probabilmente questa mia lettera la sorprenderà, ma ho sognato mio marito in un modo piuttosto insolito. Mi ha detto: "Rachele, dovresti farmi un favore: scrivere a Nenni, colui che un giorno mi fu molto vicino e che oggi è seduto accanto al pre-

sidente. Lo vedo addolorato e quando pensa a me chiude gli occhi, rabbrividisce, soffrendo per la mia fine come se avesse perduto una persona cara. È molto preoccupato per la situazione politica attuale perché vede che l'Italia si avvia verso l'abisso e nessuno la salva." Mi scusi, gentilissimo onorevole, se dopo tanti anni mi faccio viva soltanto per raccontarle un sogno. Cordialmente...»

«Aggiunsi la data, 24 maggio 1964, e spedii la lettera all'abitazione privata di Nenni. Nenni è di Faenza, romagnolo come me e come Benito, e sono sicura che, se avesse potuto, mi avrebbe restituito la salma. Anche Zoli era romagnolo e quando diventò presidente del Consiglio, riaprii l'animo alla speranza...»

Nell'estate del 1957 Franz Turchi, senatore del MSI, aveva promosso sul suo giornale una campagna perché i resti di Mussolini fossero restituiti alla vedova e riceveva adesioni da ogni parte. Anche il cardinale Lercaro, anche Andreotti erano con lui. Entrambi dichiararono che non era né umano né cristiano continuare a nascondere il corpo di Mussolini impedendogli di avere una sepoltura. Turchi, inoltre, pubblicò una lettera aperta al presidente invitandolo a recarsi a Predappio per sentire cosa dicevano e cosa si aspettavano da lui i suoi compaesani e impose a Zoli un ultimatum. «Attenderemo,» scrisse, «fino al 4 novembre. Poi provvederemo.»

19
«FINIRÒ PER NOMINARTI CAPO DELLA POLIZIA...»

Finalmente, verso la fine di luglio, arrivò a Forìo d'Ischia Pietro Baccanelli, un romagnolo amico di vecchia data del duce e della sua famiglia. Veniva da parte del presidente Zoli di cui era cugino per trattare a suo nome la questione. Rachele lo invitò a cena e lo ascoltò attentamente. Ma non riusciva a credergli: dopo dodici anni di delusioni era certa che tutto si sarebbe risolto, come le altre volte, con un po' di clamore sulla stampa e con nuove sofferenze per lei.

Il corpo di Mussolini avrebbe dovuto essere restituito alla vedova il 15 agosto, perché quel giorno non escono i quotidiani e la gente si preoccupa unicamente di trascorrere nel migliore dei modi la tradizionale vacanza; oppure il 18, data in cui dovevano svolgersi a Copenaghen i campionati mondiali di ciclismo e sarebbe stato più facile distogliere l'attenzione del pubblico da qualsiasi altro avvenimento. Pietro Baccanelli fece promettere a Rachele che non avrebbe fatto cenno della cosa nemmeno con Anna Maria che stava trascorrendo le vacanze con lei e Rachele mantenne il segreto. Però, nonostante tutte le precauzioni, la notizia trapelò rimbalzando da un giornale all'altro. Trascorsero altre ore di ansia ma subito dopo il Ferragosto il commissario di Porto d'Ischia, capoluogo dell'isola, si recò a Forìo per confermare a Rachele che il governo era disposto a restituirle la salma del marito. A una condizione, aggiunse, la solita: che non parlasse di ciò con nessuno.

«Va bene,» rispose Rachele «ma riferite a chi vi ha mandato

che mi riesce impossibile allontanarmi dall'isola senza dare nell'occhio: i giornalisti controllano ogni mio passo, perfino il telefono è sorvegliato e quello che voi ritenete un segreto impenetrabile si è già diffuso a Predappio, non certo per colpa mia, tanto che là tutti attendono il ritorno del duce. Perciò vorrei avere un incontro con Zoli o con il ministro Tambroni. Mi accontenterò d'un colloquio brevissimo, anche di pochi minuti, ma è indispensabile che io parli con l'uno o con l'altro, nel loro stesso interesse.»

«Avevo le idee ben chiare,» mi spiegava Rachele «a proposito di ciò che avrei detto a Zoli o a Tambroni. Li avrei pregati di farmi accompagnare nella misteriosa località dove il governo nascondeva da tanti anni il corpo di Benito per permettermi di procedere al riconoscimento delle sue ossa e soprattutto per sostituire il rozzo bauletto che mi aveva descritto due anni e mezzo prima Agnesina con una bara modesta ma decorosa. Solo dopo avere provveduto a questo gesto pietoso, avrei continuato il mio viaggio verso il cimitero di Predappio per la cerimonia della tumulazione.

«Se il governo avesse ascoltato i miei suggerimenti, avrebbe evitato di fare una cattiva figura di fronte al mondo. Ma, evidentemente, non ritenne opportuno seguirli. Nel lasciarmi il commissario aveva promesso che avrebbe riferito la mia richiesta e quando, dopo pochi giorni, lessi su un quotidiano che Zoli, rispondendo ai giornalisti a proposito della restituzione della salma, aveva affermato che voleva trattare direttamente con la famiglia, mi persuasi in buona fede che da un momento all'altro mi avrebbero mandata a chiamare. Invece passarono i giorni ma nessuno si presentò a portarmi la notizia che attendevo ora per ora. Intanto gli inviati non mi davano tregua...»

In quei giorni io mi trovavo a Roma, e ricordo che Rachele mi telefonò spaventata. «Venite, venite,» mi supplicava «ci sono i giornalisti!...» In realtà, per evitare che potessero chiederle conferme o smentite, Rachele non usciva di casa, non rispondeva al telefono, non osava neanche parlare. Era molto dimagrita, nervosa e temeva che le trattative si fossero ormai arenate.

Finalmente seppe che Zoli era arrivato nell'isola e che alloggiava nel più grande albergo di Lacco Ameno. "Approfitterà di questo soggiorno per concedermi il colloquio che gli ho chiesto" pensò. Ma solo dopo la partenza di Zoli, nel pomeriggio del 28 agosto, tornò da lei il commissario di Porto d'Ischia. Le disse che il mattino seguente sarebbe dovuta partire per la Romagna e attendere là, a villa Carpena, nuove disposizioni. Questi erano gli ordini. Inoltre doveva impegnarsi per l'ennesima volta a non rivelare a nessuno, neanche ai suoi figli, lo scopo del viaggio e la sua destinazione.

«Non mi dispiaceva» raccontava Rachele «andare da sola incontro a Benito. Preferivo che i miei ragazzi ricordassero il padre da vivo, come l'avevano visto l'ultima volta a Gargnano; io sono più forte di loro e ho sempre evitato ai miei figli il doloroso compito di seppellire i nostri morti. Ma loro mi hanno un po' rimproverata per questo. Sostengono che il governo aveva il dovere di avvertirli perché volevano essermi accanto in quel crudele momento.

«Il terrore di compromettere tutto mi spinse ad accettare qualunque condizione. Dissi al commissario: "Sono sola e non ho automobile. Per andare in Romagna dovrò salire su una corriera fino a Porto d'Ischia, imbarcarmi sul battello a Porto, prendere il treno a Napoli, un altro treno a Roma, cambiare a Bologna e poi procurarmi di nuovo un mezzo di trasporto fino a Forlì, prima di raggiungere Carpena. Come potete sperare che nessuno mi riconosca?"».

Il commissario ammise che aveva ragione e disse che avrebbe riferito subito le sue obiezioni ai superiori. Tornò dopo due ore: aveva parlato con il prefetto di Napoli ed era stato autorizzato ad accompagnarla in macchina a Carpena insieme con due poliziotti in borghese.

Andarono a prenderla l'indomani alle otto. Era appena arrivato il postino e fra le lettere Rachele ne trovò una in cui una signora di Genova le chiedeva la dieta seguita da Mussolini per guarire dall'ulcera. L'aveva ancora nella borsetta quando arrivò a villa Carpena. Il viaggio fu movimentato: dapprima raggiunsero in automobile Casamicciola, da dove parte il pullman per Porto, e durante il breve tragitto il funzionario le fece capire con gentilezza che, una volta arrivati all'imbarcadero, avrebbe dovuto cercare di non dare nell'occhio. Non lo lasciò finire. «Sì, sì,» gli disse «sono d'accordo con voi. Comprerò da sola il biglietto per il piroscafo: se la gente si accorge che sono con voi, si mette in allarme.»

Il funzionario sorrise: «Vedo che ve ne intendete...».

«Oh, certo,» rispose lei «per tutta la vita la polizia mi è stata alle calcagna. Prima per difendermi, poi per controllarmi. Ma io voglio bene ai poliziotti. Poveretti, fanno il loro dovere!»

«Tutto andò liscio,» ricordava Rachele «ma sul vaporetto, durante la traversata del golfo, incontrai delle persone amiche. "Dove va, donna Rachele?" mi chiesero. "A Pozzuoli. Poi proseguo per Napoli."

«A Pozzuoli ci aspettava un'automobile della polizia, un'Appia nera. Me ne accorsi perché era appartata, con gli sportelli aperti. Attendeva me, pensai con amarezza, la "bestia rara" e pericolosa da non mostrare a nessuno, da portare in giro su e giù per l'Italia, verso una meta ignota.

«Non sapevo con precisione dove eravamo diretti né che l'ultimo appuntamento con Benito sarebbe avvenuto a Predappio. Ormai ero sicura che questo appuntamento non avrebbe avuto altri rinvii, ma fino a quel momento nessuno ancora me ne aveva dato conferma.»

Quando arrivarono a Roma, il funzionario le chiese se poteva indicargli qualche trattoria poco frequentata, dove fosse possibile mangiare un boccone passando inosservati. Rachele gli spiegò che lei, di Roma, anche se vi aveva abitato per tanti anni, conosceva soltanto la strada che porta al cimitero: il Verano. «Ci andavo spesso,» gli disse «per dire un po' di requiem ai morti, che ne hanno sempre bisogno.» Conosceva anche i paraggi di viale Libia, dove viveva allora, ma per prudenza era meglio evitarli.

Si diressero, dunque, verso il Verano e Rachele si rammaricava che i tre poliziotti non potessero vedere nient'altro di Roma. Tutti e tre calabresi, non avevano mai messo piede nella capitale. Non sapevano orizzontarsi e lei avrebbe voluto aiutarli, ma non poteva.

Giunti nei pressi del cimitero, il funzionario fece fermare l'automobile e andò a ispezionare la zona. Tornò deluso. «Impossibile,» disse «le trattorie sono troppo affollate.»

«Mi ricordai allora» continuava Rachele «che un giorno d'estate, mentre mi recavo in Romagna, avevo notato a pochi chilometri dalla città un ristorante fra gli alberi, un po' lontano dal traffico, con i tavolini all'aperto. Lo raggiungemmo. Ci eravamo appena seduti (i clienti erano pochi) quando un cameriere, passando davanti a noi, si voltò con sorpresa. "Ma lei" disse indicandomi "è la signora Mussolini..."

«"La signora Mussolini?" risposi fingendomi infastidita. "Ogni tanto trovo qualcuno che mi scambia per lei. Non so se esserne lusingata o seccata. In ogni modo vi sbagliate, ve lo assicuro. Forse le assomiglio." Il cameriere si allontanò, ma non era persuaso.

«"Eppure," insisté quando di lì a poco venne a prendere le ordinazioni "siete proprio identica a lei, alla signora Mussolini. La stessa faccia, la stessa figura. Ho visto troppe fotografie, in questi giorni, su tutti i giornali..."

«Scossi la testa. "Sono sincera. Quasi quasi mi piacerebbe essere lei. Ma non lo sono. Cosa volete farci?"

«Se ne andò guardando di sottecchi me e gli agenti e poi la vettura targata "Napoli", ferma poco lontana. Ebbi il terrore che potesse avvertire qualcuno, un giornalista o un fotografo, e che per quella indiscrezione tutto dovesse crollare di nuovo e fossi costretta a ricominciare da capo: le affannose ricerche, le inutili suppliche, le illusioni e le angosce, i viaggi segreti, i misteri. Un lungo incubo estenuante che durava da dodici anni.

«Mi tolse a questi pensieri la voce del funzionario. "Brava signora. Proprio brava. Non ha davvero bisogno di venire a scuola da noi."

«Volevo dirgli che anche Benito mi ripeteva spesso: "Hai molta stoffa, Rachele. Stoffa e fiuto. Finirò per nominarti capo della Polizia...". Ma non osai. Non avevo quasi toccato cibo e il capo della mia piccola scorta, preoccupato, insistette a lungo perché mi nutrissi un po' meglio. Allora gli dissi: "Così facciamo risparmiare il governo. Anche Benito" aggiunsi "faceva risparmiare il governo. Adesso sono diventati più furbi!"».

Quando ripartirono da Roma, gli agenti, che si davano il turno al volante, sbagliarono la strada più volte. Rachele se ne accorgeva ma non apriva bocca. «Non si può parlare quando si è prigionieri» mi raccontava. «Lo sapevo per esperienza. E non potevo fare a meno di ricordare un'altra estate, un altro viaggio: il più vergognoso che possa toccare a una donna. Quando Polito, il signor Polito (non riuscirò mai a dire "il povero Polito", anche se è morto), dopo la caduta del fascismo, venne a prendermi per condurmi alla Rocca. I due agenti calabresi non facevano apposta, come aveva fatto lui, a sbagliare strada. Erano due bravi giovanotti, timidi, rispettosi, senza nessuna intenzione di farmi del male. Eppure mi rendevo conto di essere prigioniera.»

A tutto ciò si aggiungeva l'afa insopportabile. Rachele era stanca, sfinita. A un certo punto cominciò a perdere sangue dal naso. L'emorragia si fece più forte, ma i poliziotti non potevano fermarsi: avevano avuto l'ordine di scortarla da Porto d'Ischia fino a Predappio nel più assoluto segreto e dopo l'episodio del cameriere avevano paura di fermarsi. Le farmacie, del resto, nei piccoli paesi che stavano attraversando, erano chiuse. Intanto si era fatto tardi, erano le tre di notte. «Finalmente,» mi raccontava Rachele «arrivammo in Romagna. Vicino a Forlimpopoli, dove Benito studiava da ragazzo per diventare maestro, respirai di sollievo. Ormai ero a casa...»

20
«SE DA VIVI SIAMO STATI IN GUERRA, DA MORTI GIOCHEREMO A SCOPONE...»

Quando Rachele arrivò a Carpena, nel garage che aveva adattato in qualche modo ad abitazione (la villa, subito dopo la guerra, era stata occupata dagli sfollati), i guardiani dormivano. Rachele suonò a lungo il campanello che aveva solo da pochi mesi. Ma nessuno rispose. Il funzionario, allora, disse con impazienza a un agente:

«Cerca di scavalcare il cancello.»

Lui si arrampicò e Rachele, che adesso si sentiva tranquilla, al sicuro, ritrovò la sua arguzia per fargli paura:

«Attento. Il mio custode non scherza: prenderà il mitra...»

«Non era vero,» mi spiegava «non sapeva nemmeno come si usa un fucile. "E poi," aggiunsi "c'è un cane (neppure questo era vero), un cane feroce. Potrebbe mordervi. E se i comunisti si accorgono che siamo arrivati? Sapete, qui è pieno di comunisti e quelli sparano sul serio." Per il terrore quel poveretto rimase infilzato con il vestito al cancello e si graffiò le gambe. Mi spiacque: volevo soltanto spaventarlo un pochino, non che si facesse male. Pensammo quindi di ricorrere ai sassi per farci sentire e questa volta, nei poderi vicini, i cani si misero ad abbaiare davvero...»

Rachele, come sempre nelle ore più tragiche della sua vita, aveva un unico desiderio: rimanere sola fra le pareti della sua stanza. Perciò disse al funzionario: «A poca distanza da qui c'è la casa di un mio contadino, il Tugnìn. Andate a chiamarlo».

«Il Tugnìn» ricordava Rachele «si alzò subito, per fortuna, e riuscì a svegliare i guardiani. Presi una tazza di tè, prima di coricarmi, e lavai i fazzoletti: un modo come un altro per rilassarmi, per dormire almeno qualche ora. Per dodici anni avevo supplicato Dio di farmi vivere fino a quel giorno, fino a quell'ultimo appuntamento con mio marito. Adesso quel giorno era venuto...»

Così mi raccontava la vedova di Mussolini. Ma in quel mese d'agosto del 1957 mi era accaduto ciò che può capitare a volte nella carriera di un giornalista: trovarsi coinvolti senza volerlo, e senza averlo previsto, in un importante avvenimento storico. Dopo la breve vacanza di Ferragosto, avevo ripreso a Forìo la stesura delle memorie. Nell'isola abitavo a poca distanza dalla casa di Rachele e una mattina presto la vidi arrivare nel mio albergo. Ero seduta alla macchina da scrivere, vicino alla finestra che si affacciava sul giardino, e siccome la stanza si trovava al pianterreno, a un tratto me la trovai di fronte, appoggiata al davanzale con le braccia conserte e l'aria battagliera delle grandi occasioni. «Altolà» mi ordinò eccitata. «Lasciate perdere il resto: bisogna preparare subito l'articolino sulla salma.» Lo chiamava così: «l'articolino».

Stavo scrivendo l'ottava puntata di *Benito il mio uomo* e le feci osservare che proprio in quel momento mi stavo occupando della conquista dell'impero e che quindi mi era impossibile inserire, con un balzo improvviso, le peripezie sulla salma. Ma lei badava poco alla storia. «Non importa» mi disse. «Fate come vi dico, e quando avrete terminato l'articolino, partite immediatamente. Andate a Predappio.» «A Predappio?» le chiesi stupita e, guardando i suoi occhi chiari che non riuscivano a imprigionare un segreto troppo grande per lei, intuii che cosa stava accadendo. «Donna Rachele,» le dissi «ho capito: hanno deciso di restituirle il corpo del duce...»

Lei faceva cenno di no con la testa ma sempre più debolmente. Alla fine mi spiegò che Adone Zoli aveva stabilito la data e che l'indomani si sarebbe messa in viaggio per la Romagna. Pensando a Zoli, commentò: «Quando sono nata, lui era proprietario della grande tenuta dove mio padre lavorava come fattore. Chi poteva immaginare allora che sarei diventata la moglie del duce! Noi Guidi eravamo dei miserabili. Poi, durante il fascismo, le cose cambiarono e Zoli ci invitava spesso a caccia. Io andavo pazza per questo sport e riempivo ogni volta il carniere di fagiani e di quaglie.

«Anche Benito era un buon tiratore ma gli faceva impressione, diceva, ammazzare quelle povere bestie e accettava gli inviti solo per il piacere di camminare a lungo in mezzo ai suoi boschi. Ora le parti sono di nuovo invertite: Zoli è capo del governo, noi siamo nella polvere. Ma non vale la pena di bisticciare! Le nostre tombe sono vicine, a Predappio, e se da vivi siamo stati in guerra, da morti giocheremo a scopone...». Zoli morì prima di Rachele e Rachele, ogni volta che si recava al camposanto a trovare Benito, gli portava un fiore. Adesso riposano insieme, a pochi metri l'uno dall'altra, come lei aveva previsto.

Quella mattina Rachele si era sentita male e si era fatta visitare da un medico. Sebbene io stessi benissimo, aveva preteso che visitasse anche me. Quando ci salutammo, dandoci appuntamento a Predappio, mi disse solennemente con la sua voce roca: «Se dovessi morire, la colpa è del governo». Voleva che qualcuno, oltre a lei, fosse al corrente di tutto. Lasciai l'isola d'Ischia di nascosto, senza dare nell'occhio e senza riempire le valigie, come se partissi per una gita.

Appena a Roma, prima di proseguire per Forlì, avvertii due persone: Elena Di Salvo, un'amica legata a Rachele da trent'anni di fedeltà, e Romano Mussolini. Poi telefonai a Milano al mio direttore. Ma, nel timore che qualcuno potesse intercettare le mie parole, ricorsi a un cifrario che improvvisai lì per lì. «Ascolti,» gli dissi «stanno per restituire quella "roba".» E lui: «Quale "roba"? Mi spieghi...». «Non posso, non posso» ripetevo preoccupata. «È molto importante... Ho bisogno di un fotografo questa sera a Predappio. Gli dica di aspettarmi all'hotel Città di Forlì...» Finalmente capì ed esclamò con sollievo: «Ah, sì, d'accordo, senz'altro...».

Romano rimase a Roma con la proibizione di parlare con chiunque, anche con Edda e con Anna Maria. Continuai il viaggio assieme a Elena Di Salvo e a Forlì, all'hotel dove mi recavo di solito, trovai il fotografo di «Oggi» a cui spiegai tutto. Come due congiurati studiammo un progetto per le ore seguenti. Il clima in cui si svolgeva da anni la macabra vicenda ci faceva pensare che la restituzione della salma sarebbe avvenuta nel buio più fitto, mentre tutti dormivano.

Perciò trascorremmo gran parte della notte fra il 29 e il 30 agosto nei dintorni del cimitero di San Cassiano. Era con noi anche il fattore di Rachele, Francesco Boscherini, che avevamo svegliato in pieno sonno. Per molto tempo ci aggirammo impauriti in mezzo ai cipressi, al di là del muro di cinta, sussultando a ogni fruscio. Di tanto in tanto risalivamo in macchina con circospezione e ripartivamo per villa Carpena. Eravamo in ansia per Rachele. Dove l'avevano portata? Che cosa era accaduto? A Predappio la caserma dei carabinieri aveva le finestre illuminate, segno che si attendeva l'arrivo di qualcuno. Solo all'alba, passando di nuovo davanti a villa Carpena, fummo informati dai custodi che donna Rachele era arrivata poco prima e che era salita nella sua stanza. Tranquillizzati, andammo a dormire.

Il giorno seguente, prima di recarmi a villa Carpena, comperai a Forlì, sull'angolo di piazza Aurelio Saffi, un mazzo di gladioli rossi per portarli a donna Rachele. Ero persuasa che la restituzione dei resti di Mussolini sarebbe avvenuta nel modo più clandestino e pensavo che le avrebbe fatto piacere poter deporre dei fiori sulla bara di suo marito. Anni dopo, riconobbi i miei gladioli in una cartolina-ricordo che era in vendita in un bar di Predappio e che riproduceva la cassa da imballaggio in cui erano rinchiuse le spoglie del duce.

Quella mattina non ebbi molto tempo per parlare con Rachele. Benché fosse sfinita e non avesse quasi dormito, con la sua incredibile tempra aveva già saldamente in mano le redini della situazione. Dava ordini a tutti: a me consigliò di non muovermi dalla stanza dove eravamo, al primo piano della villa, per non farmi scoprire. «Aspettami qui» mi disse. E poi, come una bambina che sta per commettere una monelleria, aggiunse piano: «Farò aprire la cassa». Inutilmente cercai di convincerla a non farlo. «No» ripeteva con ostinazione. «Voglio essere certa che non mi hanno ingannata, che sono proprio le ossa del duce. Io saprò riconoscerle.» Inutile insistere. Le dissi di portare con sé una bottiglietta di cognac, nel caso si fosse sentita svenire. Disse di sì per accontentarmi ma aggiunse che non ne avrebbe avuto bisogno.

Le ultime ore di attesa furono estenuanti. Rachele aveva il vestito buono, quello «delle cerimonie», come lo definivano i suoi figli perché lo indossava sempre nelle grandi occasioni: un turbante che era stato di Edda, un soprabito nero. Era pronta. Ma non stava mai ferma. Il fattore voleva chiamare un medico e Augusta, la custode, piangeva. «Perché la trattano così?» si lamentava. «Perché la fanno soffrire?»

A un certo momento Rachele ordinò ad Augusta di andare a togliere dall'armadio due asciugamani di spugna. «Saranno utili al cimitero» le disse. «Porta anche il lenzuolo funebre.» Era una tovaglia d'altare che conservava da anni per il giorno in cui le avrebbero riportato Benito: di lino finissimo, con delicati ricami. La piegò in quattro e la sistemò con cura fra i due asciugamani, in fondo alla borsa. Sistemò la bottiglietta di cognac e aspettò.

Dopo molto tempo, verso le undici, arrivò il funzionario del governo e Rachele scese in giardino. Dalle persiane accostate la vedevo, piccola e dritta, con la borsa sul braccio. Sentii che il funzionario le spiegava che uno dei due agenti era stato male per le strade a tornanti del percorso. Per questo erano in ritardo. Intanto frugava nella borsa per controllarne il contenuto. Lei lasciò fare, impassibile. Poi si allontanò fra i due poliziotti.

Con Elena Di Salvo aspettai a villa Carpena il suo ritorno ed era già tardi quando la vidi entrare a testa alta nel soggiorno, senza una lacrima. Andò a sedersi a capotavola come faceva sempre e ci guardò a lungo, in silenzio. Fu lei a parlare per prima. «Perché non avete mangiato?» ci rimproverò. Non riuscì a toccare cibo ma, mentre noi pranzavamo, si alzò per portare da bere ai due agenti di scorta che l'avevano accompagnata in Romagna e che si erano fermati fuori con la speranza di poterla salutare.

Per tutto il giorno non smise di sfaccendare. Era sempre stata la sua medicina preferita contro l'angoscia. Quando cercavo di sapere qualcosa, soffriva visibilmente. Tuttavia quando la lasciai per tornare in albergo dopo quella sfibrante giornata, ero in grado di mettermi alla macchina da scrivere e di fermare subito sulla carta, nei suoi drammatici particolari, ciò che era accaduto a Predappio quel 30 agosto 1957.

21
«BENITO, AIUTAMI; BENITO, DAMMI LA FORZA»

Appena uscita dal cancello di villa Carpena, Rachele salì con i due poliziotti sulla macchina che l'aveva condotta in Romagna e partirono per San Cassiano, che è a pochi chilometri. Davanti al cimitero il funzionario guardò l'orologio. «È troppo presto,» disse «siamo in anticipo.» «Perché?» chiese Rachele fingendo di non capire. «Chi deve arrivare?» E lui: «Non so. Io eseguo degli ordini. E l'ordine che ho ricevuto è quello di trovarmi qui con lei a mezzogiorno in punto».

«Per evitare di essere visti,» mi raccontava Rachele «risalimmo in macchina, e ci spingemmo fino a un paese vicino. Al ritorno, poiché l'ora si avvicinava, fui presa da una grande tristezza. Pensavo: "Per i morti, per tutti i morti, suonano le campane, Benito. Ma per te non suoneranno...". Invece, proprio mentre entravamo nel cimitero dalla porta secondaria, una campana mandò i suoi rintocchi dalla chiesa di San Cassiano. Una campana dalla voce chiara, sottile: quella che gli abitanti di Predappio avevano regalato tanti anni prima a Rosa Maltoni, la mamma di Benito. Mi sentii confortata...»

Era quasi mezzogiorno. Mentre il funzionario si allontanava per controllare se ci fosse qualcuno nel cimitero, i due agenti che erano rimasti con Rachele le dissero: «Donna Rachele, da tanto tempo speravamo di venire a salutarla a Forìo. Ne parlavamo sempre con le nostre famiglie, ogni volta che tornavamo in Calabria. Deve perdonarci se non abbiamo fermato l'automobile questa notte quando le venne il sangue dal naso. Ma avevamo degli ordini, non potevamo disubbidire». «Poveretti, voi non avete nessuna colpa» rispose Rachele. Intanto il funzionario si era riavvicinato. «È mezzogiorno,» disse guardando di nuovo l'orologio «e non c'è nessuno.»

In quel momento si sentì il motore di una vettura all'ultima svolta della strada; poi la grossa macchina americana che riportava Mussolini a Predappio apparve. «Passando dall'ingresso principale del cimitero, andò a fermarsi a poca distanza da noi» continuava Rachele. «Mi spiegarono in seguito che si trattava di una Packard dalla targa vistosamente truccata: un bel sistema per non dare nell'occhio... Ma al governo c'è sempre qualche romagnolo e a Roma sapevano che dalle nostre parti si mangia a mezzogiorno, che c'è questa abitudine. E certo pensarono che nessuno avrebbe lasciato a metà i "passatelli" o i "cappelletti" per venire a dare un saluto a quel povero morto. Invece non fu così: dopo pochi minuti si era diffusa la voce che il duce era tornato e accorse gente da tutte le parti...»

La macchina americana non era sola. La seguiva un'altra automobile da cui scesero il professor Cazzaniga e il professor Cattabeni che, con un po' d'imbarazzo, salutarono donna Rachele. Uno di loro aveva sotto il braccio un pacco rotondo avvolto in un giornale e in quel momento, nello stato d'animo in cui si trovava, Rachele non si rese conto di cosa fosse. Inoltre era sconvolta dalla vista di una persona che conosceva da tanto tempo: Vincenzo Agnesina.

«Agnesina» mi diceva Rachele «aprì lo sportello della Packard e mi venne incontro con la mano tesa. Proprio lì, al cimitero di San Cassiano, davanti alla nostra cappella. Come osava? Credeva forse che avessi perdonato il suo tradimento del 25 luglio? Pensava che non mi ricordassi delle sue parole d'allora? Gli avevo chiesto: "Dove eravate, Agnesina, mentre arrestavano il duce a villa Savoia, voi che dovevate proteggerlo come capo della sua scorta?". E lui: "A farmi la barba, donna Rachele". Per vent'anni era stato al fianco di mio marito, aveva avuto incarichi importanti. Gli voleva bene o per lo meno diceva di volergliene. E adesso il destino aveva voluto che fosse proprio lui, il signor Agnesina, a portare a San Cassiano le spoglie di Mussolini. Non aveva voluto proteggerlo da vivo: era costretto a farlo da morto.

«In quegli undici anni Agnesina aveva avuto a più riprese dal governo l'incarico di trasportare la salma in giro per l'Italia, nascosta in quella medesima macchina dalla targa truccata, dentro il sedile posteriore. Me l'aveva confidato lui stesso qualche anno prima. Aveva aggiunto che una volta, vicino a Reggio Emilia, la Packard aveva avuto uno scontro. Gli diedero anche una multa e aveva sudato freddo per paura che il sedile si ribaltasse e ne uscisse la cassa. Forse aveva sempre viaggiato seduto sopra quei resti: i resti di Mussolini, dell'uomo che aveva tradito...»

La Packard era ferma nel cortile del cimitero. «Allora?» disse donna Rachele quando Agnesina scese dall'auto. «Siamo qui, donna Rachele.» Rachele incrociò le dita, come faceva spesso quando era in collera, evitando di guardarlo. «Le abbiamo portato» riprese a bassa voce Agnesina «ciò che lei sa, donna Rachele.» «Dov'è?» «Là dentro» rispose indicando la macchina.

Giuseppe, il becchino, non c'era. Lo mandarono a chiamare e corse subito, emozionato. A cenni, Agnesina gli ordinò che cosa doveva fare mentre Rachele assisteva in silenzio. Giuseppe sollevò una specie di cuscino lungo e piatto, rivestito di tela. L'avevano messo al posto del sedile posteriore della macchina. «Sotto» mi spiegava Rachele «apparve un coperchio quadrato e da principio credetti che ci fosse uno sbaglio, che per equivoco o per una tragica distrazione qualcuno avesse sostituito la bara di mio marito con una cassa di frutta, anzi, no, di sapone. Una squallida cassa da imballaggio con rozzi cerchi di ferro e due maniglie arrugginite. La vedevo bene adesso, mentre Giuseppe la trasportava, e l'indignazione mi fece diventare una furia. "Dunque è proprio questa" inveii "la bara che ti hanno dato, Benito? È tutto qui? Qui dentro sono le ossa di Mussolini? Così ti restituisce, dopo dodici anni, il governo?" Non so più cosa dissi, cosa balbettai.»

Cattabeni e Cazzaniga guardavano la vedova di Mussolini preoccupati. Sperando di calmarla, Agnesina le presentò un frate che era con lui, padre Carlo da Milano, del convento di Cerro Maggiore, che voleva confortarla. Ma Rachele non lo ascoltava. Giuseppe intanto aveva deposto la cassa vicino a loro e chiedeva dove dovesse portarla. «Lì,» ordinò Rachele «lì, nella camera mortuaria.» Agnesina non capì ciò che Rachele aveva intenzione di fare. «Nella camera mortuaria?» esclamò sorpreso. «Ma perché, donna Rachele? Non è necessario. Possiamo andare subito nella cappella. Guardi,» proseguì «ho già pronto il verbale. Eccolo qui, lei deve soltanto firmare.» E le tese dei fogli di carta scritta a macchina che Rachele lesse con rabbia.

«Era» mi raccontava «una lunga relazione sulla cerimonia della consegna e nel finale si diceva che io sottoscritta, Rachele Guidi vedova Mussolini, ringraziavo vivamente eccetera eccetera, per il suo bel gesto, il governo. Questo, più o meno, era il senso.

«"Ringraziare il governo?" dissi disperata. "È uno scherzo, ma un pessimo scherzo. Per quale favore dovrei ringraziare il governo? Per avere impedito a me e ai miei figli, per dodici anni, di dare una sepoltura cristiana a Benito? Per avere nascosto, per dodici anni, chissà dove, il suo corpo? O per avermelo fatto avere così, in una cassa da imballaggio? Giuseppe," proseguii rivolta al becchino "fa' come ti ho detto. Va' nella camera mortuaria." Poi ad Agnesina: "Voglio che si apra la cassa".»

Cattabeni e Cazzaniga erano visibilmente commossi. Solo in quel momento Rachele intuì che cosa fosse quel pacco rotondo, coperto da un giornale, che uno dei due stringeva sotto il braccio. Molti anni prima era andato a trovarla nell'isola d'Ischia Domenico Leccisi, uno di coloro che nel 1946 avevano trafugato la salma di Mussolini dal cimitero di Musocco. Le disse di avere ricevuto una lettera in cui i medici che avevano eseguito l'autopsia di Mussolini lo pregavano di accompagnarla da loro per comunicazioni riservate.

Partì con Leccisi e a Milano, nello studio del suo avvocato, incontrò per la prima volta Antonio Cazzaniga e Mario Cattabeni. Le spiegarono, cercando le parole più adatte per non ferirla, che si trattava del cervello di suo marito. E glielo mostrarono. «Era conservato» diceva Rachele «in un vaso di vetro a forma di calice, come quelli che si vedono nei musei, e io gli diedi in fretta un'occhiata. Poi mi voltai: non potevo resistere. Ma fui costretta a guardare di nuovo perché i due medici (non era un compito facile nemmeno per loro, lo so bene: facevano il proprio dovere) vollero che mi rendessi conto di tutto, che fossi informata anche dei più piccoli dettagli. Così mi accorsi che c'era un foglietto sul vetro, un cartellino bianco, e sopra c'era scritto un nome che non ricordo. Un nome falso, un nome qualunque, per quel cervello un tempo tanto lodato.

«Chinai la testa con amarezza. "Che cosa debbo fare?" chiesi soffocando un singhiozzo. "Vede, signora," mi risposero parlando a turno con voce triste "dopo l'autopsia fummo incaricati di esaminare anche il cervello di suo marito e adesso siamo in grado di assicurarle, se questo può darle un po' di sollievo, che l'esito fu favorevole. Il cervello era sano, perfettamente normale, come risulta d'altronde da ciò che abbiamo scritto."

«Lessi quel documento, che portava la firma del professor Cattabeni (era stato pubblicato dalla rivista "Clinica nuova"), e feci, confesso, un po' di fatica. I termini usati erano molto difficili, almeno per me. Il significato però non cambiava. Non dissi nulla. Che cosa avrei potuto dire? Che ringraziavo la scienza? O il governo? Dopo aver vissuto accanto a Benito per trentasei anni avevo forse bisogno di loro per sapere che mio marito non era pazzo, che non lo era mai stato? "Ci deve perdonare, signora," mi disse il professor Cazzaniga "se siamo costretti a sottoporla a questa prova. Ma le nostre responsabilità sono gravi. Il vaso del cervello di Mussolini si trova in mezzo a molti altri nell'Istituto di Medicina legale. Gli studenti dell'Università di Milano ignorano a chi appartiene. Il nome, ha visto, è inventato. Se ne servono per i loro studi, per le lezioni di anatomia e potrebbero danneggiarlo o smarrirlo. Per questo vorremmo affidarglielo."

«Non mi aspettavo questa conclusione e per qualche secondo rimasi interdetta. Ero venuta a Milano con una piccola borsa che conteneva pochi indumenti: la camicia da notte, dei fazzoletti, la mia vecchia vestaglia. Dove avrei nascosto quel calice così prezioso, così sacro per me? Come avrei potuto raggiungere Napoli? In quale stato d'animo? E poi imbarcarmi sul vaporetto? In un attimo vidi le due miserabili stanze, una camera e una cucina, in cui vivevo allora a Forìo. Vidi i miei figli, Romano e Anna Maria, che mi aspettavano, che avevano tanto sofferto. Pensai a Edda, a Vittorio. Lontani, irraggiungibili. Cosa avrei detto ai miei ragazzi? Dove avrei trovato il coraggio di salire quelle scale fino al primo piano, di presentarmi davanti a loro con quel pacco? Dove l'avrei messo? Dentro l'armadio? O sopra il tavolo? Chinai di nuovo la testa rabbrividendo. "Ci penserò" risposi.»

In seguito Rachele chiese a un frate dei benedettini di Montecassino se poteva, sotto il vincolo del segreto, custodire nel suo convento «una cosa di grande valore», a lei infinitamente cara. «Apparteneva» volle sapere il frate incuriosito «a Mussolini?» «Sì, a Mussolini. Ma non rivelerò mai di che cosa si tratta.» Accettò. «Come volete, donna Rachele, sono a vostra disposizione.» Ma poi fu presa dai dubbi e quando, dopo qualche mese, il frate venne a trovarla e s'informò se aveva ancora intenzione di affidargli «quella cosa», gli disse: «Ho cambiato idea. Penso che "quella cosa" sia più al sicuro dove si trova. Non sarebbe opportuno spostarla».

A Milano, in quell'occasione, Rachele seppe da Cazzaniga e da Cattabeni che mancava un pezzetto al cervello di Mussolini perché l'avevano preso gli americani. Era un pezzetto grande come una grossa medaglia e si vedeva bene il punto in cui era stato staccato. I due medici le dissero anche che gli americani lo avevano analizzato e che la diagnosi era uguale alla loro. «Quella notizia» ricordava Rachele «mi diede un aspro piacere e fui sul punto di gridare: "Volevate prenderlo vivo, mio marito. Invece ne avete avuto solo un pezzetto da morto. E nemmeno con questo pezzetto siete riusciti a infangarlo...".»

Forse tutti questi pensieri di ribellione si riflettevano sul viso di Rachele quella mattina del 30 agosto 1957 perché Agnesina, a un certo punto, non osò più contrariarla. La seguì nella stanza mortuaria, incapace ormai di reagire. Provò ancora a ripetere debolmente: «Non faccia questo, donna Rachele. La prego, firmi il verbale. Non è possibile aprire la cassa, mi creda: non abbiamo gli attrezzi». «In quanto agli attrezzi,» rispose Rachele «manderò a prenderli. Ma è inutile che voi speriate di persuadermi a firmare il verbale. Prima dovete aprire la cassa: voglio vedere con i miei occhi che cosa ci ha messo il governo. Per quanto ne so, potrebbe esserci anche un mattone. E io debbo rendere conto ai miei figli, e non solo ai miei figli, perché Mussolini appartiene alla storia, che lì dentro c'è davvero il suo corpo, che non mi hanno ingannata...»

«Mentre dicevo così mi sentivo morire» aggiungeva Rachele.

«Una sensazione dolce, quasi piacevole, che avevo già provato una volta, molti anni prima. Eravamo sull'Abetone a sciare, quando Benito era capo del governo. Avanzavamo adagio, io e lui, con grande fatica: lui davanti, io dietro. Era già buio e nessuno poteva soccorrerci. Di tanto in tanto sentivo la sua voce: "Ce la farai, Rachele?". Le energie mi avevano abbandonata, mi sembrava di precipitare nel vuoto: lievemente, senza peso. Ma non volli cedere.

«"Ce la farai, Rachele?" Sì, dovevo farcela, come allora. Mi inginocchiai per terra vicino alla cassa. Appoggiai la fronte su quelle assicelle e mi rivolsi a lui con fervore: "Benito, aiutami; Benito, dammi la forza". Bastarono pochi minuti. Quando mi rialzai, ero pronta. "Cosa aspettiamo?" ordinai a Giuseppe: "Apri la cassa".»

22
«NEANCHE UN CROCIFISSO TI HANNO CONCESSO»

Dapprima Giuseppe fece un foro, come voleva Agnesina, con un cacciavite. Un foro che attraversò il legno, il vetro, lo zinco e provocò una forte esplosione. «Può guardare adesso» disse Agnesina a donna Rachele. Ma lei rifiutò. «Dunque, non avete ancora capito?» proruppe sdegnata. «Voglio vedere le sue ossa, il suo corpo. Voglio riconoscerlo. Non firmerò mai quel verbale, mai, se non esaudite il mio desiderio.»

Agnesina dovette obbedire. Fece venire un operaio da Predappio, che arrivò con tutti gli arnesi necessari. Intanto il cimitero cominciava a riempirsi di gente. C'erano la nipote di Rachele, Romana Moschi, il fattore Francesco Boscherini. C'erano molte persone amiche, perfino dei comunisti. Fu spaccato il coperchio, poi il vetro. Infine fu tagliata tutt'intorno la lastra di zinco. La signorina Piolante, sorella di un aviatore morto durante la guerra, si piegò a un tratto sopra la cassa e, prima che qualcuno potesse impedirglielo, vi tuffò il braccio. Poi disse a Rachele: «Si faccia coraggio». E sollevando la testa di Mussolini: «Quanti denti d'oro aveva? Dove?».

«Glielo spiegai,» mi raccontava Rachele «e subito dopo Francesco Boscherini mi trascinò via perché prendessi un po' d'aria. Temeva che svenissi. Ma io, ormai, mi ero ripresa. Non avevo più paura.

«Quando rientrammo, scorsi all'improvviso il funzionario di Ischia. Se ne stava sconvolto in un angolo, con la mia borsa sul braccio. "Commissario," gli dissi "mi dia quella borsa." Tolsi i due asciugamani di spugna, che tesi alla signorina Piolante, e poi la tovaglia da chiesa. Con quel lenzuolo funebre, che avevo preparato da anni per Benito, coprii adagio i suoi resti e per tutto il tempo non vidi altro che il candido lino, i pizzi, i ricami.

«Certo il Signore ebbe compassione di me, in quel momento. Certo pensò: "Poveretta: risparmiamole questo dolore, questa atroce impressione". Nella borsa avevo trovato la bottiglietta di cognac e ne offrii a tutti perché si lavassero le mani, tranne che a Vincenzo Agnesina. Poi tornai da lui, da Benito, e mi misi a parlare con il mio morto come se non ci fosse nessuno. Gli dicevo: "Neanche un crocifisso ti hanno concesso. Hai voluto il crocifisso in ogni casa, in ogni scuola. Hai fatto la Conciliazione, eri un cristiano. Eppure hanno aspettato dodici anni prima di darti una sepoltura".

«Forse parlavo a voce alta, perché qualcuno, non so chi, mi riempì le braccia di fiori. Un mazzo di garofani rossi, un altro di garofani bianchi. Con le foglie e con i fiori formai una specie di croce tricolore che posi sopra il lenzuolo. "Così avrai anche tu almeno un segno della pietà degli uomini" dissi a Benito. Allora padre Carlo da Milano, che aveva scortato la salma di mio marito da Cerro Maggiore fino a San Cassiano e che mi era vicino, mi tese un crocifisso.

«"Siate benedetto, padre" esclamai (credevo che il crocifisso fosse suo). "Siate benedetto per il vostro gesto." Nel frattempo padre Celato, un altro frate di Predappio, scriveva per me un lungo messaggio: la mia ultima lettera a Benito. "Non dimentichi questo, padre," gli dicevo continuamente, "e questo e quest'altro. Mi raccomando."

«Firmammo tutti quella lettera e alla fine, prima di piegarla, aggiunsi in un angolino: "Questa è la bara che ti ha dato il governo. Voglio che nessuno la cambi, anche quando sarò morta. Voglio che si sappia sempre come sei stato trattato".

«Intanto Agnesina si era fatto portare un tavolino e una macchina da scrivere e si era seduto lì accanto, a due passi da me e dalla cassa, per preparare il verbale. E io, che parlavo da sola ad alta voce, esasperata com'ero dalla sofferenza e dalla tensione nervosa, di tanto in tanto mi avvicinavo a lui e lo prendevo per un braccio scuotendolo con forza e offendendolo. Impiegò due ore a stendere quel verbale e certo fu un castigo durissimo dover scrivere, davanti a quella cassa aperta, di quanti pezzi era composto il cadavere di Mussolini, dell'uomo che aveva amato e servito prima di tradirlo, e che cosa gli avevano fatto gli uomini subito dopo averlo ammazzato. Il povero Agnesina (in quel momento ebbi pena per lui) stracciava un foglio dopo l'altro. Sbagliava le parole, le frasi.

«Ecco il documento come mi fu consegnato e come lo conservo da allora. È atroce, nella sua agghiacciante freddezza, ma devo trascriverlo così com'è, perché, ormai, appartiene alla storia»:

«L'anno 1957 addì trenta del mese di agosto nel cimitero di San Cassiano di Predappio sono presenti:

1°) Sig.ra GUIDI Rachele ved. Mussolini di anni 65 da Predappio Alta, dom. a Roma - Viale Libia 189;

2°) MOSCHI Romana fu Germano di anni 30 da Predappio, dom. a Predappio, nipote della Sig.ra Guidi Rachele;

3°) Padre Carlo da Milano, Cappuccino, al secolo Domenico VARISCHI, nato a Milano il 20-12-1903, dom. nel Convento dei Cappuccini di viale Piave in Milano;

4°) Prof. CATTABENI Caio Mario fu Guido di anni 46, da Mestre, dom. a Milano, viale Giangaleazzo 16, ordinario di Medicina legale nella Università di Milano e direttore dell'Istituto di Medicina legale;

5°) Prof. CAZZANIGA Antonio fu Fulvio di anni 72, da Cremona, dom. a Milano, via S. Sisto n. 9, ordinario di Medicina legale nell'Università di Milano;

6°) Dott. AGNESINA Vincenzo, Ispettore Generale Capo di P.S., dom. a Roma;

7°) MESSINA Michele fu Michele di anni 49, da Nicastro, maresciallo dei Carabinieri, comandante la Sezione di Predappio.

L'Ispettore Generale Capo dr. Agnesina – per mandato conferitogli dal capo della Polizia in nome e per conto del governo italiano – consegna alla vedova Mussolini i resti della spoglia mortale del defunto suo marito Mussolini racchiusi in una cassa di legno ed una di zinco.

Padre Carlo da Milano dichiara di essere stato richiesto nell'agosto 1946 dal defunto Cardinale Schuster che in suo ordine prendesse in consegna dall'allora Questore di Milano dr. Agnesina, qui presente, i resti della spoglia mortale di Benito Mussolini e li custodisse in uno dei propri conventi in luogo sacro; a seguito di esplicito consenso del Padre Provinciale dell'epoca fu dato mandato a Padre Mauro di Cornate d'Adda di provvedere di conformità alla richiesta dell'Eminentissimo Cardinale: per cui la cassa contenente tali resti, come risulta dai documenti in possesso dell'ordine, fu ricevuta e custodita, in data 25 agosto 1946, nella cappella del Convento di Cerro Maggiore e quivi è rimasta fino alle ore 17 di ieri in quanto a tale ora – a seguito dell'ordine ricevuto dal Capo della Polizia – i predetti resti mortali furono prelevati dal dr. Agnesina e trasportati, scortati dallo stesso Padre Provinciale di Milano, nel Convento di Musocco donde stamane alle ore 6 sono stati nuovamente prelevati e trasportati, scortati dallo stesso Padre Carlo da Milano, in questo Cimitero di S. Cassiano di Predappio, per la consegna ai famigliari e conseguente definitiva tumulazione.

A richiesta della vedova Mussolini vengono aperte le casse contenenti i resti mortali di cui trattasi per procedere al loro riconoscimento.

Il prof. Cattabeni, che procedette nel 1945 alla prima autopsia della salma di Benito Mussolini ed il prof. Cazzaniga che procedette nell'agosto del 1946 al riconoscimento dei resti di tale salma (quando questa fu reperita dall'allora questore di Milano nella Certosa di Pavia dove era stata occultata dopo il noto trafugamento dal cimitero di Musocco di Milano), sulla base dei verbali originali di necroscopia esistenti presso l'Istituto di Medicina legale della Università di Milano n. 7241 e n. 8357, procedono all'esame dei resti mortali contenuti nelle casse di cui trattasi e dichiarano che essi sono effettivamente i resti dell'intera spoglia mortale di Benito Mussolini per i seguenti caratteri di identificazione:

1°) depressione fratturativa dell'intera regione parieto-occipitale di sinistra;

2°) frattura comminuta della regione orbitale di sinistra;

3°) presenza nella cavità cranica di frammenti di tessuto di tela e maglia già a suo tempo riconosciuti dall'aiutante necroscopo sig. Losa (v. verbale n. 8357);

4°) frattura della branca orizzontale destra della mandibola;

5°) frattura comminuta delle basi cranio;

6°) distacco sub-totale della mano destra;

7°) completo distacco del piede sinistro;

8°) zona iperostosica sulla faccia anteriore della tibia destra della lunghezza di circa 20 cm. (tibia sinistra indenne);

9°) perdita di sostanza in forma di foro all'ala iliaca sinistra (v. verbale n. 8357).

I proff. Cattabeni e Cazzaniga, concordemente, giudicano i sopradescritti reperti probativi della identità dei resti cadaverici di cui trattasi. Il prof. Cattabeni consegna alla vedova Mussolini l'intero encefalo così come fu prelevato all'atto della necroscopia compiuta il 30 aprile 1945 e conservato in vaso di vetro presso l'Istituto di Medicina legale di Milano fino a oggi.

La vedova Mussolini prende atto ad ogni effetto delle dichiarazioni innanzi estese, ringrazia il governo italiano per la determinazione adottata e prende in consegna per sé e per i suoi la spoglia mortale ed il cervello del suo defunto marito.

Dopo di che tutti gli intervenuti procedono alla sottoscrizione del presente verbale redatto in tre esemplari di cui uno viene consegnato alla vedova Mussolini, uno al prof. Cattabeni affinché sia custodito agli atti dell'Istituto di Medicina legale dell'Università di Milano e il terzo al dottor Agnesina per essere rimesso al Capo della Polizia.»

Tutti i presenti misero la loro firma in calce a ogni foglio. Intanto la cassa, dove era stato deposto anche il vaso che conteneva il cervello di Mussolini, stava per essere chiusa e, prima che fosse sigillata, Rachele nascose in un angolo, fra il legno e lo zinco, perché si conservasse nei secoli, il biglietto che aveva dettato poco prima a padre Celato: le sue estreme parole d'amore per Benito.

23
«ADESSO TI SISTEMO E NON VENGO NEANCHE PIÙ A SALUTARTI!»

Quando tutto fu finito, prima di lasciare la camera mortuaria, Agnesina chiese a Rachele di accompagnarlo nella cripta. «Vorrei vedere» le disse «il sarcofago di Mussolini.» «Gli feci strada giù per la scala,» mi raccontava Rachele «ma quando fummo davanti alla tomba aperta, pronta da tanti anni ad accogliere il corpo di mio marito, non potei trattenermi e fui di nuovo sgarbata con lui. Quante volte era venuto in quello stesso luogo, pensavo, quando Benito era al potere. Quante volte aveva pregato intensamente, come il più devoto dei fedeli, per i suoi cari. La sua presenza, adesso, mi sembrava una profanazione e non riuscivo a nascondere la mia insofferenza. Ribattevo aspramente, qualsiasi cosa dicesse. Allora mormorò con tristezza: "Lei non mi può perdonare, donna Rachele. Ma la capisco, mi creda: il suo doloroso destino...".

«Non gli permisi di continuare. "Sì, doloroso," gli risposi con impeto "ma il suo è più tremendo, senza dubbio. La mia coscienza è tranquilla, la sua no."

«Mi pentii subito di aver infierito fino a quel punto (Benito non mi avrebbe certo approvata) ma non ero più in grado di controllare le mie parole, i miei gesti. E Agnesina non mi serbò rancore. Più volte, in seguito, ebbe occasione di incontrare mio figlio Romano e sempre gli ripeteva: "Sua madre ha troppo sofferto...".

«Risalimmo le scale in silenzio. Erano quasi le tre e mia nipote Romana, con il fattore, mi aspettava per ricondurmi a casa. Chiesi ad Agnesina, mentre si congedava:

«"Quando potrò trasportare la cassa nella nostra cappella? Quando potrò far dire una Messa per mio marito?"

«"Quando crede, donna Rachele" rispose. "Da questo momento il mio compito è terminato."

«Se ne andò, con padre Carlo e i due professori, e io fui costretta a lasciare solo Benito. Ma prima affidai la chiave della camera mortuaria e della cappella al maresciallo dei carabinieri di Predappio, Michele Messina, uno dei testimoni che avevano firmato il verbale, perché vegliasse su quella cassa e la difendesse durante la mia assenza. "Ho fiducia in voi," gli dissi "so che la meritate."

«Poi raggiunsi Carpena, dove nessuno aveva mangiato aspettandomi. Sapevo che non sarei riuscita a riposare nemmeno per pochi minuti ma speravo di ritrovare un po' di calma per non crollare prima di sera, quando sarebbero arrivati i miei figli. Invece un giornale mi fece arrabbiare. Era un quotidiano di Milano e pubblicava con grande evidenza un servizio fotografico sulla cassa che conteneva i resti di mio marito. C'erano le sue misure precise, il luogo dove era stata nascosta, l'itinerario del viaggio. E io che avevo attraversato l'Italia con quel segreto che mi scoppiava nel cuore, che mi ero tanto logorata nell'ansia di non rivelarlo!»

Rachele era infuriata anche con il fotografo del mio giornale perché non era riuscito a entrare nel cimitero e quindi non aveva fotografato la cassa. Fu la prima cosa che mi disse, entrando a testa alta nella sala da pranzo di villa Carpena. Lei, che aveva sempre sulle labbra qualche battuta ironica e pungente quando si parlava della Storia con la maiuscola, ora non trascurava nessun dettaglio di quella giornata interminabile. Villa Carpena era assediata dagli inviati speciali, italiani e stranieri, e io dovevo fare da intermediaria fra i miei colleghi e Rachele, che non desiderava vederli. Continuavo a chiederle se avesse avvertito Edda. Qualche ora prima mi aveva risposto molto evasivamente. «Sapete,» mi aveva detto «Edda è in vacanza a Capri e quando si è in un'isola, non ci si può muovere come si vuole. Meglio lasciarla tranquilla.» Ma i giornalisti si chiedevano come mai ai funerali non fosse presente nessuno dei figli e specialmente l'assenza di Edda poteva far nascere degli equivoci. Anche Romano, arrivato da Roma nel pomeriggio, era preoccupato per questo e mi pregava d'intervenire per sapere cosa ne pensava sua madre, non osando chiederglielo personalmente.

Così, a furia di insistere, ebbi una notizia che non mi aspettavo. «Ho già provveduto io ad avvertire Edda. Le ho inviato un telegramma.» «Un telegramma? Quale?» le domandai ricordandomi del suo sistema personalissimo di comunicare attraverso la posta. «Bello» mi spiegò laconicamente con il tono di chi considerava chiuso l'argomento. Ma io non mi arresi. Alla fine me ne comunicò il testo che, considerato l'avvenimento a cui si riferiva, era stupefacente. Diceva: «Consegnato papà oggi mezzogiorno. Tutto bene. Abbracci. Mamma». Edda rispose soltanto: «Ditemi se posso venire...».

Fino a quel giorno Rachele, quando la sofferenza diventava insopportabile, aveva potuto fingere con se stessa che suo marito fosse lontano ma vivo, come mi confidava spesso. Ma quel giorno, messa di fronte a quella cassa da imballaggio, si era sentita vedova per la prima volta. «Avevo» ricordava «un unico desiderio: raggiungere inosservata San Cassiano, inginocchiarmi vicino a Benito e restare sola con lui. Ma non era possibile. Quel giorno i riflettori erano tutti puntati su di me e io, che li avevo sempre schivati, dovevo affrontarli.

«Quando fu buio mi feci accompagnare a Predappio. Benito adesso non si trovava più nella camera mortuaria. Il maresciallo Messina lo aveva già fatto trasferire nella cappella e qui, con grande sorpresa, vidi che intorno alla cassa erano schierati quattro carabinieri. Avevano il sottogola abbassato, i guanti e il moschetto come quando si monta il picchetto d'onore.

«"Maresciallo," esclamai "volete andare in galera?"

«"Perché, donna Rachele?"

«"E me lo chiedete anche! Vi puniranno."

«"Non m'importa. Mussolini ha sempre avuto rispetto per i carabinieri, ci voleva bene. Avrei voluto averne duecento, non quattro, a disposizione. Non avrei esitato."

«"Intanto vi siete messo nei guai" gli dissi. Ma ero commossa.

«Non mi sbagliavo. Quindici giorni dopo Michele Messina

venne a salutarmi a Carpena perché era stato trasferito in Sicilia.

«Parlammo di tante cose, durante la sua visita, mentre rievocavamo entrambi i particolari di quella giornata, così vicina ma già così remota. A un tratto mi confessò con timidezza: "Mi dispiace allontanarmi dalla tomba di Mussolini, ma ho il conforto di sapere che sul corpo di suo marito c'è il mio crocifisso".

«"Il vostro crocifisso?" gli chiesi stupita. "Non era di padre Carlo?"

«"No, donna Rachele, era mio. Me lo regalò mia madre tanti anni fa, perché mi proteggesse in pace e in guerra. L'ho sempre tenuto addosso e non me ne sarei mai privato se non vi avessi sentita invocare, con voce tanto accorata, un crocifisso. Sono stato io a darlo a padre Carlo. Sono contento di averlo fatto."»

«Furono funerali incredibili,» continuava Rachele. «C'era chi inviava le condoglianze come se Benito fosse stato ucciso solo in quei giorni e chi le congratulazioni perché finalmente, dopo dodici anni, me lo avevano restituito. Di giorno e di notte la gente faceva ressa al cimitero. Io pensavo ai miei genitori. Li avevo seppelliti nel più sperduto camposanto delle nostre colline. "Qui starete tranquilli" avevo detto fra me. "Nessuno verrà a disturbarvi."

«Ma per Benito era diverso. Perciò, quando da Forlì venne un commissario di Pubblica Sicurezza a ordinarmi di chiudere a chiave la cappella per impedire la veglia funebre, mi ribellai protestando con tutta l'energia di cui ero capace. "La cappella è nostra. Appartiene alla famiglia Mussolini. Che cosa ne direste," lo aggredii "se pretendessi di comandare a casa vostra? Potreste forse impedirmi, se lo volessi, di prendere la mia seggiolina e di andarmi a sedere accanto a mio marito stanotte? Ho tante cose da dirgli anche se è morto. Ho aspettato dodici anni questo momento. E c'è posto nella cappella..."

«Mi rispose: "Avete ragione, donna Rachele". Forse sentiva che ero io la più forte. O forse ebbe pietà della mia disperazione.»

Mi trovavo ancora a villa Carpena quando il 31 agosto, dopo la messa funebre, Rachele tornò a casa. Andò dritto verso il grande ritratto a olio del duce che domina il soggiorno e disse a Mussolini con accento di sfida: «Adesso ti sistemo e non vengo neanche più a salutarti». Era disgustata dalla cerimonia a cui aveva appena assistito e alla quale avevano preso parte anche molti nostalgici: tutti quegli «A noi!», «Alalà!», quei discorsi, quella retorica, dopo una tragedia che aveva coinvolto tutto un popolo e la sua stessa famiglia, l'avevano profondamente irritata. Nella semplicità della sua logica faceva questo ragionamento: «Hai voluto fare il garzone degli italiani senza paga, sei stato ammazzato in quel modo, ti hanno restituito in una cassa da imballaggio e hai lasciato questa eredità. Allora non hai capito niente».

«Non ha capito niente degli italiani» ripeteva spesso, a sottolineare l'inguaribile e pericolosa ingenuità di Mussolini. Ma se io cercavo di proseguire il discorso, subito s'inalberava. «Li ha saputi tenere per vent'anni, gli italiani! E non è facile, credetemi...»

Romagnola, dotata di un temperamento impetuoso, Rachele, durante i trentasei anni della sua convivenza con Benito, ebbe sempre con lui un rapporto tumultuoso che nemmeno la morte era riuscita a placare. Litigava con il duce perfino durante le sedute medianiche a cui, ogni tanto, le piaceva partecipare. Fingeva di non credere a queste cose ma era capace di restare alzata fino all'alba con le mani sul tavolo per parlare con suo marito. Le loro discussioni nascevano soprattutto dalla gelosia, ma Rachele, nel suo orgoglio di donna tradita, non volle ammetterlo mai. Neppure con me.

Mi diceva: «Vedete, litigavo con Benito solo e unicamente per la politica». Socialista dalla culla alla tomba, Rachele non si rassegnò mai all'idea che l'uomo della sua vita si fosse allontanato dai loro comuni ideali per diventare il capo del fascismo e quando Mussolini si prendeva gioco di lei dicendole: «Ma insomma, Rachele, si può sapere di che partito sei?» scrollava le spalle e rispondeva convinta: «Socialista. Ma di quelli puri. Come tuo padre. Non come te...». C'è un episodio raccontato da Angelica Balabanoff che conferma come questo socialismo di Rachele non fosse solo una battuta di spirito. Un deputato socialista aveva un giorno raccontato alla Balabanoff che durante la campagna elettorale del 1924 si trovava a Roma e, «dopo essere stato aggredito ripetute volte nel mio collegio elettorale, che i fascisti mi fecero abbandonare portandomi via di peso dal comizio in cui stavo per fare un discorso, m'imbattei in Rachele Mussolini. Le passai davanti senza guardarla. Non passarono alcuni secondi ch'io mi sentii chiamare da lei, che mi aveva raggiunto. "Non mi volete neppure salutare o non mi riconoscete?" "Vi riconosco, ma non vi conosco. Quand'io vi conobbi in Romagna, voi eravate la compagna di un mio compagno, oggi siete moglie del condottiero delle camicie nere." "E che c'entro io? Non sapete chi è Mussolini? Il traditore fra i traditori... Ha tradito e tradisce me come ha tradito la memoria dei suoi genitori..."» In realtà l'ideale di Rachele era rimasto Alessandro Mussolini, il rivoluzionario che era stato l'eroe della sua infanzia e che non l'aveva mai delusa. Lo sognava spesso e l'ammirazione che provava per lui era totale, così come l'affetto. Infatti Alessandro Mussolini, prima ancora di diventare suo suocero, le aveva fatto un po' da padre. Era stato l'uomo di sua madre. Non si erano sposati ma, rimasti vedovi entrambi, avevano vissuto insieme.

Rachele era molto fiera della propria autonomia di pensiero. Una volta, mentre si stava pubblicando a puntate *Benito il mio uomo* sul «Daily Mirror», il direttore del giornale mi chiese qualche biglietto da visita di Rachele per illustrare il servizio.

Le domandai dunque se poteva procurarmene uno. Mi guardò costernata: «Io, biglietti da visita? Non ne ho, mi dispiace». «Ma nemmeno allora, donna Rachele, quando era la prima signora d'Italia?» Si stizzì. «Li avevo, sì, ma erano intestati a Rachele Guidi. Con Mussolini, non ho mai fatto razza...»

Romano, che era con noi e aveva ascoltato in silenzio, a questo punto intervenne. «Mamma,» disse ridendo «e noi cosa siamo? Come sono nati i tuoi figli se con papà non hai fatto razza?» Alzò le spalle. «Che discorsi!» rispose. «Io dicevo a tuo padre: "Te li metto al mondo e porteranno il tuo nome. Così, se ci lasciamo, resteranno con te. Io voglio essere Rachele Guidi...".»

Ma, nonostante queste bravate da femminista, Rachele fu una moglie fedele anche dopo la morte di suo marito, benché lui l'avesse tradita, e una madre autoritaria ma amorosa.

Prima di quel 30 agosto 1957 Rachele viveva un po' a Roma con Romano e Anna Maria, e un po' a Carpena, dove trascorreva l'autunno e gran parte dell'estate sempre circondata da amici e parenti. Ma dopo aver «sistemato» Mussolini, come sosteneva lei, nella cappella di San Cassiano, non si mosse più dalla Romagna. Si occupava dell'orto, delle galline, teneva con mano ferma i fili del suo clan, che la rispettava e temeva. Ma il suo compito principale era quello di onorare la tomba del duce. Andava al camposanto ogni giorno e quando Adone Zoli morì e fu seppellito a pochi metri da Mussolini, diceva qualche preghiera anche per lui e gli portava dei fiori. «Non posso dimenticare» spiegava «ciò che ha fatto per me. Se non ci fosse stato lui alla presidenza del Consiglio, molto probabilmente la salma di mio marito non avrebbe ancora una sepoltura.»

24
«CARO PAPA, VOI MI PIACETE MOLTO»

Un giorno, mentre era capo del governo, il duce visitò a Torino il *Cottolengo* e rimase sconvolto, soprattutto nel reparto infantile. Nessuno può essere indifferente di fronte a un bambino deforme, ma Mussolini era sensibilizzato al problema dalla malattia di sua figlia. «Quando Anna Maria era piccola,» mi raccontava donna Rachele «potevo almeno curarla. Mio marito era al potere e avevamo i mezzi per farlo. Ma dopo il 1945 non ebbi più i soldi né per gli specialisti né per le medicine, perché quel poco che avevo mi era stato confiscato. La poliomielite aveva colpito mia figlia alla spina dorsale e lei, poverina, man mano che cresceva, si piegava come un salice. Passavano i mesi e gli anni e io mi tormentavo sempre più nella pena. La stessa pena che hanno provato prima e dopo di me tante mamme.»

Alla fine della guerra, a Rachele era stata restituita la Rocca. L'avevano regalata a Benito con una lira a testa i romagnoli nel settembre del 1927. Perciò spettava di diritto agli eredi di Mussolini. Era così devastata (avevano portato via tutto, dai mobili ai libri, frugato dovunque, perfino sotto i pavimenti) che ci sarebbe voluto un patrimonio per renderla di nuovo abitabile. Lei cercò di porre rimedio in qualche modo a quella rovina, ma le spese erano ingenti e quando capì che non sarebbe mai riuscita a salvarla, decise di venderla. Però non poteva dimenticare le parole che le aveva ripetuto Benito la sera in cui era tornato a casa dopo quella visita al *Cottolengo:* «Rachele, da vecchio, se sarò ancora vivo, vorrei trasformare la Rocca in un museo e destinarne il ricavato ai bimbi minorati...».

La Rocca, oltre al castello dei Malatesta, comprende un parco vastissimo. Perciò, non appena si seppe che Rachele aveva intenzione di vendere, incominciarono ad affluire numerose proposte, alcune delle quali molto vantaggiose. Ma Rachele temeva che si potesse speculare su quel luogo così legato alla memoria di suo marito. Inoltre le sarebbe piaciuto esaudire il desiderio di Benito. A un certo punto pensò perfino di aprire una sottoscrizione e di chiedere alle persone generose («Ce ne sono ancora,» diceva «lo so per esperienza»): «Perché non vi unite a me per acquistare la Rocca e farne dono ai bambini anormali?».

Poi, nel 1961, l'Opera nazionale maternità e infanzia le offrì di trasformare la Rocca delle Caminate in un istituto per bimbi minorati recuperabili. Le spiegarono che sarebbe stato costruito un edificio e che in questo edificio avrebbero trovato asilo circa trecento bambini. «In quel periodo,» mi diceva Rachele «ero stata chiamata più volte a Roma perché un americano voleva comprare il castello per duecento milioni, ed erano in molti a ripetermi che dovevo accettare, che mi sarei pentita se non l'avessi fatto. Ma io esitavo: avevo saputo che quel signore voleva trasformare la Rocca in un *night* e non avrei mai potuto permetterlo. Così una mattina mandai a chiamare un rappresentante dell'ONMI. "Sono pronta" gli dissi. "Datemi una somma sufficiente perché io possa pagare i debiti sostenuti per sistemare la Rocca, e la Rocca è vostra. A una condizione: che l'ONMI mantenga le sue promesse e costruisca al più presto l'edificio destinato ad accogliere i trecento bambini." Firmammo il contratto nel 1962. Ma l'istituto non fu mai costruito. Non è successo niente, non succederà mai niente. E ogni volta che mi ribello, mi trattano con comprensione, ma non cambia nulla: aumenta solo la mia amarezza...»

Un'altra delusione Rachele Mussolini la ebbe dal Vaticano. Il 28 ottobre 1958, quando Giovanni XXIII fu eletto papa e vide per la prima volta sul video il suo viso e i suoi occhi indulgenti, provò per lui un immediato trasporto di simpatia e gli spedì un telegramma di congratulazioni. Pochi giorni dopo il cardinale

Tardini le rispose con un altro telegramma che le fece molto piacere e che conservò. Diceva:

«*Grato del pensiero devoto e augurale, il Santo Padre le invia, con i voti di serenità e prosperità cristiana, invocata propiziatrice benedizione apostolica, pegno dei celesti favori.*»

Trascorse qualche mese e Rachele era felice di non essersi sbagliata. «Questo sì è un vero papa,» ripeteva a tutti, «un papa che si farà amare dal popolo.» Alla prima occasione gli spedì di nuovo un telegramma. Era il 29 febbraio 1959 e anche questa volta la lettera aveva in calce il nome del cardinale Tardini, che aveva dettato al suo segretario queste parole:

«*L'augusto Pontefice mi affida l'onorato incarico di esprimerle il suo paterno ringraziamento per il devoto omaggio e i voti augurali inviati nella fausta ricorrenza del trentesimo anniversario dei Patti lateranensi e di partecipare a lei e alla famiglia implorata propiziatrice benedizione apostolica.*»

«Al centralino di Forlì,» ricordava Rachele «erano emozionati mentre mi leggevano queste frasi. Succede sempre così ogni volta che debbono trasmettermi il messaggio di qualche "pezzo grosso". Anche nel 1964, quando Segni e sua moglie, donna Laura, risposero con tanta amabilità agli auguri di pronta guarigione da me inviati al presidente, il telefonista, per la sorpresa, quasi balbettava. "Pensi, donna Rachele," continuava a ripetere "la firma è proprio di Segni..." "E allora?" dicevo io. "Va bene, sono contenta. Ma che c'è di strano? Perché siete così spaventato?" E mi veniva da ridere...»

Incoraggiata da quei telegrammi che venivano dal Vaticano, Rachele si rivolse a un alto prelato che conosceva, monsignor Bandelli, per ottenere un'udienza dal santo padre. «Pensavo che fosse facile» continuava. «Il papa è il santo padre di tutti, tutti sono suoi figli.» Nel 1958, pochi mesi prima dell'elezione di Giovanni XXIII, era stata invitata a Madrid dal generalissimo Franco che l'aveva accolta con grandi onori. In quell'occasione le aveva fatto visitare la villa che avrebbe dovuto ospitare Mussolini se avesse accettato di rifugiarsi in Spagna nell'aprile del 1945. Una splendida villa che fino a quel momento non era mai stata venduta né affittata.

Per ospitare Rachele, Franco aveva fatto mettere a sua disposizione uno degli appartamenti più lussuosi dell'hotel Plaza: lo stesso dove scendeva di solito, ogni volta che si recava a Madrid, Umberto di Savoia. A Umberto, Rachele non perdonava molte cose. Prima di tutto il tradimento di suo padre che, il 25 luglio del 1943, aveva fatto arrestare Mussolini nei giardini di villa Savoia dopo avergli dichiarato la sua fedeltà e la sua amicizia; poi di avere una moglie che, secondo lei, all'epoca in cui era principessa di Piemonte, aveva tentato (ma, precisava, inutilmente) «di fare gli occhi dolci a Benito». Spesso mi ripeteva: «Quando avrete occasione d'incontrare mio "cugino", dovete dirgli che non ho più il suo collare, ma che, se anche lo avessi, lo metterei al cane...». Il collare era quello dell'Annunziata, che rendeva simbolicamente parenti tutti quelli che lo possedevano, e a Rachele spettava di diritto come moglie del duce. Ma non si interessò mai di sapere dove fosse andato a finire.

Rachele e Umberto di Savoia si trovarono a tu per tu, per puro caso, nella hall dell'hotel Plaza a Madrid, ed ebbero uno scambio di idee vivace e pittoresco.

Durante il viaggio in Spagna, Rachele insegnò anche alcune ricette emiliane alla figlia del generalissimo Franco ed ebbe in dono un velo di pizzo nero, di quelli con cui le spagnole si coprono il capo nelle solennità; aveva deciso di usare questa *mantilla* il giorno in cui fosse stata ricevuta da Giovanni XXIII. Di tanto in tanto la indossava pensando con emozione all'udienza. «Gli dirò:» cominciava «Caro papa...». Romano l'interrompeva. «No, no, mamma. Non si dice così, si dice: "Santità..."»

Lei, con un gesto della mano, lo zittiva e continuava imperterrita: «Caro papa, voi mi piacete molto. Siete buono e umano, non come altri che vi hanno preceduto...»

Spaventato, Romano l'interrompeva di nuovo. «No, no, mamma, per carità... Non si parla così al pontefice...» «Come se non lo sapessi» rispondeva irritata. «Sta' tranquillo, Romano, lasciami fare.»

«Aspettai tanto quell'udienza» confessava Rachele. «Ma un

giorno venne a trovarmi monsignor Bandelli. Aveva un pacco sotto il braccio: il cappello da maresciallo dell'impero di Mussolini che, chissà come, era finito nelle sue mani e che voleva restituirmi. Mi sembrò avvilito e, siccome gliene chiedevo il motivo, mi rispose con molto imbarazzo:

«"Donna Rachele, purtroppo ho una brutta notizia da darle: non potrà essere ricevuta dal papa."

«"Non è possibile," dissi "non posso crederci. Perché? Per quali motivi?"

«"Per ragioni politiche" disse. "Lei sa del resto, donna Rachele, cos'è la politica. La conosce meglio di me."

«Sentii un nodo alla gola. Che cosa avevo fatto di male? Che cosa ne sapevano al Vaticano di ciò che volevo dire a papa Roncalli? E se avessi avuto qualche grosso peccato da confessargli? Qualche consiglio da chiedergli? Giovanni XXIII non fu mai messo al corrente della mia richiesta, ne sono sicura. Me l'hanno confermato i suoi fratelli...»

Erano diventati buoni amici, Rachele e i fratelli di papa Giovanni. Spesso andavano a trovarla in Romagna e lei una volta si era recata a Sotto il Monte per restituire la visita. Discutevano dei loro poderi, dei problemi dell'agricoltura, si scambiavano sementi e nuove qualità di granturco.

Qualche anno prima, uno dei nipoti di papa Roncalli aveva lasciato scritto nel suo testamento che voleva essere sepolto in camicia nera. «Ognuno ha le sue idee» osservava Rachele. «Ma quando morì, un monsignore venuto da Roma per i funerali si oppose fino all'ultimo, sempre per colpa della politica. Fu necessario perfino ricorrere a un avvocato per fare rispettare la volontà del defunto. Anche i fratelli del papa rimasero male quando seppero che mi era stata rifiutata l'udienza e furono molto buoni con me. Mi dissero tante cose per confortarmi, per convincermi che Giovanni XXIII mi avrebbe accolta con affetto se avesse saputo del mio desiderio e che perciò dovevo continuare a volergli bene, a rivolgermi a lui nelle mie preghiere.»

Così Rachele ripose il bel velo di pizzo nella sua scatola e decise di non toccarlo più. «Lo metterò da morta» mi disse. «Ma non serbo rancore a nessuno. Spesso penso che, se sono ancora viva dopo tanti lutti e tante tragedie, lo debbo proprio alla mia incapacità di fare del male o di vendicarmi. C'è chi semina il bene, chi il male; e il bene e il male si riproducono, come le piante. Io sono passata attraverso le sofferenze ma non ne sono rimasta stroncata, perché la mia coscienza è tranquilla.»

25
«SONO L'UOMO CHE ARRESTÒ SUO MARITO»

Quando Mussolini era al potere, Rachele riceveva innumerevoli lettere che la supplicavano d'intervenire presso suo marito per favori di qualsiasi tipo. Poi, durante gli ultimi anni della guerra, il contenuto di questi messaggi era fatto d'insulti e di minacce. In seguito, mentre era al confino a Ischia, fu lasciata in pace perché nessuno conosceva il suo indirizzo. Ma dopo la pubblicazione delle sue memorie, la posta ricominciò a funzionare per lei come un tempo. C'era chi le esprimeva la sua solidarietà, chi le domandava aiuto e consiglio, chi le chiedeva una raccomandazione pensando che fosse ancora influente. Ma c'era anche chi non si fermava davanti ai suoi capelli bianchi, chi le diceva senza pietà: «Tu credi di pregare sul corpo di tuo marito, ma non è vero. Gli abbiamo messo una pietra al collo e l'abbiamo affogato nel lago di Como». Oppure: «Vorrei armare di nuovo la mano dell'uomo che ammazzò Mussolini».

«Molti» mi spiegava Rachele «scrivono anche con la speranza di essere liberati dai loro rimorsi. Qualche tempo fa ho ricevuto dalla Francia questa lettera:

"*Gentile signora, sono un partigiano che non può più tornare in Italia non per ragioni politiche, ma per altre colpe. Mi sono creata una famiglia, ho due bambine e vorrei tanto che potessero vedere la nostra patria, i luoghi dove sono nato, in cui sono cresciuto. Ma non si può e sono intimamente tormentato dai miei delitti. Spesso ho invocato il perdono di Mussolini per ave-*

re pace e sento che mi è stato concesso. Ma mi manca il suo, donna Rachele; ho bisogno di essere perdonato anche da lei. Mi accontenti, la prego."

«Gli risposi senza benevolenza: "Se mio marito vi ha perdonato è stato troppo buono. Non vi hanno condannato per motivi politici ma per crimini più gravi. È giusto che dobbiate espiare". Mi ha scritto di nuovo insistendo: "Mussolini mi spinge a implorare ancora il vostro perdono, donna Rachele". Ma io non mi sono lasciata commuovere. Aspetti un po': gli farà bene...

«Anche con Dino Grandi sono stata dura. Conoscenti comuni mi hanno riferito che verrebbe volentieri, se lo volessi, a farmi visita. Non so se è vero perché l'esperienza mi insegna che bisogna essere guardinghi finché non si vede con i propri occhi e non si ascolta con le proprie orecchie. In ogni modo gli ho fatto sapere che resti a cuocere nel suo brodo non una ma dieci volte.»

In realtà la natura passionale di Rachele la portava ai sentimenti più intensi, odio o amore, senza sfumature. Negli ultimi anni della sua esistenza, soprattutto dopo l'ultimo grande dolore, la morte di Anna Maria, era riuscita a ridimensionare il rancore per Badoglio. Confessava: «Non posso dimenticare il male che fece a mio marito, alla mia famiglia. Ma a che cosa servirebbe la mia vendetta se non a produrre altro male? A generare nuove sventure? C'è un giovanotto a Predappio che conosco molto bene, orfano di padre. Gli fu ucciso durante la guerra civile da un suo compaesano: un comunista che vive tuttora a Predappio. I due, come succede nei piccoli paesi, s'incontrano spesso e per anni il comunista ha continuato a sfidare impunemente, con atteggiamenti provocatori, il povero ragazzo. Che veniva da me, mi baciava la mano piangendo e mi diceva: "Non resisto più, donna Rachele. Una volta o l'altra l'ammazzo".»

Lei lo accarezzava cercando, come poteva, di aiutarlo. Gli diceva: «Sei fidanzato. Presto ti sposerai, avrai dei bambini. Perché vuoi rovinare la tua vita e quella dei tuoi cari? Il tuo risentimento è giusto, comprensibile, ma non siamo noi che dobbiamo farci giustizia. Provvederà il Signore anche per te».

Una volta Rachele mi raccontò che la sera prima aveva fatto un incontro che l'aveva particolarmente turbata. Con Piero Boscherini, figlio del suo fattore morto da qualche tempo, e una coppia di amici, era andata a mangiare in una trattoria sul mare, vicino a Ravenna, dov'era già stata altre volte.

Il locale era pieno di gente perché era tardi, quasi le nove, ma trovarono posto. A poca distanza, intorno a una grande tavolata, una ventina di uomini chiacchieravano con animazione. Sembravano allegri e a un certo punto si misero anche a cantare *La bella romagnola*, *Quel mazzolin di fiori* e *La montanara*.

«La disturbiamo, signora?» chiese con gentilezza uno di loro voltandosi verso Rachele.

«No, no, continuate pure» rispose e Piero Boscherini, vedendo che sorrideva e che le piacevano quelle canzoni, si unì al coro.

«Non sapevo chi fossero,» proseguiva Rachele «e per fortuna non ero stata riconosciuta. Ma durante una pausa udii che uno di loro faceva il nome di Mussolini. "Andrà a finire" diceva con tono perplesso "che gli faranno magari un monumento, prima o poi."

«La sua frase accese una rumorosa discussione e il cameriere, preoccupato, pensò bene di avvicinarsi a quel gruppo per avvertire, a bassa voce, che c'ero io al tavolo accanto: la moglie di Mussolini.

«Allora, senza che nessuno di noi potesse prevedere niente di simile, uno di quegli esuberanti clienti, lo stesso che poco prima mi aveva chiesto cortesemente se il chiasso mi dava fastidio, si alzò di scatto allontanando la seggiola. Mi venne incontro e, dopo avermi baciato la mano, si presentò. Non capii bene il suo nome ma lui aggiunse: "Sono un partigiano, signora. Della brigata Garibaldi". E dopo qualche secondo (adesso gli altri stavano zitti): "Sono l'uomo che a Dongo, sul lago di Como, arrestò suo marito".

«Probabilmente voleva sfidarmi o dimostrare a tutti che non aveva paura. Ma io a un tratto ero diventata impassibile, come sarebbe piaciuto a Benito. Quante volte mi aveva ripetuto: "Calma, Rachele. Sta' calma'. "Perché" ribattei freddamente "dite questo? Perché lo dite proprio a me?"

«Era pallido. La sua mano, che continuava a stringere la mia benché cercassi di svincolarmi, tremava.

«"Voglio che lei lo sappia, signora" mi disse. "Da quel giorno, continuamente, ho nell'orecchio la voce di suo marito. Una voce triste, pacata. Eppure l'avevo trattato male..."

«"E lui," gli chiesi "che cosa vi disse?"

«"Mi disse: 'Fate il vostro dovere'. La sento sempre, quella voce..."

«Mi teneva ancora la mano finché, con uno strattone, riuscii a liberarmi. "Ma come osate?" protestai. "Con quelle dita che grondano sangue, che hanno colpito Mussolini, che forse lo hanno ucciso..."

«"Signora," disse con voce grave "suo marito ebbe una fine serena..." Piero Boscherini era indignato. "È possibile" si lamentò "che non la lascino mai in pace, donna Rachele? Che non possa assaggiare neanche un boccone? Su, alziamoci. Venga via. Altrimenti," aggiunse "andrà a finire male. Non so fino a quando potrò resistere."»

«Ma l'altro non voleva sentire ragioni. "Lei, signora," continuò "è da una parte, io dall'altra: e ci resterò sempre."

«Lo interruppi. "Anch'io," dissi "resterò sempre dalla mia parte, ma con una differenza: che io non ho mai fatto male a nessuno."

«Il nostro colloquio era già durato troppo a lungo, ma prima di andarsene mi spiegò che lavorava e che aveva famiglia. "Mi sono costruito" aggiunse "una graziosa villetta vicino al mare, in un piccolo centro poco abitato..."

«"Con i quattrini degli americani?" lo provocai. "O con quelli dei comunisti?"

«"No" replicò fieramente. "Non ho mai rubato. Venga a trovarmi, signora, se posso esserle utile. Ricordi il mio indirizzo..."»

Mentre, un po' in italiano e un po' in romagnolo, come faceva sempre, Rachele ricostruiva questo episodio, Ezio Vitale, il fotografo che era con me in quei giorni a villa Carpena, aveva messo in funzione il registratore. «Forse» diceva Rachele «potrebbe essere un mitomane, uno di quelli che per esibizionismo, pur di essere al centro dell'attenzione, si vantano di colpe che non hanno commesso...» Ma a noi sembrava impossibile. Continuavamo a chiederle: «Com'era, donna Rachele?». Ce lo descriveva. «Media statura, sui quarant'anni, capelli lisci e biondicci.»

Il «biondino»! «Bill, il partigiano Bill!» esclamai. Andammo a frugare fra vecchie riviste alla ricerca di qualche inchiesta illustrata sugli ultimi giorni di Mussolini e finalmente, nelle pagine di un settimanale, trovammo la sua fotografia. Donna Rachele lo riconobbe immediatamente. «Sì,» disse «è proprio lui.» Era Urbano Lazzaro, detto Bill. Il partigiano che a Dongo aveva fermato la colonna tedesca diretta al confine e riconosciuto il duce.

Nel 1966, all'epoca del suo incontro con Rachele, erano già trascorsi ventun anni dalla fine della guerra e secondo lei aveva avuto tutto il tempo per pentirsi.

«I rimorsi» ripeteva con calore «sono la punizione più grave per chi fa del male.» «Nel cimitero di San Cassiano,» continuava «vicino alla nostra cripta c'è una cappella minuscola che una volta era il ripostiglio delle immondizie e che è quasi invisibile agli occhi dei visitatori. Lì, di tanto in tanto, mentre sistemo dei fiori nei vasi o prego per i miei morti, mi capita di ascoltare senza volerlo discorsi curiosi. Alcuni s'inginocchiano per un po', in silenzio. Poi, all'improvviso, credendo di essere soli, incominciano a dire tutto di sé come se fossero in confessione, ad abbracciare il sarcofago, a invocare perdono. Si lamentano, soffrono. Alla fine, quando se ne vanno, respirano profondamente con grande sollievo.

«Spesso rifletto: sono io o sono gli altri a ragionare in modo sbagliato? Io, se ho una sedia e se questa sedia mi serve, la uso anche se chi l'ha fabbricata mi è, per caso, antipatico. Invece molti italiani non la pensano così. A Mussolini piacevano gli alberi? Noi li strappiamo. Mussolini aveva costruito le case del fascio, gli ospizi per i vecchi, gli asili? Ci farebbero tanto comodo, ora, per trasformarli in scuole, istituti, appartamenti per chi ne ha bisogno. Ma non si può. È meglio lasciare che tutto vada a rotoli, pur di fargli dispetto.

«Distruggerebbero anche le chiese e gli stadi se non fossero costretti a rifarli. A questo proposito voglio ricordare un episodio. Mentre mio marito era capo del governo, la strada che porta da Forlì a Carpena non era mai stata asfaltata. Se protestavo con lui, Benito mi rispondeva immediatamente: "Se la facessi asfaltare, Rachele, direbbero che penso ai miei interessi privati perché serve a noi, alla nostra famiglia". In realtà era utile anche ad altre famiglie, che sono diventate molto più numerose dopo la fine della guerra, e siccome la maggior parte di queste famiglie è formata da comunisti, io credevo che un giorno o l'altro avrebbero avuto inizio i lavori. Invece passarono i mesi e gli anni: d'inverno la strada era piena di fango, d'estate non si poteva respirare per il polverone.

«Quando mio figlio Romano si fidanzò con Maria Scicolone, sorella di Sofia Loren, e decidemmo di celebrare le nozze nella chiesa di Sant'Antonio a Predappio, a Carpena cominciarono a dire: "Adesso che per la nostra strada dovrà passare una diva come la Loren, si decideranno finalmente...". Ma Sofia venne con la sua Rolls-Royce e le cose restarono al punto di prima: immersi nel fango d'inverno, soffocati dal polverone d'estate. Finché, a un certo momento, decidemmo di reclamare tutti insieme, noi della zona. Eravamo in sessanta e firmammo una lettera, io in testa agli altri, in cui elencavamo le nostre lagnanze. Molti si stupirono. "Come?" mi dissero. "Lei ha messo il suo nome in mezzo a quelli dei comunisti. Lei non doveva, lei non poteva..." e così via. Ma io scuotevo la testa. "Camerati o compagni," rispondevo "non bisogna guardare al colore, in certe cose. Che la strada venga asfaltata è un bene per noi e per i compagni? D'accordo, allora chiediamola insieme!"»

Mancava poco alle elezioni e Rachele fece sapere, anche a nome dei comunisti, che non sarebbero andati a votare se non avessero asfaltata la strada. Sessanta voti facevano comodo. Perciò, una mattina, ecco arrivare un camion carico fino all'orlo di ghiaia. «Donna Rachele,» la salutarono allegramente gli autisti «ci siamo! Questa volta sarete accontentata!» Lei li invitò a bere un bicchiere di vino e subito dopo andarono a mettere un po' di ghiaia intorno alla scuola. L'indomani tornarono con un trattore e nei giorni seguenti, lungo la strada, si sentì un gran rumore: cinque o sei camion andavano e venivano continuamente.

Il festoso tramestio s'interruppe alla vigilia delle elezioni. «Riprenderemo subito dopo» scrisse a Rachele un ingegnere di Forlì addetto ai lavori. E lei e i comunisti, pensando che dopo avere atteso tanto tempo potevano portare pazienza ancora per qualche giorno, andarono tranquilli a votare. Ma non successe niente e ci vollero ancora degli anni prima che la strada fosse asfaltata.

26
«MUSSOLINNI [SIC], FRAMMENTI DI CERVELLO»

«Quando mi facevo chiamare Rachele Guidi, con il mio nome di ragazza, molti si scandalizzavano: "Allora non ci tiene a essere la moglie di Mussolini" dicevano. Invece» mi raccontava Rachele «ci tenevo molto. Ma non per i gradi o per la posizione di Benito. Ho sempre avuto idee particolari, a proposito del matrimonio. A costo di essere giudicata un'eretica, credo che se due vanno d'accordo restano insieme anche se non sono costretti dalla legge o dal prete. Ma se non si sopportano finiscono in ogni modo per dividersi, prima o poi, con innumerevoli guai. Così penso adesso, con tutti gli esempi che ho sotto gli occhi, così pensavo una volta.

«I primi tempi, siccome non ero legalmente sposata, per offendermi mi soprannominavano "la mantenuta di Mussolini". Ma io ridevo. "Mantenuta!" dicevo a Benito. "Per essere mantenuta bisognerebbe che qualcuno fosse in grado di mantenere e non è proprio il tuo caso." Molte ragazze oggi ragionano in questo modo: l'importante è che lui mi porti in municipio o in chiesa, che ci scambiamo gli anelli. Poi, qualsiasi cosa succeda, dovrà provvedere al mio sostentamento.

«Ma io sono sempre stata troppo indipendente, troppo orgogliosa per ammettere una cosa del genere. Lo sanno bene i miei figli e lo sapeva meglio di tutti Benito. Nel 1943 quando, al ritorno dalla Germania, decise di vendere la testata del "Popolo d'Italia", dopo aver liquidato i dipendenti, volle dividere ciò che restava fra gli eredi. Io, in quel periodo, non avevo ancora raggiunto mio marito sul lago di Garda. Vivevo alla Rocca con Romano e Anna Maria. Un giorno venne a trovarmi il notaio Alberici. Mi disse che il "Popolo d'Italia" era stato ceduto e che i figli di Arnaldo e i miei, tranne Edda, che aveva rinunciato, avevano avuto la parte che spettava a ciascuno di loro. Adesso toccava a me.

«Immaginando quali sarebbero state le mie reazioni, Benito non aveva osato parlarmene personalmente e aveva ritenuto più saggio incaricare Alberici. Infatti, non appena seppi il vero motivo per cui era venuto, andai su tutte le furie. "Non voglio niente" gridai. "In casa Mussolini sono entrata senza camicia e senza camicia desidero uscirne."

«Inutilmente Alberici, che mi conosceva da tanto tempo, cercò di convincermi con buone parole. "Vede," mi disse "il momento è difficile, donna Rachele. Non si sa che cosa potrebbe riservarle il futuro e suo marito se ne preoccupa. Questa cifra, un milione, non basterà certo a risolvere tutto ma, in caso di necessità, potrà esserle utile."

«Rifiutai e Benito non si meravigliò. "Rachele" ripeteva a tutti "è fatta così." Più tardi mi chiese di amministrare almeno quel milione per Romano e per Anna Maria. Conservai il denaro fino all'ultimo e l'avevo con me al momento di lasciare Gargnano. Ma purtroppo non mi fu possibile metterlo in salvo per i miei figli. Quando fui arrestata a Como, alla fine d'aprile del 1945 (allora sì che dissi: "Sono la signora Mussolini"), mi fu tolto.»

Era davvero povera dopo la guerra. Vittorio si era rifugiato in Argentina, Edda era in rapporti tesi con lei per la tragica fine di Ciano e gli altri due figli, Romano e Anna Maria, non erano ancora in grado di guadagnarsi da vivere. «Non so davvero come avremmo potuto farcela,» confessava Rachele «senza la generosità di gente sconosciuta e di amici che ci aiutavano anche da lontano, perfino dall'America. In compenso dovevamo pagare molti milioni per profitti di regime non meglio identificati. Villa Carpena era intestata a me perché l'avevo acquistata con i miei risparmi, soldo per soldo, ma mi era stata restituita con un'ipoteca e non avevo il diritto di venderla. Era occupata, del resto, da novanta sfollati. Invece la casa di Predappio, dove nacque

Benito, era stata sequestrata e apparteneva, come appartiene tuttora, allo Stato, che però mi fa pagare le tasse come se fosse mia. Ma questo è niente. Sono stata tassata per un cavallo che apparteneva al mio Bruno molto tempo prima della sua morte. In quanto alla Rocca, se avessimo potuto salvare dai vandalismi una minima parte dei quadri, dei mobili, dei documenti e degli oggetti preziosi (gli innumerevoli doni fatti a Benito), non avremmo più avuto problemi economici per numerose generazioni.»

Era vero: ogni pittore, durante il ventennio, si faceva premura d'inviare al duce, con dedica, una delle sue opere. Ma Rachele, per apprezzare un dipinto, doveva capire che cosa raffigurava. Il suo contenuto doveva essere chiaro, non deformato, altrimenti lo mandava in esilio alla Rocca. Così, nell'antico castello dei Malatesta, si era andata formando un po' per volta la più importante collezione d'arte moderna dell'epoca. C'erano tutte le firme più prestigiose delle arti figurative italiane. Un patrimonio che oggi avrebbe un valore incalcolabile sotto ogni punto di vista, ma che purtroppo è andato disperso.

«Qualcuno» mi diceva Rachele «ogni tanto mi chiede: "Donna Rachele, perché non è stata più furba? Perché non ha pensato di nascondere sottoterra un po' di gioielli, per esempio i brillanti e i rubini di cui era adorna la spada dell'Islam?". Io, al contrario, al momento di lasciare la Rocca per raggiungere il lago di Garda, ebbi un'unica preoccupazione. Un agricoltore toscano aveva regalato a mio marito, sapendo che soffriva di ulcera, una damigiana, quindici o venti litri, di olio purissimo ed ero angustiata all'idea che qualcuno potesse impadronirsene. Volevo assolutamente ritrovarla intatta il giorno del nostro ritorno. Perciò la seppellii con l'aiuto di un contadino. Lo stesso che, in seguito, si affrettò a rintracciarla e naturalmente a rubarla.»

Rachele ragionava così: «I brillanti e i rubini non sono commestibili mentre, con un po' d'olio e un po' di farina, non si muore di fame...». Ma erano in pochi disposti a crederle e alcuni giornali comunisti incominciarono negli anni Sessanta a parlare di favolose ricchezze nascoste in Romagna. Così, a Predappio, con grande spasso di Rachele, iniziò la caccia al tesoro. Arrivavano da tutte le parti, in certi casi con la famiglia al completo, e si mettevano a zappare qua e là, di giorno e di notte, sperando di trovare chissà che cosa: forse montagne di lingotti d'oro, di diamanti o di perle. Salirono fino a Monte Maggiore, dov'era la casa dei nonni di Mussolini, e scavarono con entusiasmo e con zelo perfino nella stalla. «Mi hanno riferito» raccontava Rachele «che a un certo momento spuntarono due vecchi manici arrugginiti. "Oh, ecco la cassa," incominciarono tutti a strillare "ci siamo, ci siamo!"»

Non si sa come, si era diffusa la voce che chi avesse trovato il tesoro avrebbe distribuito un milione a testa a tutti i predappiesi e qualcuno telefonò da Roma per avvertire che anche lui era nato a Predappio, benché abitasse da tanti anni nella capitale, e che perciò non bisognava dimenticare che gli toccava un milione. Sarebbe venuto a prenderselo personalmente non appena avesse avuto un po' di tempo... L'avvocato di Rachele rideva. «Con tutti quei miliardi,» le disse una volta «non si lamenterà più, spero.» «Eh già,» rispondeva lei «a parte qualche cambiale, ormai sono ricca...»

«È così buffa la gente» aggiungeva. «Fa presto a fantasticare. In quell'occasione venne da me il questore di Forlì e fui costretta a dirgli: "Possibile che siano diventati tanto ingenui, quelli della polizia? Avrei sopportato con i miei figli la miseria per anni? Mi sarei indebitata fino al collo per far operare a Bologna mia figlia alla spina dorsale? Avrei venduto la Rocca se avessi potuto contare non dico su un tesoro ma semplicemente su un gruzzoletto?".

«Non avevo nemmeno la pensione. Mi toccava, certo (una legge del 1955 stabilisce che spetta a tutte le vedove dell'ultima guerra), e io la chiedevo inutilmente dal 1957. Ma la risposta era sempre negativa, con i motivi più vaghi. Dicevano: "Per stabilire la cifra, donna Rachele, dovremmo sapere con precisione quale grado viene riconosciuto a Mussolini, se lei può essere considerata o no la vedova di un maresciallo dell'impero. Inoltre, vede, donna Rachele, non esistono precedenti...".

«Esasperata, rispondevo: "Se non volete considerarmi la vedova di un maresciallo dell'impero, consideratemi pure la vedova di un caporale, visto che mio marito lo è stato nella Prima guerra mondiale. Ma fate in fretta". Mi davano ragione, ammettevano che la pensione era un mio sacrosanto diritto ma ogni pretesto era buono per rinviare a domani o a dopodomani, per giustificare i continui rinvii: le formalità burocratiche, la solita congiuntura, l'ennesima crisi di governo. Qualche volta pensavo con amarezza: aspettano che muoia. Ma non ho mai ceduto (sono testarda nelle mie cose) e attraverso i miei avvocati ho continuato a battermi per anni senza stancarmi finché sono stata accontentata...»

Rachele non si arrendeva di fronte a nulla e le sue battaglie durarono fino all'ultimo giorno della sua vita. (Si è spenta a Carpena, a 89 anni, il 30 ottobre 1979.) La chiamavano «Madonna dei sette dolori» e davvero non le fu risparmiata nessuna pena, compresa la morte di Anna Maria, la più giovane dei suoi cinque figli. Aveva sofferto tanto per lei, per la crudele infermità da cui era stata colpita e che aveva accettato lucidamente. Poi, quando sembrava che il destino avesse avuto pena della sua ultimogenita concedendole la maternità, due belle bambine nate dal matrimonio con Nando Pucci, un male che non perdona si era annidato nel suo corpo malato e i medici non avevano potuto salvarla.

Spesso Rachele si chiedeva quale sarebbe stata la sua vita se invece di legare la sua sorte a quella del *Musslèn,* fosse diventata la moglie di un altro: uno qualsiasi. Un giorno una zingara, leggendole la mano, aveva tredici anni, le aveva detto: «Vedo che salirai molto in alto e che diventerai importante come una regina. Poi tutto crollerà, ma ti riprenderai, e la tua esistenza sarà sempre eccezionale».

«Fin da bambina,» continuava Rachele «sentivo oscuramente che sarebbe stato così. Per questo avevo voluto studiare, anche se le mie sorelle maggiori brontolavano: "Sei una vagabonda, non hai voglia di lavorare", e qualche volta mi picchiavano. Volevo essere pronta quando fosse venuto il momento. Purtroppo dovetti interrompere la scuola alla seconda elementare ma in seguito, negli anni d'oro, supplicavo Benito: "Lasciami prendere delle lezioni... Fammi proseguire gli studi...". Ma lui non voleva. "La sai fin troppo lunga" protestava. "Ti preferisco così."»

Salto, il paese dove nacque Rachele, sorge proprio di fronte alla Rocca delle Caminate e nella sua infanzia quel castello che domina il profilo delle colline, sull'altro versante, le sembrava infinitamente lontano, irraggiungibile. «Chissà» rifletteva «se avrei accettato di fuggire sotto la pioggia con *el matt*, quel pomeriggio d'inverno del 1909, se avessi saputo che un giorno sarebbe stato lui il padrone di quel misterioso maniero. Forse ne sarei rimasta sgomenta, così come rimasi sgomenta alla mia prima proposta di matrimonio.

Era un giovane agricoltore, ricco proprietario terriero, che si recava spesso a Salto per visitare i suoi poderi. Io portavo le trecce sulle spalle e non avevo ancora compiuto quindici anni. Con otto ragazzine della mia età lavoravo presso *il Minaia*, un romagnolo tirchio e prepotente che ci faceva soffrire la fame e che ripeteva sempre, ricordo: "Verrà un giorno in cui, a furia di nuove invenzioni, scapperanno anche le galline e nessuno di noi si salverà, nemmeno sulle montagne". *Il Minaia* a un certo punto cambiò vita. Moribondo, con il prete accanto e la bara già pronta, sognò due suoi amici, defunti da tempo e come lui poco virtuosi, che gli dicevano: "Noi siamo stati condannati a mettere insieme per l'eternità fascine con la sabbia. A te è riservato un castigo peggiore".»

Lo spavento fu tale che *il Minaia* guarì e chiese perdono a tutti. Non solo: si dedicò a opere pie e quando morì, ormai centenario, era considerato un sant'uomo. «Il mio corteggiatore» proseguiva Rachele «veniva a trovarmi a cavallo, con il frustino e i gambali, e io lo guardavo con ammirazione. Mi diceva: "Chiletta, sei sveglia, intelligente. E bella. Ti voglio sposare". Ero lusingata, ma scuotevo la testa. "No, no. Non voglio. Sono una povera ragazza e voi siete un signore. Quando mi sposerò," aggiungevo "il mio uomo sarà senza un quattrino come me, dividerò con lui la miseria." E fu così...»

Per oltre mezzo secolo Rachele non aveva più avuto notizie del suo spasimante. Ma un giorno qualcuno le disse che era ancora vivo e non si era sposato. Le disse anche che sperava di rivederla. Una sera Rachele era a cena con alcuni amici in un ristorante di Castrocaro, noto per i suoi polli allo spiedo, e mentre mangiava si accorse che a un tavolo poco lontano dal suo un vecchio signore coi baffi, accompagnato da altri tre vecchi signori anche loro coi baffi, la stava fissando. Più tardi seppe che erano suoi coetanei e che si incontravano ogni anno da molto tempo sempre alla stessa data. All'inizio erano in quindici, tutti reduci della prima guerra mondiale; adesso quattro, perché gli altri erano morti.

«Finalmente» raccontava Rachele «mi riconobbe e si avvicinò a me commosso. Mi disse che trentasette anni prima, durante una cerimonia ufficiale a Predappio (io ero al fianco del duce) mi aveva fatto una fotografia e l'aveva sempre conservata. Me la mostrò togliendola dal portafoglio. Aggiunse: "La porterò con me nella tomba". Anch'io ero turbata per quella prova di fedeltà e quando i miei figli o i miei nipoti mi prendono in giro per la mia "fiammella" (così la chiamano scherzando: "Non hai vergogna?" mi dicono. "Alla tua età?"), rispondo: "Quello sì è un bene autentico, puro. Dovreste prendere esempio".»

Erano le sue brevi parentesi di sollievo. Si illudeva di meritare finalmente un po' di quiete, ma la morte di Anna Maria aveva allontanato per sempre questa possibilità. «Adesso,» sospirava «la mia Anna riposa accanto a suo padre, a Bruno, a Gina, ai suoi nonni, e io aspetto di raggiungerli tutti quando il Signore vorrà. Intanto, per essere accanto ai miei morti, non mi muovo dalla Romagna.»

Ma riteneva di avere ancora un compito da portare a termine: riunire alle spoglie di Mussolini quel pezzo del suo cervello che si trovava in America. Le scrissi io stessa il testo della domanda all'ambasciata degli Stati Uniti e dopo qualche tempo la sua richiesta di restituzione fu esaudita. Era il 25 marzo 1966, un venerdì. Rachele era andata a pescare con suo nipote Guido, il figlio maggiore di Vittorio che, nel frattempo, era tornato in Italia. Aveva fatto una buona pesca ed erano saliti fino alla Rocca, al ristorante delle Caminate, per far cucinare le trote. Qui la raggiunse una telefonata dei custodi di villa Carpena. Erano arrivati, le dissero, due signori stranieri su un'auto targata Firenze. Avevano detto che avevano molta premura e che dovevano consegnarle «una cosa».

Personalmente Rachele non aveva ricevuto nessuna comunicazione e poco mancò che quella «consegna» avvenisse al ristorante, fra una portata e l'altra. Il funzionario degli USA veniva da Firenze ed era stato accompagnato in Romagna da un agente in borghese italiano. La seguì in salotto. Aveva sotto il braccio una borsa di pelle chiusa da una cerniera e dopo essersi presentato l'aprì e ne tolse una busta di carta gialla, di quelle che si comprano dal tabaccaio. Dentro, avvolti in un vecchio pezzo d'ovatta, c'erano sei vetrini da laboratorio e una minuscola scatola. Aprì anche questa: conteneva una bustina di cellophane, simile a quelle che servono per lo zucchero. La sollevò: «Vede,» le disse mostrandole una poltiglia biancastra «è il pezzo che manca al cervello di suo marito. Il pezzo che gli americani ebbero dall'Italia nel 1945 e che ora le restituisco. Firmi qua, per favore. Questa è la ricevuta».

Lei firmò e riuscì a dire solo: «Grazie». La sua lotta, una lotta che durava da ventun anni, per ricomporre il corpo di suo marito era finalmente finita. Ma benché si fosse preparata giorno per giorno, da oltre un mese, ad affrontare questa ennesima prova, essa era stata più dura, più brutale, di quanto avesse previsto. Il funzionario se ne andò poco dopo: era quasi l'una e aveva fame. Rachele rimase con quella busta sul tavolo, incapace di fare un gesto qualsiasi.

L'indomani arrivò Edda da Roma e chiese di vedere ciò che avevano portato a sua madre. Rachele aveva cercato invano una soluzione diversa. Poi, nell'attesa di deporre pietosamente in un'urna quegli ultimi resti, li aveva rinchiusi dentro un cassetto. Sopra, per proteggerli, aveva messo una croce. Aprì il cassetto, ma subito se ne pentì perché Edda rimase come impietrita e ci volle del tempo prima che riuscisse a fissare di nuovo quella scatola nera, quel piccolo involucro su cui era scritto in inglese: «Mussolinni (con due enne), frammenti di cervello».

«Non hanno neppure rispettato il suo nome» mormorò. E poi: «Ha avuto un singolare destino, mio padre, anche da morto. Hanno fatto viaggiare il suo corpo come una merce, in una cassa da imballaggio, e il suo cervello in una busta come una raccomandata».

INDICE DEI NOMI

OSCAR BESTSELLERS SAGGI

Gorbaciov, Perestrojka
Zucconi, Si fa presto a dire America
Grossman, Il vento giallo
Mafai, Pane Nero
Sciascia, La Sicilia come metafora
Musatti, Il pronipote di Giulio Cesare
Scalfari, La sera andavamo in via Veneto
Biagi, Il Boss è solo
Venè, Mille lire al mese
Toaff, Perfidi giudei, fratelli maggiori
Dalla Chiesa N., Delitto imperfetto
Gianini Belotti, Amore e pregiudizio
Buscaglia, La coppia amorosa
Balbi, All'erta siam razzisti
Vacca, Il medioevo prossimo venturo
Forattini, Pagine gialle
Guiloineau, Nelson Mandela
Solženicyn, Arcipelago Gulag
Spinosa, Cesare, il grande giocatore
Veronesi, Un male curabile
Biagi, Dinastie
Franceschini, Mara, Renato e io
Spinosa, D'Annunzio il poeta armato
Augias, Telefono giallo
Gorbaciov, La casa comune europea
Scalfari, Interviste ai potenti
Bocca, Palmiro Togliatti
Rocca, Stalin
Musatti, Curar nevrotici con la propria autoanalisi
Moody, La luce oltre la vita
Venè, Coprifuoco
Scerbo, Il nome della cosa
Forattini, Vignette sataniche
Serra, Ridateci la Potëmkin
Goldman, John Lennon
Venè, Pirandello fascista
Montanelli, Controcorrente

Spinosa, Tiberio
Mességué, Uomini erbe salute
Recami, Il caso Majorana
Groppali, Hermann Hesse nei ricordi del suo medico
AA. VV., Cara mamma, cara figlia
Gies, Si chiamava Anna Frank
Lubrano, Pronto, Diogene?
Forattini, Insciaqquà
Moody, Nuove ipotesi sulla vita oltre la vita
Schelotto, Strano, stranissimo, anzi normale
Piattelli Palmarini, Scienza come cultura
Parsi, I quaderni delle bambine
Nirenstein, Il razzista democratico
Del Bo Boffino, Voi uomini
Ambrogi, Dizionario dello zio
Buscaglia, Amore
Muhs, Gli aforismi del cinico
Moody, La vita oltre la vita
Lorenz, Io sono qui, tu dove sei?
Cillario, Parola di Benito
Borgna, Storia delle canzone italiana
Venè, Vola colomba
Orlando, Palermo
Forattini, Il Kualunquista
Pansa, L'utopia armata
De Felice, Intervista sul fascismo
Mosse, Intervista sul nazismo
Moody, Ricordi di altre vite
Notti, Una professoressa tra i selvaggi
Ziegler, La Svizzera lava più bianco

OSCAR BIOGRAFIE

Spinosa A., Murat
Bergman I. - Burgess, Ingrid Bergman. La mia storia
Erickson, Anna Bolena
Valentini, Berlinguer
Werfel, Bernadette
Knightley - Simpson, Le vite segrete di Lawrence d'Arabia
Allegri, Padre Pio
Arpino - Antonetto, Emilio Salgari, il padre degli eroi
Cardini, Francesco d'Assisi
Granzotto, Carlo Magno
Zweig, Maria Antonietta
Radet, Alessandro il Grande
Bramly, Leonardo da Vinci
Hamann, Sissi
Nanda, Gandhi il Mahatma
Chiara, Vita di Gabriele D'Annunzio
Granzotto, Cristoforo Colombo

OSCAR STORIA

Rocca, Fucilate gli ammiragli
Noja, Storia dei popoli dell'Islàm (vol. IV: L'Islàm moderno)
Mendelssohn, L'enigma delle piramidi
Ryan, Quest'ultimo ponte
Granzotto, La battaglia di Lepanto
Sordi, I Cristiani e l'impero romano
Pertini, Sei condanne due evasioni
Ceram, Civiltà al sole
Hibbert, Ascesa e caduta di casa Medici
Gibbon, Declino e caduta dell'impero romano
Silvestri, Caporetto
Pegolotti, Uomini contro navi
Barrow, I Romani
Fazzioli, Il trono del drago e i figli del cielo
Corradi, La ritirata di Russia
Saracini, Breve storia degli ebrei e dell'antisemitismo
Juvaini – Malik, Gengis Khan
Flavio Giuseppe, Guerra giudaica
Watt, L'Islam e l'Europa medioevale
Roveri, Da Versailles a Hitler
Wedgwood, La Guerra dei Trent'anni
Lawrence T.E., La rivolta nel deserto
Burn, Storia dell'antica Grecia
Irving, Göring, il maresciallo del Reich
Venè, Cronaca e storia della marcia su Roma
Jaeger, Francesco II di Borbone. Ultimo re di Napoli
De Las Casas, Brevissima relazione della distruzione delle Indie
Granzotto, Annibale
Alberto, Il dramma di Malta
Kennedy L., Caccia alla Bismarck
Jacquin, Storia degli indiani d'America

«Rachele e Benito»
di Anita Pensotti
Bestsellers saggi Oscar
Arnoldo Mondadori Editore

Questo volume è stato stampato
presso Arnoldo Mondadori Editore S.p.A.
Stabilimento Nuova Stampa - Cles (TN)
Stampato in Italia - Printed in Italy